U0477586

教育部人文社会科学基金青年项目资助课题（编号：11YJC630122）
贵州大学文科重大科研项目（编号：GDZT2012002，GDZT201605）
贵州大学学术著作出版基金部分资助出版

Study on the Impact Mechanism of Training，Employability on Employee Retention and Employment Strategy

培训、可雇佣性对员工留任的影响机理及雇佣策略研究

凌 玲◎著

中国社会科学出版社

图书在版编目（CIP）数据

培训、可雇佣性对员工留任的影响机理及雇佣策略研究/凌玲著．—北京：中国社会科学出版社，2017.9

ISBN 978 - 7 - 5161 - 9947 - 3

Ⅰ.①培…　Ⅱ.①凌…　Ⅲ.①企业管理—职工培训—影响—人事管理—研究　Ⅳ.①F272.92

中国版本图书馆 CIP 数据核字(2017)第 042067 号

出 版 人　赵剑英
责任编辑　戴玉龙
责任校对　孙洪波
责任印制　王　超

出　　版　中国社会科学出版社
社　　址　北京鼓楼西大街甲 158 号
邮　　编　100720
网　　址　http：//www.csspw.cn
发 行 部　010 - 84083685
门 市 部　010 - 84029450
经　　销　新华书店及其他书店

印　　刷　北京明恒达印务有限公司
装　　订　廊坊市广阳区广增装订厂
版　　次　2017 年 9 月第 1 版
印　　次　2017 年 9 月第 1 次印刷

开　　本　710 × 1000　1/16
印　　张　16.5
插　　页　2
字　　数　241 千字
定　　价　75.00 元

序

伴随着经济全球化、科学技术的快速发展和知识经济的繁荣，企业面临的竞争环境更加复杂且不确定性增强、竞争态势日趋激烈，要求组织结构更具有灵活性和柔性化，导致雇佣关系的稳定性受到极大的挑战，员工面临着无边界（或易变性）的职业生涯背景，从追求终身雇佣转向追求终身可雇佣性。从国内雇佣关系背景来看，在我国从传统的农业向工业和服务业转型、计划经济体制向市场经济体制转型的“双转型”背景下，员工与组织之间的终身依附关系逐步削弱，内部劳动力市场主导的雇佣模式受到严峻挑战，雇佣关系外部化倾向日益明显。这对员工的工作态度和行为产生了深刻的影响，高流动、低承诺已是雇佣关系中的普遍现象。因此，如何保持员工队伍的稳定性、提升员工的组织承诺、创造组织的竞争优势，成为许多企业面临的现实难题。

可雇佣性是解决无边界职业生涯时代雇佣关系问题的关键，探索可雇佣性的培养和生成机制已经成为国际学术界的热点和发达国家制定公共政策的重要领域（谢晋宇，2011）。培训是提升可雇佣性的主要途径之一，是否具有学习和发展机会是员工选择服务组织的首要标准。但培训的效用是双向的，既可能增进员工的组织认同、提高组织承诺，也可能面临员工离职的人力资本投资风险，难以取得充分回报，造成组织投资与回报之间落差极大。是否培训员工、培训的力度和边界选择问题已成为雇佣矛盾的焦点之一，是雇佣关系调整中亟待解决的关键问题。

为了深入探索上述实践问题，本书将上述问题进一步转化为研究培训、可雇佣性与组织承诺、离职倾向之间的关系。以心理学的“刺激→认知→反应”理论、社会交换理论、社会认知理论为基础，构建模型，试图回答：①培训是否会显著地促进可雇佣性提升？②可雇佣性在培训与组织承诺之间是否起中介作用？可雇佣性在培训与离职倾向之间是否起中介作用？两种中介作用机制是否相同？③如果上述中介效应成立，比较培训对组织承诺及离职倾向影响的总效应大小及影响方向，判断当前培训对员工态度影响的一般效应；④进一步解释，在什么条件下，员工参与培训以后将增强组织承诺，或者员工参与培训以后将可能离职？在可雇佣性的中介效应成立的前提下，引入期望符合度，做可雇佣性与组织承诺、可雇佣性与离职倾向的调节效应检验，构建有调节的中介作用模型，深化变量之间的作用机制研究。

本书综合采用文献分析法、深度访谈法和问卷调查法进行理论研究及实证检验。通过文献分析法，系统地梳理本书的理论基础，对培训、可雇佣性、组织承诺、离职倾向、期望符合度等已有研究成果进行综述，为变量之间的可能联系寻找理论支撑；运用深度访谈法，访谈正在参与培训的各类员工，深入了解员工对培训、可雇佣性的自我感知，考虑留职或离职的主要因素；从实践角度，检验变量之间的中介效应、挖掘调节变量；在文献分析和深度访谈基础上，对培训、可雇佣性、组织承诺、离职倾向、期望符合度的范畴进行归纳分析，总结变量的维度，分析变量之间的关系，提出本书的理论模型并对变量之间的关系进行假设推演；通过问卷调查法大规模发放问卷，共收集有效问卷367份，采用相关的统计分析方法，对问卷信度、效度进行检验，应用SPSS和AMOS软件，检验变量之间的主效应、中介效应和调节效应。

本书的研究结论是：(1) 从自我感知的角度测量可雇佣性的结构维度：内部可雇佣性和外部可雇佣性，具有良好的信度和效度，在中国具有良好的适用性；从主观感知角度测量培训的结构维度，发现培训的结构维度由培训机会、培训意愿、培训支持、个人收益及职业收益构成，将培训收益分解为个人和职业两个方面。(2) 验证培训的有效性：培训显著提高员工的可雇佣性，包括内部可雇佣性和外部可雇佣性两个方面。(3) 培训对组织承诺有显著的正向预测作用，对离职倾向存在显著的负向影响，表明培训能够影响员工的去留态度。（4）可雇佣性的中介效应检验之一：可雇佣性在培训与组织承诺之间起中介桥梁作用，其中，内部可雇佣性在培训与组织承诺之间起部分中介作用，外部可雇佣性在两者之间的中介效应不显著。这说明，在无边界职业生涯时代，培训既能直接作用于组织承诺，也能通过可雇佣性对员工组织承诺产生间接影响。（5）可雇佣性的中介效应检验之二：可雇佣性在培训与离职倾向之间起中介桥梁作用，其中，内部可雇佣性在培训与离职倾向之间起完全中介作用，外部可雇佣性在培训与离职倾向之间起部分中介作用。这说明，培训完全通过内部可雇佣性对离职倾向产生负向影响，同时，培训既能直接作用于离职倾向，也能通过外部可雇佣性对离职倾向产生正向影响。（6）影响效应分析：培训对组织承诺的正向影响远大于离职倾向，且培训对离职倾向的影响效应为负，这说明，总体而言，培训有利于增强员工的组织承诺、强化留职意愿。（7）本书进一步深化期望符合度在员工行为选择中的地位：期望符合度在可雇佣性与培训、离职倾向之间起调节作用。当员工的期望符合度较高时，通过培训提升可雇佣性可增强员工的组织承诺；当员工的期望符合度较低时，通过培训提升可雇佣性可能增强员工的离职倾向。这表明可雇佣性与期望符合度共同作用于培训与员工态度之间的关系。

总之，本书在社会交换理论、期望理论基础上，深入描绘了培训与员工留/离职之间的关系及其作用机制。在无边界职业生涯时代，培训是员工做出留/离职选择的重要参考因素（“是否有作用”），又初步阐明了培训对影响员工选择的作用机制（“怎样起作用”），还进一步揭示了员工做出不同选择的重要原因（“何时起作用”）。这丰富了培训与组织承诺的研究内容，并推动后续的相关研究。

本书的意义在于，理论上：（1）有利于厘清无边界职业生涯背景下培训对员工态度及行为的作用机制，（2）从可雇佣性的视角出发探讨雇佣关系，为雇佣关系的微观协调机制提供新的思路，（3）拓展了培训、可雇佣性两个构念在中国本土化的应用；实践上：（1）力图从可雇佣性的视角解释人力资源管理实践中的某些困境，（2）为无边界职业生涯时代背景下的人力资源管理实践提供指导。

本书的创新之处体现在以下几个方面：

第一，本书从微观感知的视角对培训及可雇佣性进行测量，检验了两者的结构维度在我国的适用性。已有的关于培训的研究，尤其是国内研究主要集中在定性分析或客观实践数据，关注培训的投资及过程，而从培训参与者的主观感受视角度量培训、探究培训有效性的较少；有关可雇佣性的研究，国内研究主要以定性分析为主、研究层面集中在政府及企业层面，对企业员工的可雇佣性测量的较少。本书将国外成熟量表引入国内，从自我感知层面测量培训及可雇佣性，验证这两个量表在我国企业员工中的适用性，为后续与此相关的测量提供参考，经过探索性和验证性因子分析发现：可雇佣性可划分为内部、外部两个维度且具有良好的信度和效度，在我国同样适用；但培训的维度结构检验结果与国外有一定的差异，即：除培训意愿、培训机会、培训支持三个维度与国外研究保持一致以外，培训收益可分解成两个维度：个人收益和职业收益。

第二，本书引入可雇佣性作为中介变量、期望符合度作为调节变量，构建了培训对员工态度的作用模型，深入阐释了无边界职业生涯背景下的培训对员工的去留选择的影响机理。已有的研究较多地关注培训与员工态度之间的关系，但缺乏对其中内在的作用机制过程的研究。本书尝试用可雇佣性打开培训与员工态度关系的黑箱，以心理学传统的“刺激→认知→反应”模式作为整体的理论基础，以社会交换理论、社会认知理论、期望效用理论为变量之间逻辑关系推演的理论依据，通过假设推导和实证检验，验证：可雇佣性在培训与组织承诺、培训与离职倾向之间起中介作用，期望符合度在可雇佣性与员工态度的中介效应中起调节作用，深刻揭示了新型雇佣关系背景下组织的培训政策对员工态度及行为决策的作用机制过程，这一研究丰富了雇佣关系理论。

第三，本书探索可雇佣性的开发和实现机制，为雇佣关系的微观协调机制提供新的思路。总体而言，研究结论解答了实践中“是否应该培训员工、是否提高员工的可雇佣性就会增加其流失的可能性”这一企业人力资本投资的困惑，证实了现阶段组织投资于员工培训能够提升员工可雇佣性和有利于稳定员工队伍。在传统的激励方式逐渐失效、培训作为新型雇佣关系的一种激励策略的背景下，将研究结论运用于管理实践则要求管理理念的创新：（1）将可雇佣性作为重构新型雇佣关系、平衡现代企业雇佣冲突的核心；（2）将可雇佣性作为一项提升员工素质、保持雇佣关系稳定性的雇佣关系事前和事中的治理机制；（3）雇佣双方形成相互投资的雇佣理念，明确双方的投资内容，构建合理的收益分享、风险防范及激励约束机制。以此为出发点，本书从组织层面和员工层面提出系统化和操作化的对策建议，以期促进当前员工可雇佣性的培养和开发，进而优化雇佣策略，以缓解雇佣冲突、提高就业水平和雇佣质量，实现雇佣关系的和谐。

目　录

第一章 绪论

第一节 研究背景

一 现实背景

（一）我国雇佣关系稳定性由绝对稳定向相对稳定及不确定转变

新中国成立以来，随着我国经济社会体制的转型，与之相适应的雇佣关系模式也呈现出不同特征，雇佣关系稳定性不断降低。

1. 国家雇佣劳动模式与雇佣关系绝对稳定

雇佣关系绝对稳定是计划经济时期雇佣关系的主要特点。这一时期政企关系的典型特征是“政企合一”“企业是行政机关的附属产物”，政府直接干预企业经营管理活动，雇佣模式是“国家雇佣劳动”。政府以统分统筹的模式配置企业劳动力资源，企业没有自主经营管理和人力资源配置的权力，劳动者一旦进入企业，就如同进入“保险箱”、拥有“铁饭碗”一般，企业包揽职工工作、生活的所有事务，个人与企业建立终身雇佣关系。与终身雇佣制相配套的年功序列制，决定劳动者在企业的晋升、工资和地位。这种政府主导、绝对稳定甚至僵化的雇佣关系，无法激发企业的活力和劳动者的积极性，企业创新能力更无从谈起，劳动者没有话语权，雇佣效率丧失，企业内外并未形成真正的劳动力市场。

2. 内部劳动力市场主导型雇佣模式与雇佣关系相对稳定

在计划经济体制向市场经济体制转型阶段，“政企分开”、“所有权和经营权分离”成为政府和企业关系改革的重点。这一阶段开始打破政府主导的雇佣关系模式，企业获得一定的自主经营权，可以根据市场环境和自身需要来自主配置资源和雇佣劳动者，内部和外部劳动力市场开始形成和活跃，统分统筹的雇佣制度逐渐被“双向选择”所取代。雇佣双方通过签订雇佣合同明确各自的权利和义务，雇主有辞退不合格雇员的权利，雇员也有权自由选择雇主。这一阶段，除企业破产、裁员外，大部分员工能够持续稳定地在企业内部实现职业成长、获得长期雇佣保障。但这一时期，以身份甄别为内容的户籍管理和相关劳动制度差异导致劳动力市场分割态势严重：一级劳动力市场以工作稳定、待遇好、升迁机会多、工作条件好为主要特征，员工的流出意愿非常低；二级劳动力市场则工资低、工作条件差、易受需求波动影响等特征导致就业的不稳定性，这一人为的劳动力市场分割使雇佣关系稳定性呈现二元化的特征。相比较计划经济时期的雇佣模式，这一时期雇佣效率得到提升、员工的选择权获得尊重，双方均获得部分的话语权。

3. 外部劳动力市场主导型雇佣模式与雇佣关系的灵活性和不确定性

21 世纪以来，经济全球化趋势及知识经济不仅改变了世界的经济结构和总体格局，也改变着组织结构和员工的工作生活方式。企业面临着更加复杂且不确定的竞争环境，这对组织结构的灵活性、扁平化提出了更高的要求，而且还导致员工的工作和职业生涯特性发生巨大的变化：无边界和易变性职业生涯成为员工必须面对的组织特征。企业组织结构、管理结构、工作稳定结构的变革导致传统的企业和员工之间紧密的依附关系被表面灵活的、松散的新型雇佣关系所替代，员工的就业价值观和工作安全感受到急剧的冲击，传统的组织边界（表现为等级森严的汇报和晋升准则）被打破。雇佣由终身保障的内部雇佣关系转向外部劳动力市场主导，员工意识到就业已经“超越单个组织环境边界”，不得不在组织内的不同岗位和角色之间转换，甚至在多个组织间流动，市场化的雇佣关系已成为一种主流雇佣范式，雇佣短期化和员工派遣是雇佣关系调整最直接的表现，本质上是企业将外部环境剧烈变动的风险通过组织结构与雇佣模式的调整传递给员工。Tsui 和 Farth（1997）将新型的雇佣关系模式描述为“一方面要使组织机构保持最大限度的稳定性，另一方面又要求维持或提高员工绩效”。在这种不稳定的雇佣关系背景下，一方面员工的高度流动造成组织的人力资源管理成本提高，执行困难；另一方面，又使员工与组织之间的关系呈短期化的经济交换趋势，组织核心竞争力的形成和员工持续的创造力受阻，满意度降低。这一时期实现了雇员的话语权和选择权，但雇佣效率下降，与之相匹配的雇佣关系模式正在不断探索中。

（二）新型雇佣关系面临的困境

伴随着经济全球化的加快、科学技术的快速发展和新经济的繁荣，企业的竞争态势日趋激烈，面临着更加复杂且不确定的竞争环境，这对组织结构的灵活性、扁平化、柔性化趋势提出了更高的要求，而且导致雇员的工作和职业生涯特性发生巨大变化：无边界（或易变性）职业生涯成为雇员必须面对的组织特性，从追求终身雇佣（life - time employment）转向终身可雇佣性（life - long employability）（Forrier & Sels，2003），提升可雇佣性成为员工就业的首要选择，这对以往稳定的终身制雇佣关系产生深刻影响，促使企业既要为雇员提升可雇佣性创造条件，又要留住核心员工打造企业的核心竞争力。从国内雇佣关系背景来看，在我国从传统的农业向工业和服务业转型、计划经济体制向市场经济体制转型的“双转型”背景下，过去的“铁饭碗”、统分统配的雇佣模式已经打破，甚至在某些行业已经消失殆尽，员工与组织之间的终身依附关系开始削弱，雇员在组织内不同岗位之间和不同组织之间的流动性大大增强，内部劳动力市场主导的雇佣方式受到严峻挑战，雇佣关系外部化倾向日益明显。据 2011 年 11 月 11 日《法制晚报》报道，全球最大的人力资源管理咨询公司美世发布的最新全球雇员调查报告显示，全球雇员对企业的忠诚度普遍下滑，中国的被调查者中有 34% 表示今后一年有意离职，相比于 2004 年 18% 的比例已有大幅度上涨，而持有这种意愿的雇员大部分集中在 16 岁到 24 岁的年龄段，比例达到了 39%。美世分析指出，导致全球雇员“跳槽风”或者说“离职风”最重要的因素，分别为是否被尊重、工作与生活是否能取得平衡、工作类型是否合适以及共事的同事和领导素质高低、经济因素等；但中国52%的雇员对基本工资水平表示满意。

在实践中，无边界职业生涯时代对员工的工作态度和行为带来深刻的影响，员工的流动性和离职倾向随之增强。为吸引和留住员工，组织采取各种形式促进人力资本增值，依靠“可雇佣性”吸引、激励和保留知识员工（Craig et al.，2002；Lawler，2001；Rousseau，1997），以换取员工对组织持续的承诺和努力工作。但培训对组织的效用是双向的：一方面，能够增进员工对组织的了解和认同，更好地实现员工与岗位的匹配度，为员工创造自我实现和职业成功的机会，提高员工的组织承诺度。韬睿咨询公司2007年主持的一项针对全球18个国家和地区近9万名员工、包括我国大陆5000名员工的调研表明，大多数我国员工选择雇主、是否留任以及是否投入工作的首要因素是学习和发展机会。该公司咨询顾问陈国涛认为，我国是全球增长最快的经济体之一，员工最重视学习新知识和新技能的机会，以便维持自己的竞争力和更容易在其他地方找到工作。此外，员工也渴望与公司共同成长。虽然高薪可以吸引人才，但很难持久，雇主为员工提供良好的学习机会和事业发展机遇，才是挽留优秀人才和激励他们为企业作出贡献的关键。另一方面，员工受训后可雇佣性得到提升，组织也面临着人力资本投资及人才流失等风险。由于外部劳动力市场的诱惑或员工可雇佣性在组织内无法得到有效释放，使得员工为追求更高收入或职位而选择离职，导致企业培训成为“为他人做嫁衣”，企业培训投资难以得到充分的“投资回报”，企业成为该领域的“培训基地”，雇主培训投资需求与回报严重不一致的情形，造成企业投资于培训的积极性严重下降。雇员强烈的培训需求与雇主投资不足成为雇佣矛盾的焦点之一，是雇佣关系调整中亟待解决的关键问题。

二　理论背景

理论上，Arthur（1994）首次提出“无边界职业生涯”概念，并将其定义为“超越单一雇佣范围所设定的一系列雇佣机会”，研究者们认为这一概念准确、深入地概括了新经济时期员工职业生涯的特点。以此为背景，探索无边界职业生涯时代的人力资源管理问题日益丰富，沉寂多年的“可雇佣性”研究再次进入学者们的视野。可雇佣性是最近国际国内学术界多个研究领域关注的热点话题之一。作为雇佣关系、劳动经济学、社会心理学等学科越来越关注的一个新概念，“可雇佣性”研究是理论界对新型雇佣关系、无边界职业生涯现实背景的一种理论回应。这一概念对传统的雇佣哲学所倡导的“忠诚”、“心理契约”提出了新的挑战、赋予了新的内容，即“三个转向”：传统的对组织忠诚转向对职业的忠诚；员工与组织之间建立以绩效换取长期保障的心理契约已经难以实现，取而代之的是，以工作绩效换取可雇佣性提升，员工对自身的可雇佣性负有直接责任；以往员工的职业发展完全依赖于组织转向依赖于员工的创造力、知识、技能和经验。知识经济时代，人力资本、智力资本在组织发展中的重要性日益凸显。

在近20年的理论研究中，国内外学者对可雇佣性的概念、结构维度、相关的前因及结果变量做了大量的研究，日益受到实践者的重视。普遍认为，可雇佣性是无边界职业生涯时代人力资源管理的核心要素，国际学术界和公共政策制定领域已经将可雇佣性的培养路径和生成机制作为当前的热点之一。从培养路径来看，教育、培训、干中学是可雇佣性积累的主要方式，国外研究从劳动经济学的角度论证了各种培训实践对员工技能提升的显著影响，经典的理论有舒尔茨、贝克尔、明塞尔的人力资本思想；国内关于培训的实证研究，主要从宏观层面分析国家或地区的人力资本投资与收益、人力资本投资对技术溢出、经济发展的贡献等，而从微观层面研究个体的培训与可雇佣性之间关系的实证研究较少，从主体感知的角度研究的更少，这为本研究提供了切入点。目前的研究中，阐述培训与可雇佣性的理论文献比较多，即从人力资本理论、工作嵌入理论论证两者的必然联系，但无论从培训的形式还是感知的角度，尚缺乏实证检验，这需为企业的培训投资提供经验证据；而且，无边界职业生涯时代，雇佣哲学及心理契约的变化必然导致雇员态度及行为的变化，“组织承诺和离职倾向”是组织采取可雇佣性政策的隐含目标并最终决定这些政策的长期可行性（Benson，2006），这两种结果是个体释放可雇佣性的行为选择，意味着由培训带来可雇佣性的提升，可能导致雇佣关系稳定性的差异，这一差异成为本书的主要内容。此外，Tharenou 等（2007）建议今后应加强培训与人力资源结果之间的中介研究，如，员工态度、与绩效相关的行为、人力资本在培训与组织绩效之间的中介作用。综上所述，本书以培训与可雇佣性之间的逻辑关联性为基础，以可雇佣性为中介变量，主要探讨培训与员工行为倾向之间的内在作用机制。

第二节　研究意义

管理研究的意义从理论和实践两方面加以体现。本书通过揭示相关变量的作用规律，拓展有关理论的研究内容和应用范围，从管理实践方面进一步推进理论规律的应用。

一　理论意义

理论意义在于研究结论所反映的规律能够对科学理论的发展作出贡献。本书的研究结论在一定程度上能够丰富培训、可雇佣性、组织承诺、离职倾向的理论体系和研究范畴，拓宽该研究领域的分析视角。本书的理论意义主要体现在以下几个方面：

（一）有利于厘清无边界职业生涯背景下培训对员工态度及行为的作用机制

新经济背景下，提升人力资本正成为企业保持竞争优势和持续发展的关键生产要素。在员工与组织之间关系发生根本性变化的情况下，员工如何认识自身与组织的关系，研究这种关系如何影响组织和个体行为，不仅将深化组织承诺领域的研究，而且丰富了无边界职业生涯时代的人力资本投资理论。本书以培训与员工态度的关系为基础，引入“可雇佣性”这一中介变量来解释培训对员工态度、行为的潜在影响，验证可雇佣性在组织对员工投入和产出之间的中介桥梁作用，加深对组织承诺和离职倾向的形成机制及行为结果的认识和理解，明确培训与可雇佣性对组织承诺、离职倾向影响的边界条件，为降低组织的人力资源管理投入结果的不确定性及实践提供理论依据。

（二）从可雇佣性视角出发探讨雇佣关系，为雇佣关系的微观协调机制提供新的思路

本书从可雇佣性视角研究雇佣关系，依据社会交换理论和人力资本理论，力图探索新雇佣关系背景下培训对员工态度的作用机制过程，为分析雇员留职、离职选择提供新的视角。雇佣关系是劳动关系的微观基础，约束雇佣双方行为的机制不能仅仅依靠外部的法律规范监督，还取决于雇佣双方以可雇佣性为核心的谈判，通过内在的博弈机制自觉主动地实现，真正体现知识经济时代“员工是组织最宝贵的财富”。在无边界职业生涯背景下，以可雇佣性为核心的雇佣关系能够提升人力资本的地位及价值，对雇佣双方长期信守的雇佣哲学提出新的解释，为推动雇主的人力资本投资、形成雇佣双方共同投资的理念和协调雇佣双方利益、平衡雇佣双方的需要提供新的视角，注重雇佣关系管理过程的事中协调，平衡雇佣双方各自的需求以缓解雇佣矛盾，而不是依据雇佣结果采取事后的补救补偿措施。

（三）拓展了培训、可雇佣性两个构念在中国本土化的应用

一直以来，关于培训和可雇佣性的研究，国内研究侧重从宏观层面的定性分析，探讨企业培训的现状、问题、如何提高培训的有效性，探讨可雇佣性的内涵、结构维度、培养开发机制、影响作用机制等，而对两个构念的测量、定量分析内容较少，这为本书的展开提供了契机。本书在阅读大量国外文献的基础上，从主观感知的角度测量培训、可雇佣性，并验证其在中国文化背景下的适用性，为今后开展与此相关的研究提供了有效的测量工具。

二 实践意义

（一）力图从可雇佣性视角解释人力资源管理实践的困境

现实中某些组织的管理陷入这样的困境：企业采取各种培训措施来满足员工的可雇佣性需求，但是员工的承诺强度仍然很低，离职率较高，甚至是“裸辞”，尤其是知识员工、核心员工的离职，使企业感到切肤之痛，员工技能的开发投资也在高流失率的“痼疾”之下变得无所适从……“雇主希望留下的是优秀员工，而优秀员工恰恰是最

容易流失的"，"是否应该培训员工"成为一个让许多雇主困惑的矛盾。许多雇主认为提高了员工技能就等于增加了其流失的可能性。如何减少优秀员工的离职率、降低人力资本投资风险对雇主而言至关重要。可雇佣性是有效解决这个矛盾的关键（谢晋宇，2011），本书拟从可雇佣性的培养和释放机制来系统全面地解释这一人力资源管理现象。培训是提升可雇佣性的直接培养机制，培训技能的通用性、实现自我价值的可能性、组织内外的各种发展机会等因素影响可雇佣性的释放；此外，根据期望效用理论，期望符合度的高低和可雇佣性的交互作用共同影响员工对组织的去留态度。因此，培训满足了员工可雇佣性的提升需求，影响员工去留的则是组织为员工创造的可雇佣性的释放机会和平台。

（二）为无边界职业生涯时代背景下的人力资源管理实践提供指导

21 世纪的管理将是以人为中心的人本管理，如何处理组织与员工的关系是管理的核心内容，而工作情景下的员工承诺管理是探讨这种关系的重要课题。现阶段工作环境的典型特征是：较高的离职率、追求持续改进和陡峭的学习曲线（指学习任务越来越艰巨）。美国《财富》杂志 2011 年 9 月 15 日发布了 2011 年度中国最适宜工作的公司的榜单，京东商城、三一重工公司等因为赠送股权、提供留学深造的机会，成为最有"人缘"的公司。因此，投资并重视员工发展的人力资源培训实践是吸引和留住知识员工必要的前提条件。本书在引入可雇佣性概念的基础上，以相关理论为依据提出假设，收集数据进行假设验证，进一步探讨培训对员工组织承诺的作用机制，促进企业在可雇佣性提升上扮演更加积极的角色，为解决企业人力资源管理实践中面临的现实难题提供有益参考。这不仅能够提高员工个体的可雇佣性、增强其组织支持感和个人职业生涯成功的机会，而且有利于引导组织加强可雇佣能力的投资，提高组织的人力资本存量，增强组织的核心竞争力。

第三节 研究内容与方法

一 研究内容

本书以无边界职业生涯时代为背景，以心理学传统的“刺激→认知→反应”模型为理论基础，拟建立培训、可雇佣性对组织承诺、离职倾向产生影响的内在作用机制。本书的理论模型如下：

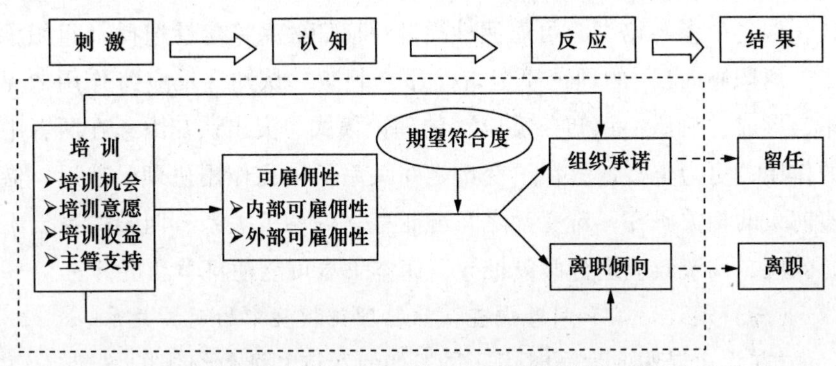

图 1-1 本书的基本框架

注：图中虚线框内的内容是本书的研究内容。

具体来看，本书的主要内容包括以下几个方面：

（一）培训、可雇佣性因素构成的研究

本书有四个构念：培训、可雇佣性、组织承诺和离职倾向。通过对国内外相关文献的阅读和分析后发现：组织承诺和离职倾向在已有的组织行为研究中已大量涉及，有关的理论及结构维度认知比较一致，从主观感知角度，从培训意愿、培训机会、培训收益、主管支持四个方面测量培训，在国内研究中尚未发现，因而对其结构维度需要进行验证性分析；关于可雇佣性的结构维度，主要有单维度（Berntson & Marklund，2007）、两维度（Andrew Rothwell，2007）、五维度（Fugate，2008；Heijde & Heijden，2006）等，目前还没有统一的结

论。根据研究目的，本书采用两维度的划分方法，通过问卷方法收集数据，对这一量表的信度、效度、因子进行分析，验证中国文化背景下其在企业员工中的适用性，为今后研究的进一步推广和使用奠定基础。

（二）以可雇佣性为中介变量，构建理论模型并进行假设推演

根据认知理论的“刺激→认知→反应”模型，结合人境互动理论、社会交换理论、期望效用理论的基本观点，剖析培训、可雇佣性、组织承诺、离职倾向、期望符合度之间的影响关系，以可雇佣性的培养生成和释放机制为逻辑主线，通过阅读文献、深度访谈的方式，构建“参与培训→可雇佣性提升→雇佣关系稳定性选择（组织承诺、离职倾向）”的理论模型，打开“刺激→认知→反应”作用的黑箱，形成“刺激→认知→反应”的理论模式，突出认知因素在两者中的作用，更为丰富地解释了变量之间关系的内在作用机理。然后，借鉴前人的相关研究，对变量之间可能存在的相关关系、回归关系、中介效应、调节效应进行假设推导，使本书尽可能地科学和可行。

（三）通过访谈和问卷调查，检验理论模型中的变量关系

“在无边界职业生涯时代，员工如何看待和评价组织的培训制度？组织的培训是否会显著地提升可雇佣性？可雇佣性提升是否带有双面性？员工是否会随着可雇佣性提升而增强组织承诺还是离职倾向？企业在管理‘可雇佣性’中扮演着什么样的角色？在雇佣关系中，企业如何平衡员工可雇佣性需求与企业保持员工队伍稳定性的需求？”为回答上述问题，本书通过实证分析，首先，检验培训与组织承诺、培训与离职倾向之间的主效应；其次，检验可雇佣性及其两个子维度在培训与组织承诺、培训与离职倾向之间的中介效应，并比较两者的影响程度；再次，对可雇佣性与员工行为选择进行深化研究，引入期望符合度，检验其在培训、可雇佣性与组织承诺、离职倾向之间的调节效应。

（四）分层面提出管理建议，以指导管理实践

根据前述实证研究得出结论，分别讨论变量之间关系的显著性和相关性的强度、方向的可能原因，然后联系管理实践，从个人层面和

组织层面以及两者交互角度提出具有操作性的对策。在对策研究中，既要考虑培训的若干结构因素对员工态度的影响，也要重视中介变量的内部、外部可雇佣性的影响效应，同时不能忽视作为调节变量的影响。因此，本书将这三个因素共同整合到管理对策中，并突出各自的地位及影响，提升模型的实践应用价值。

二 研究方法

荣泰生（2005）指出组织研究是科学研究的一种，这种研究以验证相关的假设为特征，旨在描述现象、解释现象和预测现象。假设主要来源于已有的文献及实践。本书的研究假设是以相关理论和已有文献回顾相结合的形式推导出来，然后根据调研的数据资料进行验证，得出结论。据此，本书的研究方法有以下三种：

（一）文献研究法

文献研究是本书的出发点和突破口。通过对国内外文献的系统查阅和梳理，本书对培训、可雇佣性、组织承诺、离职和期望的相关文献进行较为清晰和全面的认识，同时寻找现有研究的不足之处及需要做进一步研究探索的地方，确立本书的研究问题：可雇佣性在培训与员工去留态度中扮演什么样的角色？如何通过提升可雇佣性以影响员工的工作态度？等等。然后，经过理论拓展，建立本书的理论模型："参与培训→可雇佣性提升→雇佣关系稳定性选择（组织承诺、离职倾向）"这一逻辑思路，依据心理学、社会学、管理学等学科领域的诸多经典理论提出一系列假设予以验证，既包括验证性假设，也包括开拓性假设，构建本书的整体框架。

（二）实证研究法

随着统计学和统计软件的迅速发展，实证研究在现今的科学研究中应用得相当普遍。本书的实证分析是根据研究假设，首先对变量进行设计，并通过各种方式获得调查问卷。然后以企业、高等学校、科研机构的员工为调查对象，依据特定的抽样原则和抽样方法进行问卷发放，获取第一手数据资料。为保证研究结论的信度和效度，本书首先进行小样本的问卷调查，在对问卷进行修正以后，再进行大样本的问卷调查。历时近5个月，回收有效问卷367份，对大样本进行统计分析：运用 CITC 法和 α 系数法检验量表信度和效度，采用探索性和验证性因子分析检验各变量的结构维度，运用独立样本 T 检验和方差分析检验人口特征变量对自变量、因变量、中介变量和调节变量各维度的影响，用回归分析做主效应、中介效应和调节效应检验，以检验本书提出的各类假设。

（三）深度访谈法

为探索培训的维度结构并检验模型中变量之间的可能联系，检验及修正模型，尤其是中介变量和调节变量的作用机制，本书采用访谈达到这一目的。访谈是访谈者与被访谈者通过面对面、或者借助于现代通信工具，如电话、网络等形式实现语言的互动，以获取资料，帮助研究者产生新的研究思路或者提出新的研究问题（袁方，1997）。本书采用半结构化的深度访谈，一方面了解培训问卷的题项表述是否恰当、如何修改，为开展问卷调查提供实践基础；另一方面，通过访谈，检验中介变量存在的合理性，并对调节变量做了修正，放弃最初设想的“感知机会”和“主动性人格”变量，选择“期望符合度”作为本书的调节变量，这是深度访谈的主要收获，使得本书的理论模型更加完善和符合实际。

第四节　研究思路及结构安排

一　研究思路

研究思路是引导研究选题、构思、研究过程展开以及结论归纳的总体规划。本书将遵循理论与经验相结合、定性与定量研究相结合，以得出合理、可靠的结论。本书的研究思路如图 1－2 所示。

二　结构安排

根据以上的研究内容、研究方法及研究思路，本书各章的内容安排如下：

第一章为绪论。这一章主要介绍本书的理论和现实背景，阐明研究的理论及现实意义，交代本书的研究内容、研究方法及研究思路、

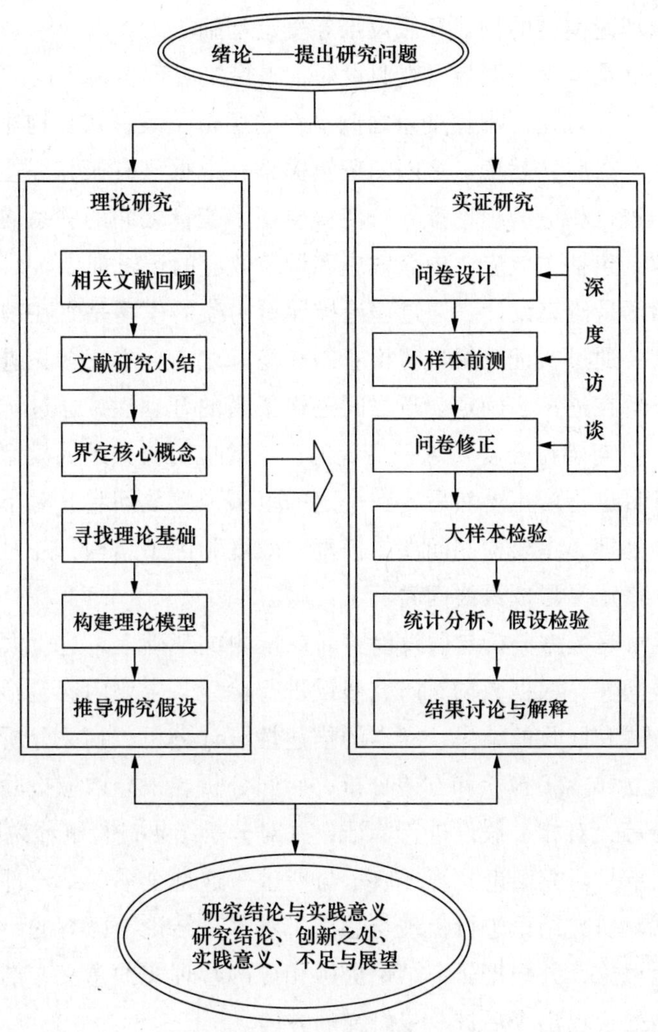

图1-2　本书的研究思路

可能的创新点及不足之处，对本书做一个总体的介绍。

第二章是相关理论与文献综述。该章通过对已有文献进行回顾和梳理，以展示当前国内外研究的最新进展，并联系现实问题，发现研究中亟待解决的问题，并对现有文献进行评述，以找到研究的切入点，为理论模型的构建提供理论基础。本章分别对可雇佣性、培训、期望符合度、组织承诺和离职倾向的相关文献进行回顾与总结评述，为下一章理论模型的构建和假设推导奠定基础。

第三章是概念模型与研究假设。本书借鉴心理学传统的“刺激→认知→反应”理论，根据变量之间潜在的逻辑关系，初步构建整体的理论模型。然后，就变量之间的逻辑关系，根据已有研究综述和相关的理论，进行相应的理论推导，使得模型中变量之间的关系均能获得理论支撑，包括主效应、中介效应和调节效应的逻辑推导。

第四章是研究设计。通过理论推导所构建的模型是否在现实中也成立，需要通过实证分析进行检验。在检验之前，本书首先进行了深度访谈，旨在进一步确定变量之间逻辑关系的合理性，通过访谈进一步发现了“期望符合度”这一变量的影响效应，将其纳入模型，并对问卷的条目进行修正。然后，在一定的范围内发放问卷，对小样本数据进行预处理，主要检测问卷的信度、效度和因子结构，并对问卷的表述加以修正，形成最终问卷。

第五章是数据分析与假设检验。在预测试基础上，进行大样本调研、发放问卷，根据数据对研究假设进行检验。主要内容包括：数据获取的方式和回收的结果、样本的描述性统计分析、相关分析、因子分析、独立样本T检验和方差分析、回归分析、中介效应检验和调节效应检验等，对相关假设进行验证，并对分析结果进行解释说明。

第六章是研究结论、管理启示与展望。这是全书的结论部分，主要包括：对研究结论进行梳理与总结，对每一结论与已有的研究结论进行对比讨论，并根据研究结论提炼相应的管理实践意义，剖析研究的不足之处，提出今后进一步研究的方向。

第五节 研究创新

本书的创新之处体现在以下几个方面：

1. 本书从微观感知的视角对培训及可雇佣性进行测量，检验两者的结构维度在我国的适用性

已有的关于培训的研究，尤其是国内研究主要集中在定性分析或

客观实践数据，关注培训的投资及过程，而从培训参与者的主观感受视角度量培训、探究培训有效性的较少；有关可雇佣性的研究，国内研究主要以定性分析为主、研究层面集中在政府及企业层面，对企业员工的可雇佣性测量的较少。本书将国外成熟量表引入国内，从自我感知层面测量培训及可雇佣性两方面，验证这两个量表在我国企业员工中的适用性，为后续与此相关的测量提供参考，经过探索性和验证性因子分析发现：可雇佣性可划分为内部、外部两个维度且具有良好的信度和效度，在我国同样适用；但培训的维度结构检验结果与国外有一定的差异，即，除培训意愿、培训机会、培训支持三个维度与国外研究保持一致以外，培训收益可分解成两个维度：个人收益和职业收益。

2. 本书引入可雇佣性作为中介变量、期望符合度作为调节变量，构建了培训对员工态度的作用模型，深入阐释了无边界职业生涯背景下培训对员工的去留选择的影响机理

已有的研究较多地关注培训与员工态度之间的关系，但缺乏对其中内在的作用机制过程的研究。本书尝试用可雇佣性打开培训与员工态度关系的黑箱，以心理学传统的“刺激→认知→反应”模式作为整体的理论基础，以社会交换理论、社会认知理论、期望效用理论为变量之间逻辑关系推演的理论依据，通过假设推导和实证检验，验证：可雇佣性在培训与组织承诺、培训与离职倾向之间起中介作用，期望符合度在可雇佣性与员工态度的中介效应中起调节作用，深刻揭示了新型雇佣关系背景下组织的培训政策对员工态度及行为决策的作用机制过程，这一研究丰富了雇佣关系理论。

3. 本书探索可雇佣性的开发和实现机制，为雇佣关系的微观协调机制提供新的思路

总体而言，研究结论解答了实践中“是否应该培训员工、是否提高员工的可雇佣性就会增加其流失的可能性”这一企业人力资本投资的困惑，证实了现阶段组织投资于员工培训能够提升员工可雇佣性和有利于稳定员工队伍。在传统的激励方式逐渐失效、培训作为新型雇佣关系的一种激励策略的背景下，将研究结论运用于管理实践则要求

管理理念的创新：（1）将可雇佣性作为重构新型雇佣关系、平衡现代企业雇佣冲突的核心；（2）将可雇佣性作为一项提升员工素质、保持雇佣关系稳定性的雇佣关系事前和事中的治理机制；（3）雇佣双方形成相互投资的雇佣理念，明确双方的投资内容，构建合理的收益分享、风险防范及激励约束机制。以此为出发点，本书从组织层面和员工层面提出系统化和操作化的对策建议，以期促进当前员工可雇佣性的培养和开发、进而优化雇佣策略，以缓解雇佣冲突、提高就业水平和雇佣质量，实现雇佣关系的和谐。

第二章　相关理论与文献综述

第一节　社会交换理论

在社会关系研究中，最具影响力的是社会交换理论（Molto & Cook，1995）。社会交换理论是一种行为主义的社会心理学理论，是近20年来研究员工—组织关系的最有影响的理论框架，成为雇佣关系领域研究的经典理论之一。

一　社会交换理论的起源及基本内容

社会交换理论起源于交换理论。交换活动是人类基本的社会活动之一，基本假设是人是理性人，他们在交换活动中以满足自身的需要为目的、寻求物质利益或效用的最大化。交换理论假设：自我利益是人类关系最首要、最重要的基础。他认为人类交换行为的基本规律是从交换中获得报酬，只有交换双方都能从中获益时，交易和交换才会发生。交换分为经济交换和社会交换。两者的区别在于，经济交换是一次性、独立的交易，与之前和之后的交易都无任何关联，交易双方不存在信任、承诺、信誉、义务等社会的、心理的因素。而社会交换理论认为，无论是经济的还是心理的交换，交易双方在交易过程中都会形成长期稳定的关系，双方不可能相互独立，这种关系会影响社会交换的过程。与经济交换相比，社会交换理论更加贴近现实。因为，人们在社会生活中的交换总包含着物质的、非物质的资源，在交换中总盘算着怎样获得更多的交换收益，通过社会交换行为建立和维持社会关系。社会交换理论在个人各种可能的成本和获益的基础上研究人与人之间的相互作用（谢晓非等，2005）。该理论认为：人的社会行为服从“追求最大奖赏和尽少付出代价”的规律。交换的本质是收益与代价的社会交换。收益 - 代价 = 后果，收益可以是心理财富（奖励、享受、安慰）和社会财富（身份、地位、声望），代价可能是体力或时间消耗，放弃享受，精神压力，忍受惩罚等。如果双方的后果都为正，交换关系将持续；如果双方或一方结果为负，关系将出现问题。

社会交换包括四个要素：（1）目标，即交易双方的预定目标和各自事先的计算；（2）支付，即行动者向交换对象提供行动或者实物；（3）回报，即接受方做出酬谢，这种酬谢以行动或实物的方式体现出来；（4）交换，即目标与回报的一致性程度（朱力等，2003）。从交换对象看，“社会交换”既可能发生在人与人之间，也可能发生于人与组织之间，下面分别进行简要分析。

二　员工与组织之间的社会交换理论

这一理论来源于巴纳德的组织平衡理论，他认为组织的持续存在取决于其内外部是否平衡。组织内部平衡是指组织整体与员工个体之间的平衡，即诱因与贡献的平衡，组织提供能满足个人需求的、影响个人动机的诱因必须大于或等于个人对组织做出的贡献。这是个人协作意愿成立的基本条件。“诱因”是指组织为满足个人的目的和动机提供的激励，诱因包括经济的与非经济的两类。经济诱因是组织根据贡献提供给成员的货币、物品和物质条件的报酬，非经济诱因指为确保个人努力协作而提供超越物质的诱因，包括荣誉、晋升、威信、权势，理想的实现、舒适的工作条件、参与的机会、心理交流及说服。“贡献”是有助于实现组织目标的个人活动。如果员工的需要通过诱因得到满足，他们将继续与组织目标保持协作，做出贡献，组织目标才能实现、组织才能存续。

March 和 Simon（1958）在巴纳德（1938）的基础上，将诱因—贡献理论用于解释员工与组织之间的社会交换关系。在巴纳德的诱因来源中，以经济诱因为主要交换内容的称为经济交换；以非经济诱因为主要内容，以组织承诺、组织公民行为、工作绩效为回报，称为社会交换。组织是单个统一的实体，负责管理员工的诱因—贡献平衡。巴纳德（1938）和 March & Simon（1958）将诱因—贡献理论用于社会交换理论，阐明员工与组织之间的交换本质，是社会交换理论的鼻祖。

三　人际社会交换理论

这种交换包括组织内部成员（领导—成员、员工—员工）之间的交换。根据 Levinson（1965）组织拟人化理论，员工倾向于从整体上将组织视为一个人，其与组织的交换机理与人际交换一致，则员工与组织之间的交换理论对人际关系理论有一定的借鉴意义。有代表性的理论是：霍曼斯的行为主义交换理论、布劳的辩证交换理论及爱默森的网络交换理论。

霍曼斯（1958）借鉴行为心理学理论，把人类行为视为互动个体之间进行酬赏的交换。交换的内容包含物质和非物质的内容，目的是寻求交易平衡及交换利益，即获得回报与付出成本的差异最大。他提出了交换的六大命题及交换中的公平性问题。霍曼斯的社会交换的基本观点是：①人们并不总是追求利润最大，他们只打算在交换中获得一定的利润；②人们在交换中并非总是长期而理性的；③交换的内容不仅限于物质或金钱，还有尊重、情感、爱、赞同等非物质的东西；④所有的人类行为都可以视为交换，而不仅仅存在于市场的交换行为。霍曼斯还提出了构建人类社会行为的六大命题系统，包括成功命题、价值命题、刺激命题、剥夺—满足命题、攻击—赞同命题和理性命题。其中，理性命题认为，一个人是否采取何种行动，取决于他所认识到的活动结果乘以获得此结果的概率，即：行动 = 价值 ×（获得此报酬的）概率。这一命题与后来的期望价值理论的内容不谋而合。霍曼斯的社会交换理论是基于个人层次上的，只适用于直接的人际互动关系的小群体，只能解释非制度化的社会行为，对于宏观社会的重大问题，如社会制度的产生、变迁等，缺乏解释力。

布劳的辩证交换理论来源于其著作《社会生活中的交换与权力》（1964），研究的主题是：从微观到宏观层次系统地追溯了社会交换的形成、发展过程及其形态和影响，试图说明社会交换是如何从个人之间日常互动以及人际关系中到处存在的、较为简单的过程演变为支配社会和社区复杂结构的过程。首先，他将社会交换定义为：“当他人作出报答性反应就发生、当他人不再作出报答性反应就停止的行动。”微观的社会交换结构起源于个体期待社会报酬而发生的交换。其次，他明确将交换分为经济交换和社会交换，经济交换是以正式合同清晰约定双方的权利和义务，但社会交换对责任的界定较为模糊、难以明确界定，最初的交换是以信任为基础，需要交换一方相信另一方将来会履行责任，而后双方各自履行责任将进一步提升对彼此的信任。再次，布劳提出社会交换理论的五大原则：理性原则、互惠原则、公正原则、边际效用原则、不均衡原则，其中理性原则、互惠原则和公正原则得到学者们的普遍认可。最后，他将微观社会交换上升到群体间的宏观层次，发现个体间的交换与群体间有许多相同之处，某些个体间的交换法则（如公平原则）也适用于群体。但两种交换也存在差别，交换的基础是群体的共同价值，宏观社会结构的基本机制是以社会规范为中介的间接交换替代个体的直接交换。

爱默森的网络交换理论回避了交换的微观和宏观问题，提出交换中双方的地位不同，分为单方垄断式交换关系、分工式交换关系、社会圈、分层网络式交换关系、中心网络交换关系。爱默森的网络交换理论不仅能应用于小型单位的分析，而且能解释大型复杂的社会结构。

四　社会交换的基本原则

社会交换有两大基本原则：互惠原则（Reciprocity Principle）和公平原则（Justice Principle），已得到研究者的一致认同。互惠原则指社会交换只有在对交换双方都有利的情况下才会发生，如果双方的收益 - 代价 ≥0，交换关系才可能持续。互惠原则最早由 Gouldner（1960）提出，他认为互惠原则有两个基本要求：①人们应该帮助那些帮助过他们的人；②人们不应该伤害那些帮助过他们的人。Gouldner（1960）将互惠分为同质互惠和异质互惠两类，同质互惠是指双方交换的内容或情景相似，异质互惠指双方交换的内容不同，但感知的价值等价。Sahlins（1972）扩展了互惠的概念，总结了互惠的三大特点：①回报的及时性，即接受方可以马上回报也可以不定期回报；②回报的等同性，即交换双方各自获得的回报应该与他们的付出等值，才能确保交换的延续；③兴趣，交换双方对交换的内容及交换的过程感兴趣的程度。该原则隐含的前提是个体为了获得最大利益与他人建立联系，并且他们会积极回报自己的恩人，基本思想是当其中一方以善意或支持等形式为另一方提供帮助时，接受方有责任回报其所接受的恩惠。根据互惠的相关理论，员工与组织之间的社会交换内容及形式是多样化的，既有同质的也有异质的甚至混合性的互惠内容，兼具回报的及时性和延时性特点。这一理论对雇佣关系的启示在于，组织应主动根据员工需要进行有价值的投入，在组织面临困境时也不能以牺牲员工利益作为组织生存的利器，这样才能增强员工对组织回报的责任感。

作为社会交换理论的一个分支，公平原则的核心思想是，一个人的收益应该与他的贡献成比例（Deutsch，1985；Hatfield et al.，1985），其基本假设是：①处于交换关系中的人们设法最大化他们的结果（收益）；②通过不断改善公平分配回报的规则或规范，个人和群体可以最大化他们的集体回报；③如果知觉到一种关系是不公平的，人们就会不开心，关系越不公平就越不开心；④在一项关系中知觉到不公平的个体会采取行动恢复公平。研究支持了公平理论的 4 个具体假设（Haffield et al.，1985）。公平原则描述的是社会交换中的一种心理过程，人们总是会对成本与收益、投资与利润的具体分配比例进行判断，期望得到的报酬或利润与付出的成本或投资成正比，自愿、长期的“赔本”交换是不能持续的。交换的公平性包括三个方面：一是比较回报与付出；二是比较目前收支比率与以往收支比率；三是比较个人与参照群体收支比率。如果三个度量的前者均大于后者，则交换关系令人满意，鼓励进一步的交换行为；如果度量的前者小于后者，则是不公平交换，将导致处于弱势一方产生心理压力和认知不协调，他们将采取行动来减少或消除因不公平带来的心理紧张，如，改变自己或他人的收支状况，做自我心理安慰或解释以寻求心理平衡，甚至离职，以寻找新的公平感。

综上所述，社会交换理论合理地解释了组织内部的组织—员工、领导—成员之间交换的内容、过程的心理和行为过程。在不同的文化背景下研究雇佣关系时，都发现社会交换过程存在于员工与组织之间（Shore & Coyle – Shapiro，2003）。在传统的雇佣关系中，员工通过个人努力工作和对组织的忠诚换取工作报酬和晋升，而现在这种方式不再有效（Sims，1994）；在新型雇佣关系背景下，员工通过努力工作和工作绩效换取个人提升可雇佣性的机会，以获得自身的职业成长。

第二节　社会认知理论

20 世纪 70 年代，班杜拉提出社会认知理论。社会认知理论起源于认知社会心理学和发展心理学，主要研究人类认知的信息加工过程、内在的认知过程对人的行为的支配作用。其主要观点如下：

一　三元交叉决定论

社会认知理论（social cognitive theory）由班杜拉提出，认为人们的认知与行为之间存在因果关系，人的行为是个人因素、行为因素和外部环境三者之间动态的交互作用的结果，个体的能力和外部环境因素共同决定了个体具体行为，即 $B = f(P, E)$。Pearson 等（2002）认为，能力和环境两个变量是指导个人行为的最重要的认知因素。三者之间是动态的交互决定关系，即，三元交叉决定论（triadic reciprocal determinism）。首先，环境是行为的外部条件，影响人的行为模式，同时，人的行为反过来又会对环境造成影响；其次，人的内在因素，如动机、目标、情绪、意向等，影响人的行为模式，人的行为和外部环境又影响人的意向信念和情感反应；再次，在人与环境的关系上，一方面，人的认知能力是受环境的影响和制约，另一方面，环境又受人的认知能力影响，环境只有被人把握时才对人产生影响。班杜拉强调，这三个因素对人行为的影响是不均等的，在不同的时间和条件下，三种因素中的任何一个都可能成为影响行为的主要因素。

二　个体因素的影响

传统的行为主义认为，心理学将可观察到的人的外部行为作为研究对象，而认为难以观察的心智现象是不可靠、不科学的。班杜拉则认为，人的外部行为是由心智活动来中介的，虽然心智活动不能直接观察，但却是客观存在的。班杜拉的社会认知理论将人的内部认知活动纳入行为主义理论。

社会认知理论强调在行为改变中认知性因素的作用，揭示了行为的形成与维系机制。在环境和认知因素的互动中，人的认知因素起主导作用，根据班杜拉（1977）的研究，影响个体行为的主要认知因素是自我效能和结果期望。其中，自我效能是个体对完成特定任务的一种能力判断，这种判断是内外诸多因素，如外部环境、自律机制及个人能力、以往经验、成就等因素交互作用的结果。班杜拉（1977）认为个人是根据其自我效能来启动、规范和维系自身行为的。结果期望是指个体对自己行为的期望结果，是个体从行为中可能获得好处的一种主观预期。结果期望有三种形式：身体结果（舒适、高兴等）、社会结果（金钱报酬、社会认可等）和自我评估结果（自我满足、自我发展等）。主要关注个人的结果预期如地位或报酬的改变、晋升、加薪、受称赞等。在每一种形式中的积极期望都可以视为激励。班杜拉（1977）享乐原则说明，结果期望影响行为，在其他情况相同时，个体倾向于选择积极结果最大化、消极结果最小化的行为。

在本模型中，环境因素对应的是组织支持性培训环境，个体因素指的是可雇佣性，行为因素则是组织承诺与离职倾向。本模型的可雇佣性是个人对自己在组织内外保持被雇佣可能性的一种判断，也是对自身能力的一种主观评价，它是外在环境、个人能力、经验、成就表现的一种主观评估，这种预先的估计将对后续的行为发生多方面的影响。类似于班杜拉的自我效能概念，因为两者均强调个体对自身完成特定组织任务时的一种能力判断。基于社会认知理论，本模型认为，组织的培训实践为提升可雇佣性和组织承诺创造良好的组织环境，通过支持员工参与培训、鼓励员工提升可雇佣性从而达到提高员工组织承诺的目的。在本模型中，包括两个机制：可雇佣性的生成机制和实现机制，员工通过判断组织环境是否有利于提升可雇佣性以及对结果期望的可能性大小做出留职或离职选择。因此，从该理论进行推导，可雇佣性是培训与员工态度之间的中介变量，期望符合度在可雇佣性与组织承诺、离职倾向之间起调节作用。

第三节　可雇佣性的研究综述

一　可雇佣性的内涵

（一）可雇佣性研究的重要意义

可雇佣性（employability，又译为可雇佣能力、就业能力）是近十几年来人力资源管理研究的热点，也是许多国家制定人力资源政策的出发点。学术界对可雇佣性的关注源于全球化经济趋势带来社会经济的巨大变革，引起组织环境的不确定性加剧、组织结构柔性化以及雇佣关系转变，导致频繁的工作流动、职业转换成为劳动力市场的普遍现象，传统的终身就业观念（life - time employment）已经让位于终身可雇佣性（life - long employability）的观念。从内涵来看，可雇佣性指个体所具有的获得岗位、维持雇佣以及在需要时重新再就业的能力，是个体拥有的对雇主有吸引力的一系列知识、技能和态度的组合。对个人而言，具备多方面的可雇佣性可以应对内外劳动力市场变化，获得满意的工作；就组织而言，雇员的可雇佣性能提高组织的弹性、适应竞争环境的变化；对整个国家来说，国民的可雇佣性意味着国家人力资本竞争力的强弱。

（二）可雇佣性研究的历史沿革

“可雇佣性”首次出现在20世纪初的英国，Beveridge（1909）最先引入该概念，后来在美国得到进一步延伸。20世纪50年代，Feintuch（1955）关注社会弱势群体比如残疾人或有心理疾病群体的可雇佣性。但当时的研究主要关注怎样解决失业者的就业问题，而不是员工的职业流动和转换。到70年代末，随着工业国家经济衰退并进入滞胀期，学者和劳动者已经意识到，仅拥有职业技能是不能满足劳动力市场需求的，还需要拥有“可转移性”的技能，包括社会技能和关系技能，这些能力不仅在找工作时有用，而且在工作过程中也很重要。可雇佣性研究仍致力于从政府的角度关注如何实现充分就业、关注如何增加劳动者的技能和知识，降低社会的失业率。

20 世纪 80 年代以后，可雇佣性的研究从政府层面转移到组织层面。面对日新月异的技术环境、迅速变化的市场环境以及消费者多样化的消费需求，组织必须保持一定的弹性以适应这种变化的需要。雇员的工作内容不局限于岗位说明书的要求，而是需要承担诸多临时性的、多样化的职能。同时，为了增强弹性，企业开始大规模地雇佣兼职、临时性员工。作为人力资源管理转变的重要方面，可雇佣性研究关注的重点是如何通过员工管理增强组织的弹性并优化组织人力资源的使用。此阶段，企业对提高员工可雇佣的投资仅限于长期供职的员工以及处于核心地位的员工（Atkinson，1984；Handy，1989；Smith，1976）。

90 年代的可雇佣性研究集中于个人层面，提出个人（而不是政府或企业）对自己的可雇佣性培养负责。这一方面是因为劳动力市场的开放性程度提高，个人为实现自己的职业生涯成功有更多的选择机会，另一方面是组织内终身或长期雇佣保障逐步消失和论资排辈晋升的可能性大大降低。在这一时期，可雇佣性的研究涉及所有劳动者，每一位劳动者都应具备在内部和外部劳动力市场就业的能力。雇主和雇员之间心理契约的焦点转变为维持就业能力而不是终身雇佣，即雇主为雇员提供提升就业能力的机会，雇员对自身的职业生涯负责。

进入 21 世纪后，可雇佣性的研究更加侧重于实践领域，研究的视角整合了政府、企业及个人层面。研究主要探索如何提升劳动者个体的可雇佣性和企业的活力、促进国家竞争力的提高，提出建立学习型组织、构建学习型社会的理念，以就业能力为导向进行教育体制改革，在组织内制定支持性的人力资源管理政策等实践措施。在新经济时代，提升和维持可雇佣性是个人、企业和政府的共同责任。图 2－1 表示可雇佣性的内涵发展过程（曾湘泉等，2010）：

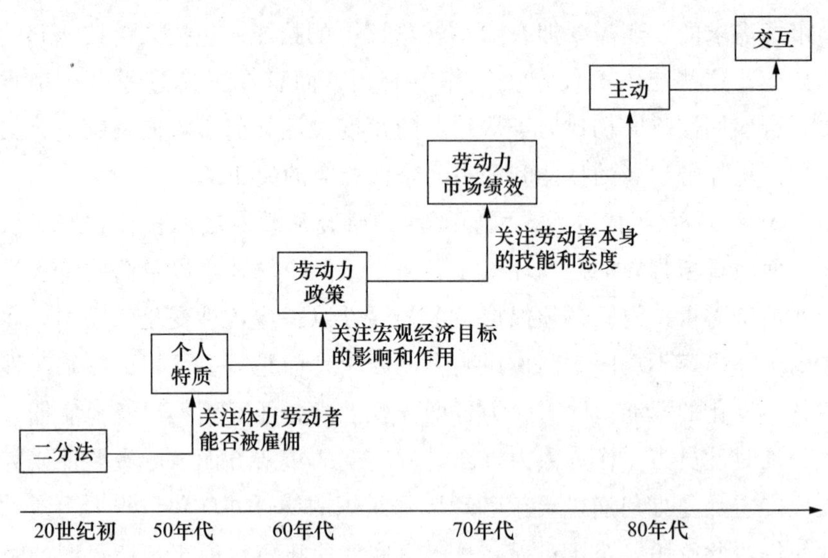

图2－1　可雇佣性概念的发展过程

（三）可雇佣性的不同释义

如果从字面上理解，最直观的定义为个体适合被雇佣的特征或品质，与个体在多大程度上容易被雇佣有关，但实际上，这个定义要复杂得多。由于研究的视角不同，学者们对可雇佣性的释义呈现很大的差异。一些学者从组织的角度，例如企业是否为员工提供培训机会、是否授权和支持职业生涯的发展，政府是否为国民提供教育和培训政策。有的学者从个人的角度进行定义，他们认为可雇佣性是个人所具有的获得基本就业、维持就业以及需要时重新再就业的能力和意愿。如，国际劳工组织（ILO）将可雇佣性定义为：个人为应对技术与劳动力市场变化，通过教育和培训获得的可随身携带的能力及资格，以获得和保持体面劳动，实现组织内部各种职务间晋升或组织间流动。代表性的视角及观点如下：

从人力资本角度看，Forrier（2003）认为可雇佣性是一种个人拥有和决定职业生涯成败的人力资本，包括个人能力和职业期望两方面；Hillage 和 Pollard（1998）认为，可雇佣性是个人具有的在劳动力市场上通过可持续雇佣实现自我成长的能力。

从心理特质角度看，Fugate（2004）认为“可雇佣性是指一种积极的工作适应能力，这种能力使员工能够发现、识别和实现工作机会。”这是一种与个体特性相关的社会心理建构，解释为雇员所具有的特定的、积极的、能识别和实现职业生涯发展的适应力，包含四个维度：职业生涯识别、个人适应性、人力资本和社会资本。

从职业生涯转换角度看，Harvey 等（2002）认为，可雇佣性是个体实现初次就业、拥有并做好工作、必要时能顺利转换工作的能力；Sanders 和 Grip（2004）将可雇佣性定义为“预期工作任务和工作环境的变化并对此做出积极反应，从而拥有和维持劳动力市场吸引力的能力和意愿。”

从劳动力市场需求角度看，Gaspersz 和 Ott（1996）阐述，可雇佣性指个人专长、技能与劳动力市场需求的专长和技能之间的关系。Thijssen（1997）对可雇佣性的适用范围做了分类，他指出，可雇佣性的核心定义是个人所拥有的在劳动力市场的多种岗位成功的能力和意愿，关注的是个人能力，可雇佣性取决于个人所拥有的知识、技能和态度等资本的存量及其运用这些资本的方法、对潜在雇主展示资本的能力以及个人运作的空间。

总体而言，“可雇佣性”是以能力为基础的概念，是雇员需要获取当前和未来雇主所看重的知识、技能、能力和其他特性（$KSAO_S$）以维持和确保未来的就业。这种能力是多方面的，不同的组织或工作岗位对此要求各异，如，从事生产技术工作对身体适宜性、技术灵活性、动作协调性等的要求较高，从事管理工作要求具备实际的管理经验、危机管理能力、持续学习能力等，这些特征一般而言都是后天形成的。同时，这一概念还特别突出个体对待环境变化、工作领域中的积极适应能力。可雇佣性是一个多维而非单维概念（Heijde & Heijden，2006)），综合个体特质与能力、学习能力与适应能力、劳动力市场需求与个人职业发展需要、工作转换能力与转换意愿、个体的人力资本存量与流量等。站在雇员的角度，本书认为可雇佣性包含三层含义：一是与岗位匹配的可雇佣性，它指雇员在企业内的当前岗位获得和维持可雇佣的机会；二是企业内部的可雇佣性，指的是雇员在企业内部劳动力市场的人力资本的价值；三是企业外部的可雇佣性，它指雇员拥有的转移到其他相同企业或不同岗位工作的能力和意愿，反映了雇员在外部劳动力市场的人力资本价值。这一概念强调可雇佣性与雇员获取和保持目前岗位、在企业内部转岗和在外部劳动力市场获取就业的能力有关。

二　可雇佣性的测量及构成维度

关于可雇佣性的构成维度，许多学者在对可雇佣性内涵界定的基础上，做了进一步的延伸。由于可雇佣性内涵视角的多元化，尚未形成统一的认识，因此对可雇佣性的结构维度的认识也存在较大的差异。测量可雇佣性是最近几年出现的，相关的测评工具尚不多见。根据已有的文献，关于可雇佣性的构成维度主要有一维度、两维度、多维度等认识。代表性观点如下：

（1）一维度：评估可雇佣性的传统方法是采用个体的背景指标，如教育背景及受教育程度、培训经历、职位级别等（Elman & O'Rand，2002；Forrier & Sels，2003；Van Dam，2004；Worth，2002）。March 和 Simon（1958）提出从主观感知的角度测量可雇佣性，即"个体对内部和外部劳动力市场可利用的工作机会的感知"，后来这一测量得到 Berntson 及其同事的广泛采用（Berntson & Marklund，2007；Berntson，Sverke & Marklund，2006）。Berntson 和 Marklund（2007）使用了包含 5 个题目、一维度的测量问卷，用于测量可雇佣性与健康状态之间的关系。在 5 个题目的内容中，关注了被调查对象的竞争力、社会关系网、个性特征、经验技能、机会感知等在外部劳动力市场受欢迎的程度，因此，这一测评的重点是外部可雇佣性。

（2）两维度：主要从内部可雇佣性及外部可雇佣性进行研究。学者们（Hillage & Pollard，1998；Kirschenbaum & Mano - Negrin，1999；Tamkin & Hillage，1999；Kluytmans & Ott，1999；Lane et al.，2000；Rajan et al.，2000）普遍认为可雇佣性集合了一系列个人属性，这些属性包括知识和技能、学习能力、职业生涯管理能力和适应能力等。同时，可雇佣性还受到内部劳动力市场、外部劳动力市场的影响，因此，有内部可雇佣性和外部可雇佣性的区别，这一区分在 Hillage 和

Pollard（1998），Kirschenbaum 和 Mano – Negrin（1999），Kluytmans 和 Ott（1999），Lane 等（2000），Sanders 和 Grip（2004）的研究中都曾提及，但实证研究的较少。Arthur 和 Rousseau（1996）认为被调查对象对自己的可雇佣能力感到比较乐观，尤其是内部可雇佣性更强时，这说明他们还是更加关注组织内的发展而不是无边界的职业发展，因为组织内的信息相比组织外更容易获取并更为可靠。Rothwell（2007）以个体为中心，开发了以自我感知为基础的可雇佣性量表并对有效性进行检验，要求雇员对自己在组织内外的可雇佣性进行自我感知评价。最终确定了 11 个指标，既可以视为单维构念进行测量，也可以将其划分为组织内、外两个维度，测量内部可雇佣性的 4 个指标、外部可雇佣性的 7 个指标，并成功地区分了这一概念与职业承诺、职业成功。

（3）五维度：主要从心理特质和能力倾向两个方面进行测量。前者由 Fugate 等（2008）开发，从个体主动适应的角度理解可雇佣能力，问卷包括 25 个测评题项，结构维度包括对待工作变化的开放性、工作和职业生涯主动性、工作和职业生涯弹性、职业生涯动机和工作认同。Heijde 和 Heijden（2006）依据资源基础理论，提出了基于能力的结构维度，包括专业技能、预期与最优化、适应性、公司意识、平衡；同时，Heijde 和 Heijden（2006）还提供了各子维度的具体测量量表，其中，专业技能包含 15 个测量指标，预期与最优化 8 个指标，个体适应性 8 个指标，公司意识 7 个指标，平衡 9 个指标。由于不同学者研究视角的差异化，因此导致了测评量表的多样化。

三 可雇佣性的影响因素及影响结果

（一）影响因素

伴随着雇佣关系的变化，可雇佣性研究日益受到人们的高度重视，自上世纪 90 年代以来，可雇佣性的研究成为欧美人力资源管理研究领域的一大热点（Claudia & Heijde，2006）。从微观的角度来看，个体可雇佣能力受诸多因素的影响，除了受劳动力市场和企业环境等外部因素影响外，内部因素是导致个体可雇佣性差异的重要因素。个体的某些特征和工作环境特征会影响可雇佣倾向。

①人格特质。Barrick 和 Mount（1991），Tokar 等（1998）研究表明，人格特质和职业变量之间存在关联。其中两个最重要的人格变量是：开放性和主动性。开放性指对待新想法和变化的接受程度。Barrick 和 Mount（1991）及 Salgado（1997）的元分析表明个体对待开放性的态度将影响对待其培训的态度。开放性高的个体将工作中的变化视为挑战而不是威胁，他们更能够接受工作中出现的变化，更善于发现和抓住职业生涯发展的机会来持续学习，提高适应性，变得更适合被雇佣。主动性指一种自主的态度和行为，与消极被动、跟随指令相反。工作和职业生涯主动性高的个体，更加积极地搜集与自己的职业生涯相关的信息，更能适应雇佣环境。乐观热情的工作态度、团队工作能力和沟通能力是最具普适性的可雇佣性因素（Ncver，2003），且其重要性对每一层级的员工是相同的。尽管可雇佣性并不意味着被雇佣，但是增加了被雇佣的可能性，灵活性、适应性和主动性是同等重要的市场化技能（Marilyn，2008），都反映了员工的社会适应能力。这一特征在 Fugate（2004，2008）的研究结论中得到进一步的证实，Fugate（2004）从个体适应能力角度研究可雇佣性的维度时，以开放性、乐观、学习倾向、内在控制点、一般自我效能为指标，已经包含了人格特征的开放性和适应性的特质；Fugate 和 Kinicki（2008）的研究中对可雇佣性的维度做了进一步的修正，认为可雇佣性与工作场所的主动适应行为相关。他通过探索和验证性因素分析证实可雇佣性的六个维度中有两个维度包含了开放性和主动性的内容。他甚至强调，主动适应和自主行为是可雇佣性的理论基础，可雇佣性本质上是一种社会心理构念，是“工作和职业生涯中的主动适应力”的简单说法。可雇佣性需要恰当地自我评价自己的优势和劣势（Hall，1996a；Seibert，1996a），善于主动发现内部和外部劳动力市场变化带来的机会和威胁，根据市场需要更新技术，构建人际关系网络和制定职业发展计划。即，搜寻潜在的市场信息、有意识地构建各种技能组合、识别个人的品质和确定职业发展方向等个人行为（Ashley，1998）。这一系列的行为表现均体现了个体主动性、开放性的特征。

②个体学习的意愿及能力。Hall（1996）认为雇员维持可雇佣性

的另一因素是个体对待学习的态度。传统观念认为，教育是为特定的工作或职业服务的，但这一观念已经被终身学习理念所取代。持续学习的意愿及能力是当今动态环境中“个人生存的有效工具”（O’Donoghue & Maguire，2005）。Deloitte 和 Touche（2001）更直接地指出，个体受教育和培训程度、对待变化的态度、人际关系网、获取信息的能力和态度等因素都可能对个体的可雇佣性产生影响。Heijden（2002）将学习能力作为提升可雇佣性的重要影响因素之一，Fugate（2004）也将学习意愿作为影响因素之一。学习意愿是个体适应性的基础（Ashford & Taylor，1990；Hall & Mirvis，1995；London & Smither，1999）。学习意愿更强的员工更加关注环境中面临的威胁和机会，关注环境中可胜任的工作岗位、可以获取的工作经验和技能。他们会主动地将市场机会与自身个人的特征、兴趣结合思考。持续的学习被视为职业成功的关键因素（Hall & Mirvis，1995；London & Smither，1999）。学习的态度、动机、意愿对个人的适应性和可雇佣能力有重要的贡献（Fugate，2004）。

③技术及能力。可雇佣性通常被定义为个体进入劳动力市场应该具备的最低技能要求，澳大利亚国家教育委员会（1992）对此界定了七大关键技能：收集、分析和整理信息的能力，计划和组织的能力，与他人、团队共事的能力，解决问题的能力。教育家、政府和雇主都认为这些技能是终身学习的基础，是实现雇佣和职业成功的关键。一般性的技能，如计算能力、读写能力、交流沟通能力、解决问题的能力及人际交往的能力已得到共同的认可。但是，可雇佣性不仅仅是进入劳动力市场所需要的技能，它同样意味着这些技能对实现个人的职业发展和组织战略目标的贡献（McLeish，2002）。从雇主的角度看，这与个人的软技能和个人品质相关，如，忠诚、承诺、热情、适应能力以及相关的技术能力（ACCI，2002）。Dench（1997）提出，雇主关注雇员三方面：工作态度、一般技能和任务技能。工作态度包括诚实、正直、可靠，一般性技能包括沟通交流、与他人共事、承担责任、决策、谈判和解决问题，任务技能指通过教育和工作经验获得、胜任工作岗位的技能。此外，可雇佣性更为关注技能的“可转移性”，

这促使员工主动地在组织内部或跨组织流动，减少个人被组织抛弃的风险（Garavan et al.，2001；Hirsch & Jackson，1996）。苏格兰的一项研究发现，相对于硬技能而言，雇主更加关注员工的品质，如，诚实、责任心、潜能、经验、适应性、价值观（Scholarios & Lockyer，1999）。这一结论在 Ranzijn 等（2002）的澳大利亚研究中也成立。大量的证据表明，部分高技能的员工未必能找到好的工作和维持雇佣，而低技能的员工却能实现理想就业，这说明技能是实现雇佣的必要条件，但不是充要条件，除了技能外，态度和行为也是影响可雇佣性的关键因素。

④人口特征。虽然很少有研究关注劳动者的人口特征或身体特征对可雇佣性的影响，但这些特征是保持现有工作和获得理想工作的关键影响因素（Hillage & Pollard，1998）。这方面主要关注了劳动者的年龄、性别、身体健康状态。例如，年龄方面，研究认为年龄较大的员工接受新事物的能力较弱（Fiske et al.，2002；Guddy et al.，2005）、灵活性和适应性较差、学习新知识的意愿减弱和体能降低（Patrickson & Ranzijn，2003），被裁员的风险更大（Clarke，2005），比年轻员工经历的失业时间更长（Ranzijn et al.，2002），并且由于雇主的成见更容易面临被歧视的风险（Patrikson & Ranzijn，2003）。然而，年龄带来的影响并不总是负面的。年龄大的员工具有经验、知识、工作责任感方面的优势，他们的离职率、缺勤率、事故率低，且生产率高，并对年轻员工有持续的影响（Encel，1998）。但是，就可雇佣性方面，Heijden（2002）研究发现，可雇佣性的确随雇员年龄的增长而降低。Baruch（2001）认为，高技术、经验丰富、竞争力强的员工，他们的可雇佣性在超过 50 岁后下降，他们在获得和维持雇佣关系上面临更多的困难（Garavan & Coolahan，1996；van der Heijden，2002）。另外，家庭责任也会影响可雇佣性（McQuaid，2006），例如，应聘者对孩子、配偶、父母的责任可能会限制他们选择工作的类型及工作的时间、地点。妇女由于家庭责任而遭受性别歧视，雇主认为妇女会将主要精力集中于照顾家庭和孩子，工作只处于第二位置（Scandura & Lankau，1997），一般认为她们的组织、工作承诺较低，

雇主拒绝为她们提供平等的职业发展和可雇佣机会（Lobel & St. Clair, 1992）。身体健康状况也可能影响可雇佣性。McQuaid 和 Lindsay（2005）在研究中发现，一个高技能而健康状态较差的个体，其可雇佣性不如技能水平稍低但健康状况良好的个体。

⑤劳动力市场。劳动者的可雇佣性还受劳动力市场的供给和需求共同影响。Danson（2005），Gore（2005），Lindsay（2002），McQuaid 和 Lindsay（2005）等的研究都认为可雇佣性受劳动力市场因素和个体因素的共同影响。在很大程度上，可雇佣性是个人因素、内部和外部劳动力市场综合作用的结果（McQuaid，2006）。Berntson 等（2006）的研究也发现，可雇佣性状况是由雇员个人的资源、个性特征和外部劳动力市场条件决定的。工作搜寻者的技能和经验、工作流动的意愿必须与劳动力市场需求相符。劳动力市场结构的改变会影响特定群体被雇佣的可能性，如制造行业的业务外包对低技能员工、短期、临时用工制度造成影响。反过来，大多数劳动者对内部、外部劳动力市场的影响非常微弱，除非他们拥有高度专业化或稀缺的技术和经验，同时有较强的流动意愿，则能够影响劳动力市场。

⑥相关的工作特征。这包括工作本身的特性及工作场所环境。Van Dam（2003）认为，工作任务的变化可以为雇员提供新的工作经验和发展机会，作为提升可雇佣性的方式，雇员对工作场所改变所持的积极或消极的结果预期与他们对待变化的态度有关。对于更加关注个人发展的雇员来说，对待可雇佣性有更加积极的态度。Birid 等（1997），Campion 和 McClelland（1997），Cordery 等（1993）指出，工作任务的变化会带来积极的结果，如工作丰富化、满足发展的需要、增加工作满意度，同时也会增加成本，如工作负担、工作效率损失、增加不确定性，或放弃满意的工作环境。员工对可雇佣性的态度会随着他们预期的结果而不同。Sanders 和 Grip（2004）以低技能员工为研究对象，分析发现参与培训和任务弹性对内部可雇佣性有显著影响，而且，员工参与培训比任务弹性对内部可雇佣性的影响更加清晰。此外，组织的环境因素，如组织文化氛围、人力资源开发政策及实践、对员工提升可雇佣性的态度及支持的强弱程度等均影响可雇

佣性。

(二) 结果变量

①健康与幸福状态。根据 Lazarus 和 Folkman (1984) 的压力评估理论，可雇佣性的提高通常会带来更好的健康状态和幸福感。Pfeffer (1998) 认为，如果对目前的工作环境感到不满意，可雇佣性强的员工有面临改变工作环境的可能性，他们有能力选择更好的工作条件，更少地受到恶劣工作环境的限制从而选择离职，因此，他们的健康状态会得到改善。根据 Cuyper 和 Witte (2007) 的研究，当个体的工作面临高度的不安全感时，他们的健康状态和幸福将受到很大影响。可雇佣性较高的员工有可能获得新的雇佣，健康状态更好。早在 1982 年 Jahoda 的研究在描述工作带来的经济及社会收益时指出，失业会显著地影响个体的健康。Winefield (1995)、Hallsten 和 Isaksson (2001) 也研究了失业与健康之间的关系。Berntson 和 Marklund (2007) 研究可雇佣性感知与健康状态时，采用纵向研究方法，时间间隔一年，同样发现，在控制了工作环境和以往的健康状况后，可雇佣性是心理健康和身体健康的重要预测变量。这对于提升个体和组织的健康状态提出新的思路，个体可以通过提高其可雇佣性从而拥有更为容易地离开恶劣的工作环境的资本，组织可以通过教育等形式为员工创造提高可雇佣性的条件，保持他们的身心健康，以留住员工。

②雇员的态度及行为。Baruch (2001) 认为员工的可雇佣能力会导致忠诚和承诺，在员工对职业的忠诚超过对组织的忠诚时，职业忠诚会替代组织忠诚。澳大利亚国家职业教育中心 (NCVER, 2003) 研究发现，提升可雇佣能力会带来一系列积极后果：产生更高组织承诺，提高个体和组织绩效，降低离职率和招募成本，减少消极怠工、吸引更多优秀员工等等。Gaertner 和 Nollen (1989), Birdi 等 (1997), Noe 等 (1997), Tsui 等 (1997), Meyer 和 Smith (2000) 的研究也支持这一观点。但 Lynch (1991), Krueger 和 Rouse (1998), Loewenstein 和 Spletzer (1999) 研究认为可雇佣能力提升通过增强员工的人力资本产生离职倾向。Benson (2006) 研究了三种培训政策与组织承诺的关系，结果发现培训与组织承诺之间的关系不能一概而论，需根

据特定培训形式讨论。因此，可雇佣能力对雇员态度和行为的影响并不是一致的，需要做进一步的深入研究，以明确具体的作用机制及边界条件。

此外，国内学者亦对可雇佣能力开展研究，相关研究主要体现在：（1）与员工态度之间的关系，如张弘和曹大友（2010）讨论可雇佣能力调节雇佣保障与工作满意度之间的关系，凌玲和卿涛（2013）研究可雇佣能力中介培训与组织承诺之间的关系，朱朴义和胡蓓（2014）探索了可雇佣能力与员工忠诚、建言、退出和忽略四大行为之间的关系，程骏骏等（2015）、胡三嫚等（2015）探讨可雇佣能力对离职倾向的影响。（2）在研究群体方面，大多数关注的群体是新生代农民工，如李晓红（2009）、韩玉梅（2012）、王治宇（2012）、于敏捷和曹永峰（2012）、宋玉军（2012）、顾永红（2014）；还有部分学者关注的是大学毕业生群体，如宋国学（2008）。（3）可雇佣能力研究的价值、意义，如郭文臣等（2010）、谢晋宇（2011）等。针对新生代员工的可雇佣能力及其影响研究，国内外相关研究尚不多见，相关理论也较为分散，以定性研究为主，定量研究少。尤其是可雇佣能力及雇佣质量，国内目前还比较缺乏，存在一定的探索空间，需要对此进行更加深入的研究。

四　评析

（一）可雇佣性概念本身的拓展研究

在无边界职业生涯时代，可雇佣性是雇佣关系的核心要素。国内外目前已有的研究中，可以从以下几个方面深化：第一，可雇佣性的内涵和维度有待进一步明确。从现有的研究来看，研究者们从不同的学科、不同的视角、针对不同的问题对可雇佣性这一概念的内涵进行阐释，造成研究壁垒以及理解上的错误和不便。概念的混乱还导致可雇佣性缺少能够被广泛接受的、一致性的测评工具，并造成这一概念因缺少实用价值而无法受到应有的关注。因此，今后的研究趋势之一是有必要进一步明确可雇佣性概念的内涵及维度。第二，可雇佣性研究群体及层次的扩展。从目前国内外已有的研究群体来看，可雇佣性研究的群体主要集中在大学毕业生初次就业群体及失业群体，而针对企业员工的研究比较少。在研究层次上，提升雇员的可雇佣性是涉及员工、组织和社会多方面的责任，综合宏观、中观和微观三个层面，是一个系统的有机整体，各层面的侧重点各异，如分析企业社会责任与员工投资、员工职业生涯发展与可雇佣性提升、政府人力资源开发政策与国民素质提升等层面，这将是今后研究的一个突破点。

（二）以可雇佣性为核心结合相关变量的实证研究

尽管可雇佣性研究在20世纪90年代以后开始兴起（我国是2005年以后的研究较多），但是研究之初大多以定性研究为主，提出许多以可雇佣性为核心的中心命题，且未给予实证数据的支持和验证。随着这一概念具体化、可操作性的进一步增强，将结合其前因及结果变量，用于预测、解释某些个体行为、组织现象的研究将逐步增多，因此，对可雇佣性进行实证研究也是今后该领域的一个发展趋势。其中，最典型的是将“可雇佣性”引入员工—组织关系，从组织视角分析如何提升并管理员工的可雇佣性，了解影响可雇佣性的内外部因素及其作用机制，深入探讨组织因素、个人要素对可雇佣性的影响，使可雇佣性研究从理论走向实践，以此提高员工工作效率和组织效能，平衡员工发展需求与组织成长需要之间的矛盾。该领域的研究还比较欠缺，有待深化，是今后雇佣关系以及人力资源管理研究的一个热点。

第四节　培训的研究综述

培训是现代人力资源开发及管理实践中的一项重要内容，是保持员工与工作动态匹配的关键环节，同时也是人力资本投资理论的重要构成部分。

一　培训的内涵

培训是一个应用广泛且内涵丰富的人力资源职能，实践者关注培训的对象、形式、设计、收益—成本、运作，研究者们关注培训的效果、模式、对雇佣双方的影响等。但一直以来，对培训定义关注较少，界定并不是非常精确，并未形成一个统一的概念。现列举几个如下：

培训是指组织为适应发展的需要，对员工采取进修、补习、考察等方式，进行有计划的培养，使员工适应新的要求，不断更新知识，更能胜任目前的岗位及将来担任更加重要的职务，适应新技术革命带来的知识结构、技术结构、管理结构等方面的深刻变化（张一驰，1999）。

培训指向员工传授工作所需要的知识和技能的任何活动、与工作相关的任何形式的教育（洛丝特，1999）。

培训是指创造一种环境，使员工能在这一环境中获得及学习特定的与工作密切相关的知识、技能、能力和态度（欧炳进等，1986）。

培训是企业为提高员工工作所必需的知识、技能或态度，或有意识地培养其解决问题的能力（McGehee & Thayer，1961）。

培训是指组织采取的促进员工学习与工作相关的技能，包括实现工作绩效的关键知识、技能、行为，以期待员工将其应用于日常的工作中（Noe，1999）。

Noe（2002）将培训定义为一系列以增加员工工作技能或改变员工态度和行为，以符合组织目标和工作需求的有计划的活动。员工培训一般包括正式培训、非正式培训、在职培训、职业开发和其他开发学习活动，为员工适应目前工作或将来的工作做准备。

因此，尽管已有研究对培训的定义表述不尽一致，但包含的含义基本相同：培训是组织人力资本投资的一种重要方式，目的是影响或改变员工态度、行为及技能，以提高员工的胜任力、生产效率和达到组织目标。它被视为人力资源管理实践的关键要素，能够促进企业获得持续的竞争优势（Schuler & MacMillan，1984）。

二 培训的测量

企业培训实践的度量问题较为复杂。Brown（1990）认为要准确地获得企业中员工培训的相关信息，难度很大。有关培训的测量目前尚未形成统一、规范的测量工具，代表性的有 Tharenou 等及 Noe 等的研究。

Tharenou 等（2007）提出一般的内容有：培训的课程（如，培训的课时数、课程门数）、比例（如，参加培训的员工占全体员工的比例）、内容和重要性（如，员工感知到的重要性和必要性），并将测量内容操作化为培训的小时数或天数、培训经费、参加培训人数，测量题项从单一项目演变到多项目量表。Tharenou 和 Conroy（1994）开发了 6 个题项，用李克特 5 点量表度量以下内容："在业余时间，你参与了多少门培训课程?"，"将培训的知识、技能用于工作岗位的程度"，"培训开发活动作为绩效评估的主要依据"，"组织为员工提供培训机会"，"同事支持职业发展的程度" 等。获取这些数据一方面要查阅员工培训档案，另一方面，需要员工对已有培训经历的回顾与评价。然而，部分研究者指出获得这类培训实践数据在真实性与准确性方面存在质疑。Noe 和 Wilk（1993）认为以往从员工档案中获取的培训开发数据将受到记录数据完备性的限制，可靠性较低。因为组织不可能系统、完整地收集到员工参与培训的所有信息，尤其是员工自主培训的信息，员工也缺乏主动汇报相关信息的动力（尤其是企业不提供学费报销或奖励时），且很难进行组织间的对比，甚至认为从已有培训档案中获得的有关培训时间、形式、内容等数据不如员工对组织培训政策进行评价更有效，此外，Barron 等（1997）认为用多题项来测量培训的主观感知比单一题项更加精确。

Noe 和 Wilk（1993）提出测量培训的两种思路，一种是测量培训实践内容：（1）课程门数，（2）（每年）培训的时间，（3）未来一年参与培训的打算，将调查者填答的实际数字转化为李克特 7 点量表；另一种是提出从感知的角度测量员工对组织培训制度的评价。Bartlett（2001）对第二种思路进行了拓展和延伸，将培训构成维度分为以下几方面：培训机会、培训支持、培训动机、培训收益，并以此开发了相关子维度量表，这一测量在国外的组织行为学文献和实证研究中得到了广泛的验证。Noe 和 Wilk（1993），Barron 等（1997），Bartlett（2001），Thareon 和 Conroy（1994）在相关研究中均认可和支持这一测量方式。并且，Tharenon 和 Conroy（1994）指出通过员工主观评价获得的数据与通过查阅员工档案获取的数据之间相关性很高，表明这两种测量方式的内部一致性较高。

三　培训的效果

培训的效果是评估培训活动本身的价值和质量，是培训对受训者态度行为和企业绩效的改进程度的评价，可以从直接和间接效果两方面进行分类。部分学者认为培训是直接作用于员工态度与组织绩效的，如，Dyer 和 Reeves（1995）认为培训带来的组织效能包括：（a）人力资源效果（降低缺勤和离职率，提高工作绩效、工作动机）；（b）组织绩效（生产率，质量，服务）；（c）财务或会计结果（利润，投资回报率或资产报酬率）；（d）如果是上市公司，包含证券市场结果（股东回报，股票市值），其中的"（a）人力资源效果"就是培训直接效果的体现。Tharenou 等（2007）的研究关注培训对人力资源管理的效果：（a）员工态度（工作满意度、卷入度、组织承诺或抱怨）和工作动机；（b）员工行为（留职率、离职或缺勤率等）；（c）员工人力资本（多样化技能和劳动力市场竞争力）；（d）员工对培训开发的满意度；（e）人力资源管理结果，如管理人员对下属工作的满意度、开发、保留、人际关系的感知。

同时，Tharenou 等（2007）也认为这种作用也可能是间接的，可能通过某些中介变量作用于人力资源实践，并认为今后应强化培训与人力资源管理结果之间的中介机制研究，如研究"员工态度、人力资本"等因素在培训与组织绩效之间的中介影响机制；将培训的各部分（如，培训内容、方式、设计）与特定的中介变量（如，技能、需求）的匹配程度，用于解释培训对某些绩效指标（如销售量、产品质量、客户服务）的影响机制，并解释培训通过中介变量对绩效的间接影响作用。目前，探讨培训与相关结果变量之间中介作用的实证研究比较缺乏，需要寻找相关的理论作为变量之间逻辑推演的基础，以此构建模型，采集数据，检验培训对相关结果变量的直接和间接影响，这是培训研究从定性走向定量、从理论走向实践的关键，将是今后研究的主要方向之一。

四　培训类型与员工技能

培训是人力资本投资的重要方式，但不同的培训类型、培训内容对员工技能的影响存在显著的差异。人力资本理论家Schultz、Becker、Mincer等就人力资本投资与培训、技能的性质方面做了深刻论述。Schultz（1961）认为在职培训与正规教育是人力资本投资的重要途径。Mincer（1962）也认为某种层次的学校教育的完成并不意味着人力资本投资的结束，而是更专业化和持久性的在职职业技能投资的开始，这两种主要类型人力资本投资不仅可以视为前后连续的阶段，而且可以认为是彼此相互替代、交替提升的过程。与正规教育一样，企业对员工的培训也是增加员工技能供给的重要途径。Becker（1964）关注人力资本的微观个体研究，重点考察在职培训的普通培训和特殊培训，并分别建立两种培训模式的成本—收益模型。Becker的培训决策及成本—收益模型结论在Loewenstein和Spletzer（1998）的实证研究中得到证实。

进一步，Loewenstein和Spletzer（1999）根据调查发现，不同培训形式下的技能特性存在差异，组织培训的技能特殊性最强，高等院校培训获得市场化的通用性技能，工作研讨会处于两者之间。Lynch（1991）将正式的公司培训视为高度专业化的培训，而公司报销学费、员工参与学校教育视为一般化的培训支持。然而，根据教育的文凭信号功能，能否获得学位是技能的市场价值是否得到认可的一个体现。Acemoglu和Pischke（1998，1999）认为参加学校学习获得学位和劳动力是市场通用的培训证明，这与仅上课无学位之间是有显著差异的，因为学位是一个文凭信号，对潜在雇主有信号示意作用，向雇主展示了潜在的学习能力和更强的人力资本，员工具有更加强烈的培训动力。但现实中企业也存在向员工提供一般性人力资本投资的倾向，如Autor（2001）发现美国企业出于业务发展尤其是临时性的应急需要，向员工提供大量的一般性基础技能培训；Cappelli（2002）也发现许多美国企业向具有高中学历的员工提供上大学的资助。因此，通过对以往研究成果的分析，根据企业发展的需要，发现不同的培训形式对员工技能的影响是复杂且变化的，结论不一致。

五　培训与员工态度

培训对员工态度的影响是一把双刃剑，面临着人力资本投资风险，既可能提升员工的岗位胜任力，增强员工对组织的认同度和承诺度；又可能随着员工的人力资本存量增加和外部劳动力市场的可雇佣能力增强，将会产生离职倾向，导致“为他人做嫁衣”。在已有研究中，这两方面的研究均有涉及，在此主要回顾培训与员工留职（组织承诺）和离职两种态度之间的相关文献，分别综述如下：

（一）培训与组织承诺

关于培训与组织承诺的关系，集中在两个方面：一是培训的具体实践与组织承诺的关系；二是培训作为人力资源管理职能整体与组织承诺的关系。

就前者而言，已有研究从培训的内容、形式考察培训与组织承诺的关系入手。Bartlett（2001）以5家医院的护士为样本，发现培训的次数与感情承诺正相关；Birdi等（1997）分析培训内容与组织承诺密切相关；Meyer和Allen（1991）提出培训内容对组织承诺的影响有差异。特殊技能培训会同时增强情感承诺和持续承诺，一般技能培训则会增强情感承诺、降低持续承诺。Benson（2004）对这一结论进行实证检验，研究结果表明，参加在职培训、公司课程、学费报销等形式与感情承诺正相关、与离职倾向负相关，学费报销并获得学历文凭则会增强离职倾向，除非企业满足该收入增加、晋升、职业发展、自我价值实现等方面的期望，以体现获得新技能和文凭的价值。因此，培训的具体内容与组织承诺有密切关系，且两者之间的关系不能一概而论。

就后者而言，已有研究将培训作为人力资源管理的重要职能，一致认为，培训对组织承诺有正向的影响，并将增强员工的组织承诺视为培训的潜在收益，如，Philips和Stone（2002）提出“成功的培训将会产生一些无形的收益”，组织承诺便是其中之一。Klein（2001）、Tansky和Cohen（2001）将“是否提高组织承诺”视为评估组织实施培训开发政策的主要依据。Tsui等（1997）发现组织对员工的投资（培训、职业支持和雇佣安全）与员工感情承诺、留职意愿显著相关。Goldstein（1980），Wexley（1984）认为培训对于改变个体的行为及绩效有显著效果。Meyer和Smith（2000）在以新招聘的海军、会计人员为对象的实证研究中，证实两者之间的正向关系成立。

（二）培训与离职倾向

培训和离职问题一直是人力资源管理实践讨论的热点，也是困惑企业是否应该投资员工培训以及投资力度、投资边界选择的问题。这一问题较为复杂，目前尚未形成统一的看法，已有的文献主要从培训的内容及培训对离职的影响机制做了研究。

国外的大多数研究将培训作为一项人力资源管理职能，发现培训与员工离职之间存在显著关系，但对两者关系的方向并没有达成一致结论。Vandenberg 等（1999）研究中对“培训”的测量，侧重于培训对能力的“发展”、“机会”、“延伸”和“综合”等内容，以在组织中创造一种积极的氛围有利于保留员工，培训与离职负相关。Ngo 等（1998），Paul 和 Anantharaman（2003）的研究也认为培训与员工留职之间正相关，意味着组织提供更多的培训，将降低离职率；但 Ghebregiorgis 和 Karsten（2007）、Shaw 等（1998）的研究却认为培训与离职率之间正相关。

进一步，部分研究分析培训的具体实践与离职的关系。Dolton 等（1994）研究英国学徒制培训与离职倾向之间的负相关关系。关于院校培训与离职，Benson（2004）的研究以问题“投资于员工一般技能的培训会减少离职吗?”出发，讨论院校培训与离职之间的关系时，需要考虑员工能否获得学位以及能否晋升，因为，获得更高学位的那些雇员更有可能离职，而一般性技能培训则不会对离职产生显著影响。一些组织已经意识到员工在获得文凭后可能会离职，事先与员工签订培训后的任期合同或约定违约的偿还成本，以降低企业人力资本投资风险。Hewitt（1999）研究调查发现，16%的公司在为员工提供学费报销的同时以续签合同的方式约束员工培训后离职。Lynch（1991）发现，雇员参与公司资助的工作场所之外的各种培训更有可能离职。相反，Loewenstein 和 Speltzer（1997）则发现院校培训与离职率之间无关，且业余时间的培训与离职无关，因为员工有实现职业发展和自我成就动机的需求，如能在组织内获得自我发展的机会，则离职的可能性更小。国内学者翁杰（2005）的研究认为，企业的人力资本投资能积极抑制员工的离职倾向，一般性培训显著地提高员工的忠诚度，促进雇佣关系的稳定，但专用性技能培训影响员工的离职倾向不显著，企业的培训政策和实践能够显著地降低员工的离职率，故企业对员工的培训并不会助长员工的流动意愿。由于培训内容及有效性的不同，对员工市场价值增长的贡献程度有差异，因此，培训对员工离职倾向的影响显著性、方向及效应不能一概而论。以上文献中研究结论的不一致性说明在培训与离职之间可能需要引入某些中介变量或调节变量来厘清两者之间的关系。

六　评析

培训对员工态度的影响是复杂的，通过对培训的相关文献的梳理和述评，发现今后的研究可以从以下几个方面做进一步的延伸和拓展：

（一）测量

已有的关于培训测量研究目前尚未形成一致认可的测量方式。总体而言，目前测量方式主要有两种：一种是对培训实践的调查，主要调查培训形式、持续的时间、内容、经费等，通过查阅员工的培训档案，获得员工培训的历史数据进行研究；另一种是通过员工的主观感知角度评价组织的培训制度及培训政策，关注员工对组织提供的培训机会、支持、培训预期收益以及培训意愿的评价。这两种测量方式各有利弊，培训实践的测量依赖于员工培训档案记录的完备性、员工对培训过程记忆清晰性，但缺乏受训者对培训效果的评价，对改进组织的培训政策和培训制度的作用较小；培训感知评价则从员工的角度评价组织的培训政策，能够从整体上对不同企业之间的培训政策进行比较，但很难考察每一种具体培训实践的有效性。因此，将来的研究应将两种测量方式结合起来，取长补短，开发更加符合需要的培训量表，确定培训的维度和指标，以更加全面地评价企业的培训实践和培训制度。

（二）微观层面的研究

以往的培训研究，尤其是国内研究主要从劳动经济学或者人力资源管理实践分析，从企业的角度研究培训的必要性及有效性，而从组织行为学的角度评价培训的效果及其对雇佣关系的影响尚不多见，尤其是在无边界职业生涯时代，是否具有学习和发展机会是员工选择雇主、留任组织的首要因素，员工的主体地位提升，因而有必要从员工的角度关注培训的地位及有效性。培训是支持性人力资源管理的重要内容，构建稳定和谐的雇佣关系关键取决于组织对培训的有效投入与员工对培训有效性的感知，因此，今后的研究不仅应着眼于组织对培训的投入，而且应关注微观员工层面对培训评价的量化研究。

（三）新型雇佣关系与培训的关系研究

新型雇佣关系呈现出与传统雇佣关系完全不同的特征，在传统的雇佣关系变革及新型雇佣关系建构的过程中，“可雇佣性”是新型雇佣关系的核心，是平衡“员工稳定性”与“自我发展需求”矛盾的关键（谢晋宇，2011）。已有研究对于这种新型雇佣关系的有效治理尚处于探索阶段，如何发挥培训在这一背景下的有效作用及培训对新型雇佣关系的作用机制影响是今后研究的一大方向。由于培训对提升“可雇佣性”具有直接影响，因此，在培训与员工态度的研究中需要考虑诸如“可雇佣性”之类的一些新变量及中介因素，并考察这些变量的作用机制及其相互间的关系，这比直接研究培训与组织承诺、离职倾向之间的关系更加丰富和充实，其研究结论对于控制和管理培训对员工态度影响的中介变量、实现培训对新型雇佣关系治理的促进作用具有一定的现实意义。

第五节　组织承诺的研究综述

组织承诺这一概念起源于承诺。在古典管理理论中，已经涉及“承诺”的内容，如法约尔（Fayol）的十四条管理原则中，提出了“个人利益服从整体利益”和“人员稳定”等原则。个人利益服从整体利益的意义在于，组织生存的前提是组织的整体利益必须高于任何个人利益和团体利益，同时，组织和成员之间要建立起平等的协议，保证员工得到公平的对待和应得的报酬，维护纪律严明的组织关系，这是确保有效管理体系的前提；就人员稳定原则而言，法约尔当时已经认识到组织长期雇佣员工的重要性，这一观点得到汤姆·彼得斯、杰夫·普费弗、威廉·乌奇等当代管理学者的响应。在马克斯·韦伯理想的行政组织体系理论中，他提出要实现这一目标，需要专职的管理人员，领取固定的薪金，有明文规定的升迁制度，按照年资、工作成绩或者两者的综合考虑升迁，通过这种制度，在组织成员中培养集体精神，鼓励他们忠于组织。从这一内容中，可以看出，在行政组织体系中，已经具备培养承诺型员工的基本理念及措施。到上世纪40年代末，管理学进入行为科学研究时代，研究更加关注人的需要、动机、行为，“组织承诺”这一概念在上世纪是60年代以后工业心理学的重要概念，是最近几十年来组织行为学研究的热点，通过关注员工对组织的态度，进而推测员工的行为，尤其是员工的留/离职行为。这一定义提出至今，对于其定义、测量、维度、前因及结果变量研究受到学者们的普遍关注，形成较为成熟的理论。

一　组织承诺的内涵及维度

组织承诺这一概念首先是由美国社会学家 Becker 于 1960 年根据单边投入理论（Side - Bet Theory）提出，其基本假设是理性经济人，员工与组织是建立在经济交换基础上的契约关系，即，随着员工对组织的时间、金钱、精力的“单方面投入”增加，一旦他们离开组织，这些投入将无法收回，由于这种损失可能预见到，使得他们不得不选择继续留在现在的组织。Becker 的定义与后来 Allen 和 Meyer 对组织承诺三维度划分之一的持续承诺的内容较为相似。Mowday 等（1979）定义为“个人对组织肯定性的心理倾向，是个人对特定组织的情感依附和参与组织的程度”，这一定义与 Allen 和 Meyer 的“情感承诺”内容的界定一致。Aller 和 Meyer（1990）在 Mowday 等的基础上，提出组织承诺的三种形式：情感承诺、持续承诺和规范承诺。这一维度划分得到学者们的普遍认同（Meyer & Allen，1993；Irving & Cooper，1997）。情感承诺是指组织成员认同组织目标及价值观以及由此而产生的个体对组织的情感体验（Buchanan，1974）。具体内容包括，认同组织价值目标、对组织充满自豪感、为组织的利益自愿作出牺牲、对组织有深厚的情感而不是由于物质利益驱动而努力工作，是个体对组织的一种肯定性的心理倾向。持续承诺是建立在经济交换基础上的承诺，是员工感知到离开组织可能带来的损失较大，因此，为了不失去目前已有的职位和多年投入所换来的福利待遇，不得不选择继续留在组织工作。规范承诺是基于社会规范及道德准则提出的，员工受到家庭、学校、社会的规范的影响，认为承诺于组织是一种美德，同时，员工在组织中获得了培训、职业发展等利益，因此产生一种回报的义务感，应该对组织承诺。刘小平（2000）验证了这三个维度在我国同样成立，且二阶因子的聚合效度良好。国内学者凌文辁等对我国员工组织承诺的心理结构进行研究，发现包括国外的三维度在我国同样成立，同时，还有两个独特的维度：理想承诺和机会承诺。理想承诺是指个体感知到的组织对个人专长的重视，组织为员工提供工作条件、学习和晋升的机会，以实现个人成长发展的需要；机会承诺指的是员工在外部劳动力市场找不到合适的工作，或由于自身的技术能力有限，找不到工作。中国员工组织承诺的这两个独特维度，是对 Allen 和 Meyer（1990）三维度研究内容的进一步拓展和延伸。

二　组织承诺的前因与结果变量

（一）前因变量

影响组织承诺的因素比较复杂，主要包括组织因素、工作因素和个人因素。这三类因素相互作用，共同对员工的组织承诺产生影响。

组织因素包括组织文化、价值观、组织氛围、组织支持、组织公平等。Masao Tao（1998）分析组织氛围、管理行为、组织成长和任务明确性对组织承诺的显著影响。Finegan（2000）研究员工的价值观与组织价值观对组织承诺的影响，当员工的价值观与组织价值观基本一致时，员工的组织承诺增强。Eisenberger（2002）对组织支持的元分析表明，组织支持与组织承诺之间显著相关，且是组织承诺的前因变量，认为当员工感知到组织的关心、支持和认同时，员工就会以承诺、工作绩效的形式回报。这一研究在我国也成立，组织支持感与组织承诺之间有显著的相关关系（刘小平、王重鸣，2002）。组织支持与组织承诺是一对相辅相成的概念，两者存在逻辑的先后关联，在实践中，先有来自组织自上而下的对员工的支持，才会产生自下而上的员工对组织的承诺。因此，组织支持是组织承诺的前因变量。Stanley（2002）对组织承诺的前因变量的元分析，结果也表明影响组织承诺的因素有组织支持、领导风格、角色压力、组织公平，此外，还有教育、技能的可转移性等因素。

工作因素包括工作挑战性、独立性、职位明确程度、目标难度、工作稳定性等特征变量。Steers（1977）提出的模型中，有工作挑战性、反馈、完整性的特征；Podsakoff 等（2000）认为工作自主性、分配公平性、角色冲突、角色模糊、角色负荷等与工作相关的因素与感情承诺有较强的相关；Mathieu 和 Zajac（1990）对组织承诺的元分析中，总结出相关因素包括工作任务自治、技能多样化、挑战性、工作范围等；Fields（2004）认为，组织承诺与工作挑战性、工作的自主性、职位明确程度正相关，与工作地点的远近、工作－家庭冲突的频率负相关。Johnson 和 Chang（2008）发现，组织支持、程序公平、对主管的满意度显著影响情感承诺，与工作相关的因素如任职年限，对晋升、薪酬、福利的满意度，技术的适用范围对持续承诺有显著影响；对承诺的规范要求、个体的经历、接受的教育类型等影响规范承诺。Johnson 和 Chang（2008）建立了三类影响因素与三类组织承诺之间的一一对应关系，发现，与组织相关的因素影响情感承诺，与工作有关的因素主要影响持续承诺，与个人相关的因素影响规范承诺。

个人因素主要集中在年龄、任期、文化程度以及工作经历等方面。如，在 Steers（1997）的模型中，个体特征包括年龄、教育程度和成就动机三个方面。Meyer 和 Allen（1990）认为，年纪大的员工对组织的情感依附更强。Mowday（1979）发现，组织承诺与受教育程度负相关。因为，受教育程度越高，其期望值就越高，企业很难满足其期望而导致他们产生较低的组织承诺或者是因为受教育程度越高的个体，可选择的工作机会越多，对组织的依附性就越弱。Mathieu 和 Zajac（1990）、Meyer 和 Stanley（2002）的元分析均提到影响组织承诺的前因变量中，与个体特征有关的因素有年龄、性别、教育、组织工龄、职位工龄、婚姻状况等。

（二）结果变量

组织承诺作为重要的员工态度之一，承诺的强弱将影响员工行为及工作绩效。其中，员工的退缩行为和绩效是常见的两类结果变量。自愿离职行为是研究最多的行为之一。胡卫鹏和时勘（2004）研究发现，组织承诺与员工自愿离职行为之间的相关关系为 -0.227，与员工主动寻找其他工作的意图之间的相关关系为 -0.464，与员工离职倾向之间的相关关系为 -0.599，但与员工的可选择工作机会感知无显著相关。尤其是，组织承诺对自愿离职倾向的预测作用已经被很多研究所证实（Radinowitz & Hall，1977），目前，更加关注不同维度对预测自愿离职倾向的作用。反之，Steers（1977）认为组织承诺能增强员工的留职意愿，而且组织承诺与员工的转换意向有密切关系。Buchanan（1974）对组织承诺的定义体现了其目的：组织承诺是员工对组织目标与价值观的认同，愿意为组织投入各种精力并希望继续留任组织的强烈意愿。Kawakubo（1987）也认为"组织承诺"是员工希望继续留在组织的意愿表达。就此而言，组织承诺和留职意愿是一致的。国内学者刘小平和王重鸣（2002）从东西方文化背景研究员工组织承诺与留职/离职的关系，阐释员工—组织关系的两种不同的思路：在西方文化背景下，员工倾向于从离职的角度考虑自己与企业的关系；在东方文化背景下，员工则倾向于从留职的角度考虑自己与组织的关系。

组织承诺与工作绩效的关系一直以来也引起了学者们极大的研究兴趣。研究认为两者关系是间接的。如，Steers（1977）认为组织承诺与工作绩效之间无直接的关系，或者两者之间的相关性较低，Randall（1999）的研究发现，两者之间的相关系数仅为 0.12，同样，Mathieu 和 Zajac（1990）的研究也发现，两者的相关系数仅为 0.13，这说明两者之间的关系可能不是直接的，可能组织承诺通过某些中介变量或调节变量间接影响工作绩效（戚振江和朱纪平，2007）。胡卫鹏和时勘（2004）研究发现，工资报酬在持续承诺与工作绩效之间起调节作用，工作目标的清晰性在情感承诺与工作绩效之间起调节作用。

三　评析

首先，从人力资源管理实践的角度研究组织承诺。从以往的研究文献中可以看出，大多数学者关注组织成员单方面的态度及由此引起的行为及工作结果，缺少从雇佣双方角度进行研究，且大多数研究从对工作或组织整体的感知评价与组织承诺的相关关系入手，如，组织支持感、工作满意度、组织公平感、工作卷入度等因素，较少直接研究具体的人力资源管理实践，如培训、薪酬福利、绩效评估、职业生涯规划等对员工认同感与留职意愿的影响，这类研究拟将人力资源管理实践内容与组织行为研究连接起来。

其次，关于组织承诺研究背景的变化。以往我国有关组织承诺的研究是在绝对稳定或相对稳定的就业背景下，追求稳定的工作环境能够带来雇佣双方效用的极大化，员工的组织承诺感非常强。但随着经济全球化的逐步深入，企业竞争环境的不确定性增强、生命周期缩短，员工的职业生涯环境随之发生急剧的改变，进入无边界或易变性职业生涯背景，员工的工作转换率和流动率提高，组织承诺降低。适用于稳定就业背景下的研究结论在无边界职业背景下是否同样成立？已有的国内关于组织承诺的研究很少结合这一背景进行分析，无边界职业生涯时期雇佣双方关注的焦点是可雇佣性，结合可雇佣性来研究组织承诺的变化，以此解释员工对组织态度及行为的变化、员工队伍的不稳定性增强，是今后研究雇佣关系、组织行为研究的热点。

再次，有关组织承诺的纵向研究。目前，关于组织承诺的国内外已有研究中，大多数采用的是截面数据做的组织承诺与相关变量之间关系的横向研究，得出的结论是静态的相关关系，而采用纵向研究方法进行跟踪研究的文献很少，使得组织承诺的横向研究与纵向研究发展不平衡。宁赟（2010）总结已有的纵向研究中，主要有两种研究方法，一种研究是以年龄或服务年限作为自变量，研究不同年龄段或服务年限的员工组织承诺的水平的变化，如 Ritzer 和 Trice（1969），Buchanan（1974），Morrow 和 MEclroy（1987）；另一种研究是将员工入职前与入职后的组织承诺的水平进行比较，以发现其中的差异。前一种研究方法并不是真正的纵向追踪研究，本质上仍然是研究同一时点的不同年龄或服务年限员工的组织承诺的差异，是横向研究；后一种研究是追踪每一研究对象组织承诺水平在不同时段的发展变化情况，其信度和效度较高，尤其关注员工不同时段占主导地位的组织承诺类型以及引起组织承诺强度改变的“关键事件”，由此能够更加准确地预测员工的留职/离职倾向，这一研究将成为今后研究的主流趋势。

第六节　离职倾向的研究综述

一　离职倾向与离职

研究“离职倾向”是源于对离职问题的研究。因此，研究离职倾向之前，首先对离职（turnover）进行简要的回顾。学术界对于离职问题的研究始于20世纪初，经济学家考察影响劳动者离职的宏观因素，如工资、劳动力市场结构、失业率等，工业心理学家对雇员离职进行微观研究，关注影响离职的组织内部因素。目前该问题已成为组织行为学的一个重要研究领域，并形成专门的“离职学术圈”（张勉和张德，2003）。

离职是指“从组织中获取物质收益的个体终止其组织成员关系的过程”（Mobley，1982）。根据离职的意愿，将离职分为主动离职和被动离职。主动离职是依据个人意愿做出的离职决定，如有更好的工作机会、家庭迁移、身体健康等个人原因；也可能是薪酬福利、晋升发展、工作条件等组织因素。被动离职是指离职的决策由组织做出，这可能由于个人工作能力、疾病、年龄或违反组织规章制度、法律等个人因素，也可能是企业战略收缩、结构性裁员、倒闭破产等组织因素。被动离职是由组织控制的，主动离职则是由员工控制的。一般认为，员工的主动离职对组织带来较高的离职成本，包括显性的招聘、培训、离职前后的效率损失等，隐性成本，如士气低落、降低企业声誉、无形人力资本损失、商业机密流失等，国外研究者估算了员工的平均离职成本是他们年收入的2—3倍（Philips，1990）。尤其是主动离职率太高，将威胁组织的生存和发展，因此，员工离职问题引起学者们的普遍关注。

由于离职行为的测量比较困难（Griffeth et al.，2000；Hom & Griffeth，1995），且偶然因素较多，因此，大多数对离职的研究主要集中在对离职倾向的探讨。从“离职倾向”研究离职行为极有意义：在已有研究中，离职倾向是研究离职问题的一个有效工具，学者们通常将离职倾向作为离职的替代变量。Price 和 Mueller（1981）曾提出研究中用离职倾向替代实际的离职行为更有意义，因为影响离职行为的外部因素较复杂，使得实际的离职行为比离职意向更难预测，根据社会学和心理学关于“行为的倾向是导致行为的先决条件”，及理性行为理论的核心观点：“个体的行为意向能预测他的行为”，用离职倾向可以预测离职行为。Shore 和 Martin（1989）指出，离职倾向与实际离职行为联系紧密，可以做离职行为的替代变量。Fishbcin（1967）认为，用离职意愿预测主动离职行为的解释能力很强。Bluedorn（1982）认为，离职意愿与离职行为之间有显著的直接关系。Steel 和 Ovalle（1984）证明两者的相关系数为 0.50。从逻辑顺序上，Mobley（1977）认为离职倾向是员工产生工作不满之后，产生离职念头、寻找和评估工作机会、采取实际离职行为的最后一个步骤。

倾向（intention）是指个体以某种特定的态度决定去做一件特定的行动或事件，或是表示个体心中的目的或计划（Guralnik，1971）。Miller 和 Katerberg（1979）将离职倾向定义为员工离开组织寻找其他工作机会倾向的总体表现或态度；即个体在实施实际离职行为之前，对离职问题进行评估衡量的过程。Williams 和 Hazer（1986）认为离职倾向是员工对离开他们工作的倾向、愿望和计划。本书的离职倾向是指，个体对离职的相关问题做出整体性的评估、想要离职的意愿程度，但离职行为尚未发生。

二　国外有关离职的经典模型

为更清晰地理解员工离职的决策过程，深入探索促使员工产生离职倾向的个人、工作、组织的相关因素及影响机制，研究者们构建了大量的离职模型，比较著名的理论模型有：March 和 Simon（1958）、

Price（1977）、Mobley（1977）、Steers 和 Mowday（1981）、Iverson Roderick Price－Mueller（2000）、Mitchell 等（2001）、Maertz 和 Campion（2004）。以下重点介绍与本书主题相关的几个经典模型。

（一）Price－Mueller（2000）模型

Price－Mueller 的模型综合经济学、社会学、心理学领域已有的离职研究成果，将与离职相关的变量归纳为 4 类：环境变量、结构变量、过程变量和个体变量。环境变量有机会和亲属责任；个体变量包括：一般培训、工作参与度和积极/消极情感；结构变量有：自主性、结果公平性、工作压力、薪酬、晋升机会、工作单调性和社会支持。过程变量包括：工作满意度、组织承诺度、工作寻找行为和离职意图。环境变量、个体变量和结构变量是通过过程变量对离职倾向及离职行为产生影响。各类变量的影响程度和方向是有差异的。该模型建立一个整体的离职模型，从多个角度提出影响员工离职的因素，有助于全面理解员工离职决策的形成过程（见图 2－2）。

（二）Steers & Mowday（1981）模型

该模型的目标是探索离职的主要影响变量并考察它们在离职过程中的地位，这个模型展示了员工离/留职的主要路径：员工的工作期望和价值→对工作的主观态度（＋非工作因素）→留/离职意图→实际离职行为。Steers 和 Mowday 认为，这一顺序可能因个体不同而发生变化，有的人可能由离职意图直接导致离职行为，而有的人则是找到其他工作之后才发生离职行为。Steers 和 Mowday（1981）的离职模型的独特之处是：①将工作和组织有用信息引入模型；②将工作绩效水平作为影响员工态度的变量；③强调非工作因素对离职意图的影响；④员工对工作不满意时可能会采取措施以改变所处状况。即，当处于工作不满意状态时，他们并不一定离职，可能会减少工作的投入及努力程度而继续留在组织，这突破了以往从工作态度到离职倾向之间只有一条路径的假设（见图 2－3）。

其中，该模型涉及的变量有，对工作和组织的主观态度变量包括工作满意度、工作卷入度、组织承诺度，是影响员工离职倾向及离职行为的主要变量，而主观态度变量又受到工作期望和价值、组织特征

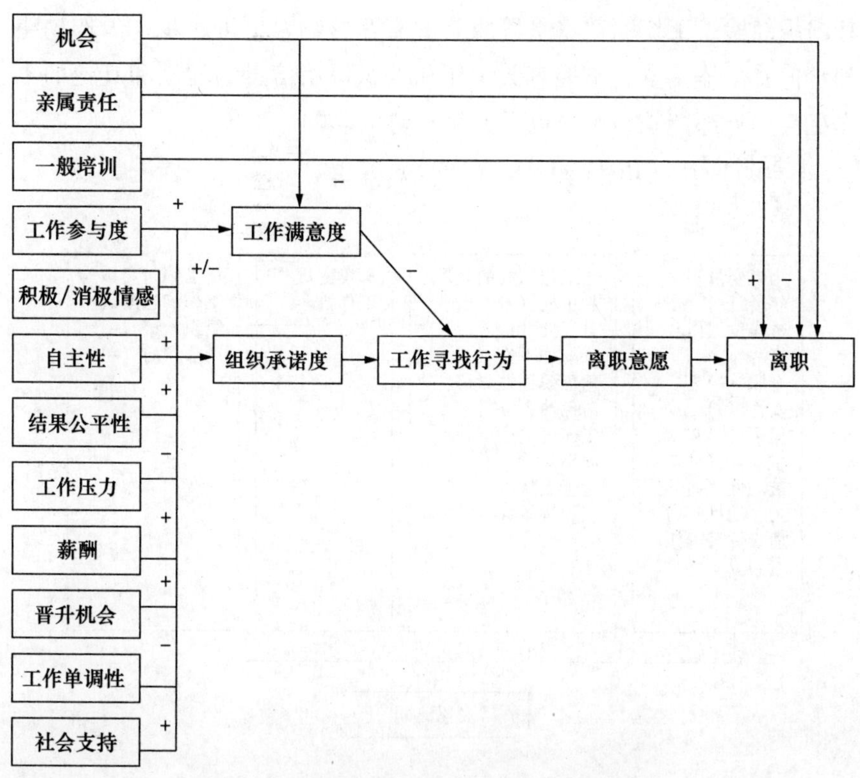

图 2－2　Price－Mueller（2000）离职模型

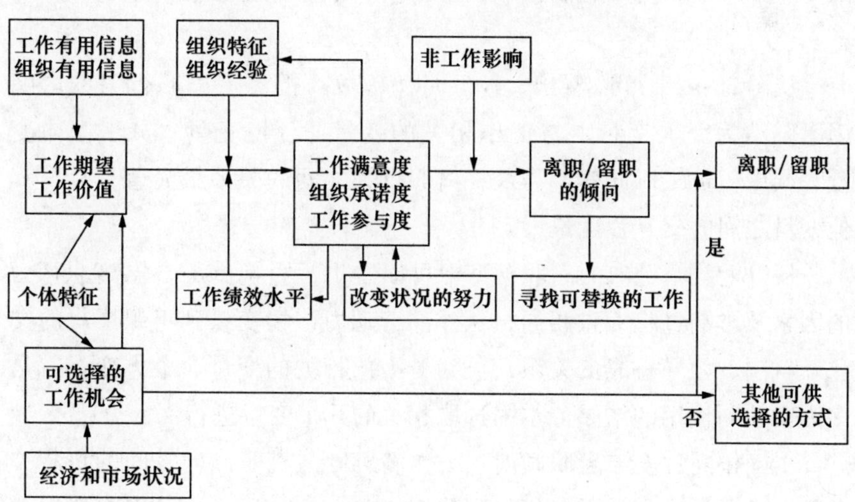

图 2－3　Steers & Mowday（1981）模型

和组织经验、工作绩效水平等因素的交互影响，更进一步，工作期望和价值受个体变量、掌握有关工作和组织可用信息的程度和其他的工作机会、外部劳动力市场以及经济形势的影响。

（三）Iverson Roderick D.（1999）模型

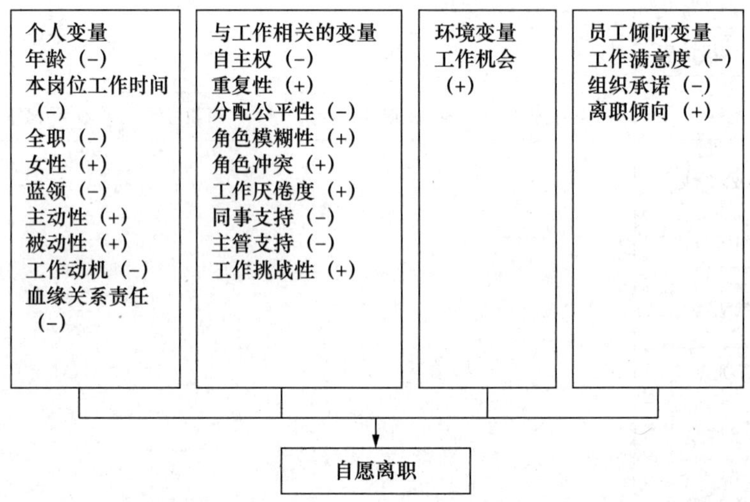

图 2-4 Iverson Roderick D.（1999）员工离职行为影响因素统计模型

注：图中（+）表示变量与自愿离职行为正相关；（-）表示变量与自愿离职行为负相关。

从图 2-4 中可以看出，Iverson（1999）把员工离职行为的影响因素归纳为个人变量、与工作相关的变量、环境变量、员工倾向变量，其中，员工倾向变量与最终离职行为之间的关系最显著，且与其他变量之间的交互程度最大。

从以上几个经典的离职模型中可以看出，影响员工自愿离职行为的因素及影响过程大致相同，从外部劳动力市场变量到组织层次的文化、氛围、领导—成员关系，再到与工作相关的变量、个体变量，是多因素共同作用的结果。本书选取相关的几个变量进行深入分析：

①工作满意度与离职倾向。工作满意度与离职倾向之间的负相关关系已经通过大量的元分析得到确定（Cotton & Tuttle，1986；Cohen，1993；Hom & Grifeth，1995），但两者的相关系数很少超过 -0.4（谢

晋宇，2001）。Lee 等（1999）认为工作满意度在离职的决策要素中是最主要的预测变量。Hellman（1997）的元分析表明，工作满意度和离职倾向之间的相关关系在 -0.59—0 之间变化。国内外学者就工作满意度与离职倾向之间的负相关关系已经达成共识，赵西萍（2003）、张勉（2001）、杨庆山和李静（2000）的研究结果一致证实此观点。

进一步，考察工作满意度各个维度与离职倾向的关系：工资、晋升、工作内容、人际关系、工作条件等。研究显示，就工资而言，大多数情况下，员工对所得工资或报酬的满意度与离职负相关；就晋升而言，如果员工有较高的职业预期，他们在现有组织内很少有晋升的机会，则会导致其对工作不满，进而产生离职倾向，最终可能选择离开原组织而寻找有晋升机会的组织；就人际关系与离职的关系而言，并没有一致的观点，有的研究认为人际互动关系的质量和员工对此的满足程度与离职有较大的负相关关系，有的研究发现两者的相关关系并不显著；对工作内容的满足来看，这一变量是所有工作满意度变量中与离职倾向关系最强烈的变量之一（谢晋宇，2001）。

工作满意度对离职的倾向的影响路径是，既有直接影响也可能通过组织承诺的中介作用间接影响组织承诺。“工作满意度→组织承诺→离职倾向”是研究最多的路径。早期的 Porter 等（1974）、Steers（1977）、Stevens 等（1978）的研究中把组织承诺假设为工作满意度和离职倾向之间的中介因素。George 和 Jones（1996）进一步考察后认为，当员工的工作不能帮助他们获得价值和积极的情绪时，工作满意度与离职倾向之间的关系最强；当员工的工作能够帮助他们获得价值和积极的情绪时，工作满意度和离职倾向之间的关系最弱。在这种调节作用中，价值获得占主导地位。

工作满足反映员工对当前职位的满足程度，从长远来看，员工还会考虑这一工作是否有利于实现自己的职业理想、职业生涯抱负。一个接受管理培训的员工，可能对目前职位提供的工作安排、工作内容均不满意，但是，当他看到在组织内更长远的工作改善机会和将来职业生涯发展机会，他可能不会选择流动。目前，有关这方面的研究还比较欠缺。Emberland 和 Rundmo（2010）研究工作不稳定感知和工作不稳定行为对离职倾向的影响，发现工作不稳定行为对离职倾向有间接影响。

②组织承诺与离职倾向。工作满意度和组织承诺都是影响员工离职倾向的重要前因变量。但两者的影响程度是不同的，从影响的持久性和层面来看，组织承诺是员工对组织整体性的、持久性的评价，工作满意度只是对目前工作现状的情绪反应，组织承诺是员工对特定企业的参与和认同的程度。这体现为三个方面：其一，相信并接受组织的价值观和目标；其二，自觉自愿地为组织利益而努力工作；其三，具有强烈地保持组织成员身份的愿望。因此，Porter（1974）等学者认为组织承诺比工作满意度更能预测离职倾向。Wong 等（1996）及 Hom 和 Griffith（1995）的研究中证实组织承诺与离职倾向负相关。

③外部机会与离职倾向。Wheeler 等（2005）对感知机会定义为，个体感知到的可以获得的替代性工作机会的多少。Mitchell 等（2001）指出，大部分的离职模型，主要包含两类预测变量，一类是工作态度：工作满意度和组织承诺，另一类是工作流动的难易程度，表现为感知机会和工作寻找行为。关于工作机会感知对离职的预测作用，目前形成两种观点：一种观点认为，工作机会感知作为自变量对离职有显著的预测作用。如，Gerhart（1990）、Price（2001），王振源和张一驰（2006），刘智强和廖建桥等（2006）。另一种观点认为，组织外发展机会感知在离职倾向过程中起调节作用，即将其作为影响员工流动的背景因素，表现为一些宏观因素，如失业率高低、劳动力市场宽松与紧张。Carster 和 Spector（1987）发现劳动力市场失业率对员工态度和离职的关系有调节作用：当失业率低时，员工对工作的态度可以更好地预测离职。Hom 等（1992）认为，当劳动力市场形势比较紧张时，工作不满意对离职的影响作用比较弱，因为此时离职是不理智的，难以找到新的可替代的工作。反之，劳动力市场的就业机会比较多时，工作满意度对离职的影响将逐渐增强（Youngblood et al.，1985；Gerhart，1987）。这一观点可以用 Wheeler 等（2007）的离职倾向模型来表示（见图 2－5）：

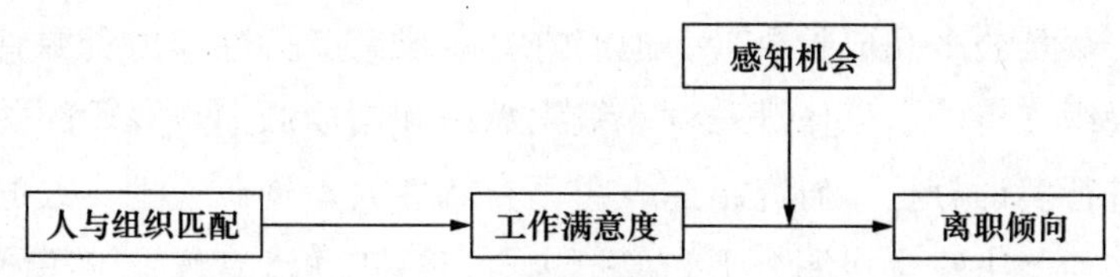

图 2－5　感知机会在离职模型中的调节作用（Wheeler et al.，2007）

Trevor（2001）的研究则更加全面地考察员工流动的因素，他指出，员工工作流动的难易程度除了受外部劳动力市场因素影响外，个人的流动意愿和流动资本如学历文凭、认知能力、特殊技能等也是重要因素，并且他检验了这些个人因素在工作满意度和员工离职之间的调节作用（图 2－6）。

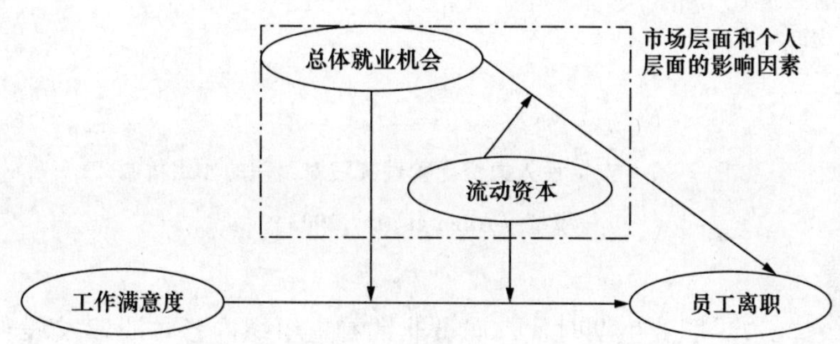

图 2－6　市场因素及个人因素在工作满意度与离职之间的调节作用（Trevor，2001）

④组织支持感与离职倾向。组织支持感与离职倾向的关系是以社会交换理论为理论基础的。当员工感知到的组织支持越多，则员工对组织的情感依附和责任感越强（Shore & Wayne，1993），寻找并接受可替代性工作的倾向和可能性就越小（Eisenberger et al.，1990）。组织支持对员工的离职具有负向影响（Wayne et al.，1997）。

以组织支持感概念为核心，Allen 等（2003）提出“支持性人力资源管理实践”，其含义是组织“向雇员投资并认可雇员贡献”一类的实践活动。Allen（2003）认为，支持性人力资源实践可包括员工参与、奖赏公平和成长机会，他们进一步研究支持性人力资源管理实践与组织支持感、工作满意度、组织承诺和离职倾向、离职的关系模型并进行实证分析，研究结论表明，支持性人力资源管理实践的三个维度：参与决策、报酬公平和成长机会通过工作满意度、组织承诺的中介作用间接影响离职倾向，最终影响到离职（见图2-7）。

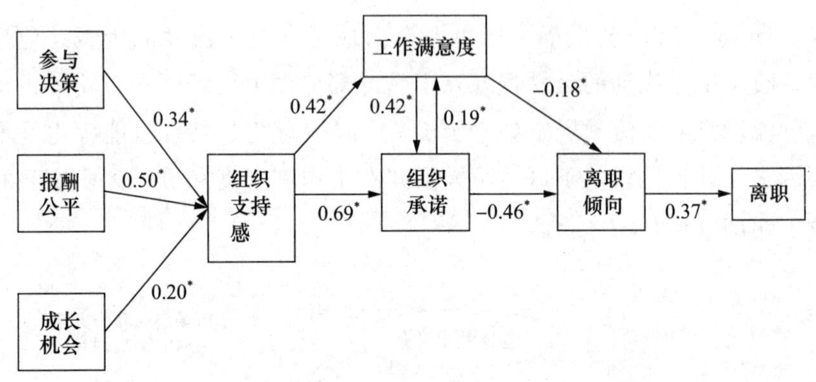

图2-7　支持性人力资源管理实践对离职的作用机制模型（Allen et al.，2003）

在无边界职业生涯时代，雇员非常看重组织内各种职业发展和学习的机会，这是组织支持内容的重点。已有的研究发现，组织支持员工发展，即组织对员工及员工发展投资可以提升员工的留职意愿，与组织的离职率成反比（Huselid，1995）。国内学者张勉、张德（2003）对我国IT企业员工离职影响因素的研究发现，个人的技术发展机会和职业发展方向是IT技术员工离职的重要因素。反过来，这说明组织着眼于员工开发及发展的投资是有利于减少离职的。

三　评析

从国内外已有的离职倾向的文献可以看出，目前国内外研究已经取得了丰硕的成果，建立了不同情景下员工离职的相关模型，以利于全面理解员工离职的影响机制过程，并对离职的前因和结果变量做了全面分析，使得研究者们逐步认识到员工离职倾向的产生是一个多因素共同作用的结果。但在无边界职业生涯背景下，员工的离职倾向呈现出新的特点，员工流动更加频繁、流动率更高，裸辞现象越加严重。那么，影响员工离职的主要因素是否与传统背景下的员工离职具有相同的因素及相同的作用机制？在众多研究中，从组织的人力资源管理实践对员工态度的影响、从人力资本投资的角度关注员工离职的较少，尽管 Trevor（2001）关注个人的流动资本和总体就业机会对离职的影响，但对两者的结合——可雇佣性在离职倾向中的影响尚未研究。可雇佣性对离职倾向的影响是否显著？如果关系显著，那么具体的作用机理如何？这些都尚待进一步分析。另外，关于期望在离职中的作用也引起研究者们的重视，但现有的研究还比较欠缺，有进一步扩展的空间。本书试图将以上因素包含在模型中，综合探索无边界职业生涯背景下员工离职倾向的新路径及机制，为有效地降低员工离职率，尤其是核心员工的离职，保持员工队伍的稳定性提供借鉴。

第七节　期望的研究综述

期望是人类最基本和最重要的心理功能之一。期望与行为的关系问题是期望研究的中心议题（姚琦等，2010）。经典动机理论认为，高期望会引发高动机，进而促进积极结果的产生（Atkinson，1957）。当组织成员的期望高时，他们倾向于在完成某项任务时表现出更多的坚持，这种坚持会促进积极结果的产生；而低期望则会削弱个体的动机水平进而导致不好结果的产生。

一　期望理论

期望理论是经典的动机理论之一，期望理论假定人们是否采取某种态度取决于他们对这种态度的利弊进行仔细衡量，由这种态度可能的结果价值决定。维克托·弗鲁姆在《工作与激励》（1964）一书中阐述了期望理论，该理论认为，人们采取某项行动的动力或激励力取决于其对行动结果的价值评价和预期达成该结果可能性的估计。其核心内容用等式表示为：激励水平 = 期望值 × 效价。激励水平反映个人或组织进行某一行为的动机强弱。期望值是个人或组织估计某一行为成功的可能性；效价是指某一行为成功以后带给行为主体效用的大小。这一理论提出了一个新观点，即人们不仅考虑可能的结果，还要考虑某种结果发生的可能性。将这一理论用于分析员工的主观效用，人们在选择态度时，努力使各种预期结果的主观效用最大化，而主观效用是以下两个因素的乘积：（1）某个特定结果的价值；（2）采取某个立场可能会带来这个结果的期望。期望—效价理论把人看作是精打细算、主动积极的理性决策者，他们关注各种诱因之间的平衡，预测当目标之间有冲突时，人们会选择某种能让自己收益最大化的立场。由于需要的复杂性及激励手段和内容多样性，激励的效价既可来自工作结果的外在效价，即组织对个人需要的满足和目标的实现，又可来自工作本身的内在效价，即个人在工作中体验到的成长、成就、责任及荣誉感。

二 期望理论的应用

期望价值理论提出以后，学者们在实证研究中对这一理论进行了检验。根据姚琦等（2010）对期望概念的总结，相关的概念有自我效能期望（即个体能否在相应的情景中表现出某种行为）、结果期望（即某种行为能否产生想要的结果）、一般期望（即某种结果或事件是否出现及出现的概率大小）、概念化期望（即一般性未来是积极还是消极的）。最常见的是，Porter 和 Steers（1973）将“期望”界定为员工对工作的预期（理想状态）与实际情况之间的差异：当实际经历与期望一致时称为“期望满足”（met expectation），反之，称为“期望未满足”（unmet expectation）。这一定义得到后来学者的采纳，并将其用于研究员工对组织的态度及行为。本书主要采用一般化期望的概念。研究发现，个体的期望是建立在现实的基础上、依赖过去的经验，对出现某种结果的可能性的信念（expectancy judgment，期望判断）。本书的目的是评估期待的结果将来实现的可能性，将其命名为“期望符合度”，目前的研究主要集中在以下几个方面：

（一）期望与员工态度

过去30年“期望”这一概念在工业和组织心理学、组织行为学的研究中频繁地出现。有关预期在组织行为学的研究中主要集中于两个领域：在动机、决策、一般认知活动中的作用，在匹配、适合概念中的运用。只有工作或组织中重要的预期才包含在“期望”概念中，并不是所有期望都包含在这一概念中。Porter 和 Steers（1973）将“未实现的期望”定义为员工实际与预期之间的差距，这可以理解为工作满意的程度。以此为基础，Porter 和 Steers（1973）用预期解释员工离职，他们认为员工都是带着各种期望进入组织的，如，薪酬福利、晋升机会、工作自主性、挑战性、人际关系、在组织的地位等，不同的个体对这些期望的重视程度不同。当这些预期难以实现时会降低工作满意度，进而可能离职，这突出了员工预期与工作态度之间的重要关系。Porter 和 Steers（1973）开启了用心理学解释员工的离职过程，对后续研究产生很大的影响，后来 Mobley 等（1978，1979，1982）的离职模型与 Steers 和 Mowday（1981）提出的多阶段离职模型都是建立在这一基础上的。以后的一些实证研究证实了未实现的期望—离职之间的关系。Wanous 和 Poland（1992）通过对 31 份有关新入职员工的期望符合度的研究进行元分析，表明期望符合度与工作满意度、组织承诺的相关系数均为 0. 39，离职倾向为 -0. 29，保住工作（job survival）0. 19 和工作绩效 0. 11。元分析认为新员工入职前的预期对他们的工作态度及行为有很大的影响，员工入职前关于工作方面的期望如能实现，则将带来高水平的工作满意度和组织承诺、减少离职的可能性，相反，如果未能实现期望会产生“现实冲击”，将导致低水平的工作满意度和组织承诺，增加离职。由此，Wanous 等提出，组织应在招聘时降低应聘者对工作的期望，如提供实际岗位演习，减少“现实冲击”的机会，从而使他们的工作不满程度降低。John 和 Tuttle（1986）对 1979—1984 年发表的员工离职倾向论文的数据做元分析后发现，员工对工作的期望符合度与离职之间显著相关，期望符合度越高，离职可能性越小。流动率高的员工对职业发展的需要比较强烈，尤其是组织对这一需要认可或奖励比较欠缺时，员工的流动率更高（Price & Mueller，1981）。James 和 Tory（1997）将期望理论用于员工的目标承诺，他们将目标分为促进焦点导向和防御焦点导向，前者的特征是试图获得更高的期望效用、达到更高的成就，后者是完成基本的工作任务以获得安全。成就目标与安全目标在目标期望与目标效价上及其交互作用是不同的，尤其在任务绩效和决策两方面。通过四个实验，研究发现期望和效价的正向交互作用能增加促进焦点导向的目标而降低防御焦点导向目标。

（二）期望与工作特征

期望理论还用以解释工作特征与离职行为的关系。代表性的模型是 Hackman & Oldham（1976）的工作特征模型，该模型提出五项工作特征：技能多样性、任务同一性、任务重要性、自主性和工作反馈，形成员工的三种心理状态：体验到工作的意义、体验到对工作结果的责任、了解工作活动的结果，这三种心理状态与内在工作动机、工作满意度、生产率、缺勤和离职相关。工作特征模型提供了检验预期和现实的工作状态之间的框架。Pearson（1995）针对 Hackman 和 Oldham（1976）的工作特征模型进行实证检验，证实与工作相关可实现的预期与未实现预期在员工离职过程中的作用。Arnold 和 House（1980）、Hunt 和 Near（1985）、Graen 等（1986）、Premack 和 Wanous（1987）等研究对特定的期望与工作现实进行比较，以发现它们之间的差距对员工态度的影响，这种差距越小，离职率将越低。Padgett 和 Paulson（2005）研究会计师对工作要求的预期与任期长短的关系，根据会计师工作的特点，考察会计人员工作安排的灵活性、旺季和淡季工作的小时数、出差的总数、在家工作的小时数及是否有导师指导等因素是否符合预期以及对他们任职期限的影响。在测量时，要求被试回答他们在入职前的预期和目前的实际情况，两者之间的差距为自变量。研究发现，性别、是否有小孩、弹性工作安排和是否有导师指导与任职期限显著相关。此外，员工对于职业发展机会的预期也是影响其组织任期长短的一个重要因素。

（三）对“期望”的测量

对期望的测量，目前尚无统一的测量方式。一种直接的方式是要求回答者评估他们的期望实现的程度，Wanous，Keon 和 Latack（1983）提出对期望进行测量的方式是要求被试评估某一期望在目前组织中实现的可能性。Wanous 等（1992）的研究中采用单题项（如，Arnold & Feldman，1982）或多题项（如，Farkas & Tetrick，1989；Lee & Mowday，1987；Michaels & Spector，1982）测量期望的实现程度。另一种测量是差距式，大多数研究期望的文献都是以新入职的员工为样本，测量他们入职前对组织或工作的期望与入职后一段时间（通常为一年）的实际感受，研究两者差距的大小。如，Irving 和 Meyer（1994）采用反应曲面效应法和纵向数据，分为员工入职前预期和入职后对工作的实际感知两个不同阶段，研究单独的预期或综合的预期对新入职一年员工的工作满意度、组织承诺和离职倾向的预测效力，研究发现，预期实现能改善员工的工作态度、降低离职倾向，避免了其他方法中研究预期符合度固有的缺陷（如测量方式、分数的差异）。研究中采用 Manhardt（1972）对工作特性描述的若干问题，包括对工作舒适感、奖励、责任三个方面的预期。舒适感包括：①提供工作保障，②提供固定的办公时间和地点，③有明确的规则和程序可以遵循，④提供充足的闲暇时间，⑤提供舒适的工作条件；奖赏包括：①鼓励员工持续地开发知识技能，②促进智力激发，③提供成就感，④提供获得高收入的机会，⑤受到他人尊重，⑥允许为尊重和钦佩的上级工作，⑦奖励高绩效员工；责任包括：①让员工承担一定的风险责任，②允许员工自主决定工作方式，③以组织为核心处理工作问题，④通过完成工作为社会做贡献，⑤在责任和工作中提供变化和多样性，⑥需要创意和创新，⑦符合文化价值观，⑧允许独立地工作。采用以上题项对员工期望进行测量。

（四）期望与工作绩效

关于期望与绩效之间的关系，已有研究关注两者之间相关关系（Feather，1969），或研究不同期望水平下（高或低）的绩效水平（Feather，1966；Bandura & Locke，2003）。Meece 等（1990）采用以学生为样本做 2 年的纵向研究，第一年的预期与数学成绩之间的相关系数为 0.25，第二年则上升到 0.47。但高预期是否产生高绩效、低期望是否会降低绩效？Marshall 和 Brown（2004）通过实验研究，得出预期与复杂的工作任务比容易的工作任务相关性更强，低预期导致低绩效，适度的预期对绩效有促进作用。Robinson（1996）从心理契约的角度理解未实现的预期在心理契约违背与员工贡献之间的关系，结果发现，未实现的预期在心理契约违背与工作绩效之间起完全中介作用，在心理契约违背与留职意愿之间起部分中介作用，其作用机制是：员工的心理契约违背导致对组织的信任降低和预期降低，员工的这些反应进一步导致消极的工作态度和更低的工作绩效。

三 评析

期望是心理学的重要概念之一，研究起源于期望价值理论。作为重要的激励内容之一，国外研究关注期望与员工工作态度、行为、绩效的相关关系。但国内对此的实证研究比较欠缺。主要集中在：以新入职员工为研究对象，分析期望结构、期望形成以及期望落差变化规律。由于期望内涵的多样化、测量方式的复杂化，已有的研究中或采用实验的方法（姚琦等，2010），或采用自行开发问卷的方式（张勉等，2003）测量期望与相关变量之间的关系，研究结论凸显了期望在员工行为、绩效中的重要作用。本书通过访谈的方式，检验期望在员工留职/离职行为选择中的调节作用，着眼于对未来期待结果的可能性判断，以更好地理解从培训到员工行为选择之间的传导机制。

第三章　概念模型与研究假设

根据上一章对相关理论及本书所涉及变量的文献综述，本章将以此为基础，构建培训对员工态度作用机理的理论模型，对各变量之间的关系进行假设推演，将研究问题转化为具有可操作性、可检验的变量间关系。

第一节　理论模型构建

本书以心理学经典的“刺激→认知→反应”理论为整个模型的理论基础，然后以相关理论作为变量之间关系假设的理论支撑，构建变量之间的相互关系模型。

一　本书整体框架构思的理论基础

本书整体框架构思的理论来源于心理学经典的认知理论（Cognitive Theory）。

这一理论起源于俄国生理学家巴甫洛夫在《大脑两半球机能讲义》中提出的经典条件反射理论，后来行为心理学家 John Watson 等将其发展到行为科学领域，形成了“刺激—反应”理论（Stimulus - Response Theory，简称 S - R 理论），成为现代心理学的基石。该理论提出，人的行为可以分解为刺激和反应两大部分，反应将随着刺激而呈现，行为是人受到刺激之后的反应（汪甦和汪安圣，1992）。认知心理学吸收了行为心理学 S - R 理论的精华，其核心思想在于，以人的意识作为主要的研究对象，认为存在一定的条件就会产生相应的行为，但必须通过感知、领悟和推理等一系列认知过程的中介传导作用来实现。它在 S－R 模型中加入 O(organism，有机体）或 C(consciousness，认知）构念，从而构成 S－O－R 或 S－C－R 模型，本书主要采用后者，即“刺激→认知→反应”模型。模型中，认知是指有机体对感觉信息（刺激）的组织和解释过程，认知理论尤其强调唤醒认知的刺激可能来源于两个方面：内部刺激和外部刺激（汪甦和汪安圣，1992)。有机体根据认知判断刺激的意义，然后反作用于后续的行为。此外，根据社会心理学家库尔特・勒温的“场理论”也就是人境互动理论，个体的行为是由人（P）和环境（E）相互作用的结果，即 B = f（P，E)（勒温，1936，2003)。人境互动理论是 SOR 理论的具体应用。

二 理论模型的推演和形成

根据上述的“刺激→认知→反应”理论模型和人境互动理论的基本要点，本书将培训作为刺激因素，这一刺激来自员工个体的内部因素（培训的意愿、培训收益）和外部环境因素（组织提供的培训机会及对培训的支持）两方面。认知理论的核心——由刺激引发的感知（对自身可雇佣性的感知）是主体对环境信息的解释和处理过程，在本书中，员工对自我在内部劳动力市场和外部劳动力市场被雇佣的可能性进行评价判断。行为——同样的刺激可能引发不同的认知体验。由于人和环境的共同作用将导致特定的行为反应，员工对自身能力判断、权衡在内外劳动力市场的价值，然后做出最有利的行为反应（留职或离职倾向)，进而产生不同的结果（留职或离职)。

根据人境互动理论，在特定的一段时间内，个性要素使人的行为存在一定的延续性和持久性（Fleeson，2004)，但情景要素却会让其出现权变的不稳定特征（Mischel & Peake，1983；Fleeson，2004)。从认知角度看，个体在接受来自组织和自身的“培训”输入时，已经形成了“当前的刺激是什么”的假设，认知过程是一种包含假设检验的构造过程（汪甦和汪安圣，1992)，通过参与培训，员工的能力这一个性要素在一定的时段内是稳定的，但组织内外的各种机会、与能力相匹配的期望这类情景要素是权变的，员工将根据以往的经验和知识对当前的状况做出解释和反应，进而产生相应的行为。因此，本书认为，在面对同样的情景刺激时，员工的反应是有迹可循的，将表现出以下的心理作用过程：

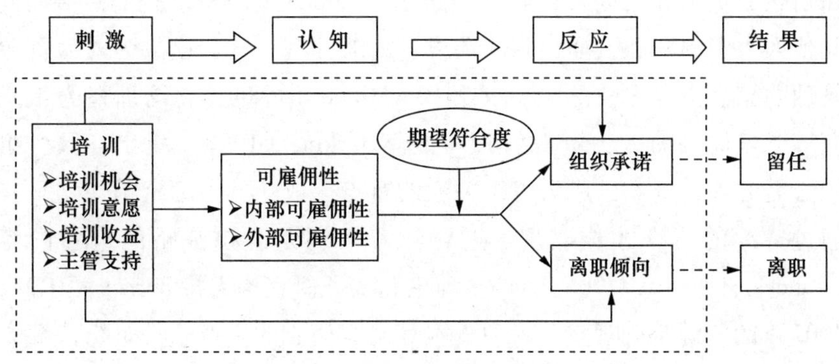

图 3－1　本书的基本框架

注：图中虚线框内的内容是本书的研究内容。

正如以上模型所示，本书以培训为前因变量，分别将组织承诺和离职倾向作为结果变量，将可雇佣性作为连接前因变量和结果变量的中介变量，期望符合度作为中介变量和结果变量之间的调节变量，构建培训、可雇佣性、期望符合度、组织承诺和离职倾向关系的概念模型。该模型主要检验以下几个关系：（1）员工培训与组织承诺之间的相关关系；（2）员工培训与离职倾向之间的相关关系；（3）可雇佣性在培训与组织承诺之间的中介桥梁作用；（4）可雇佣性在培训与离职倾向之间的中介桥梁作用；（5）期望符合度在可雇佣性与组织承诺之间的调节作用；（6）期望符合度在可雇佣性与离职倾向之间的调节作用。

在概念模型的基础上，本书对各个变量之间的关系进行推演，提出相应的研究假设。

第二节　培训对组织承诺影响机理的假设和模型构建

一　引言

培训是人力资源管理的重要职能，对员工的态度和工作绩效、甚至提升竞争优势有直接或间接影响。在实践中，组织经常困惑于如何保留核心员工和关键人才短缺的问题。Purcell（2000）提出，培训同其他人力资源职能，如招聘、选拔、薪酬福利一样，已成为人力资源管理的核心内容之一。Schuler 和 MacMillan（1984）将培训视为组织获取竞争优势的人力资源管理实践。Harkins（1998）提出，保留组织必需的人力资本已成为组织关注的重点。成功的人力资源规划只有通过持续的培训才能实现，这意味着培训是组织战略的重要内容（Tanova & Nadiri，2005）。许多理论和实证研究均支持 Barney（1991，2001）的资源基础观点：人力资本是组织核心的资产，是组织持续竞争优势的来源。Scott 和 Meyer（1991）也认为提高和改善生产率和组织绩效最有效的措施是培训。Whitener（2001），Arthur（1994），Huselid（1995），Woods 和 Menezes（1998）等的研究结论均表明，高承诺的人力资源管理实践，如员工开发，影响员工态度及行为，会进一步影响组织结果。与实物和金融投资不同，投资于培训将给组织带来直接的利益，通过增强员工的技能、动机和知识，将增加组织的智力资本、增强组织的绩效。Noe 等（1987）提出，培训是美国公司“改善绩效、迎接全球化竞争、在产品及服务中采用新技术、利用多样化劳动力”的必要组成部分。因此，研究培训对构建组织竞争优势的促进作用以及对员工态度的影响一直以来备受学者们的关注。

二　员工培训与组织承诺的关系假设

培训是人力资本投资最重要的方式，通过培训增强员工的知识、技能，影响员工对组织的态度和行为。组织承诺是过去三十年组织研究领域最流行的概念之一（Kontoghiorphes & Bryant，2004），是指雇员对特定组织的认同、参与的程度。Guffey 等（1997）认为“成功的组织认识到员工对组织的承诺是最有价值的资源”。在过去三十多年，研究者和实践者投入大量的时间、精力和金钱来识别员工培训对组织承诺的重要性。代表性的观点，如，Jex 和 Britt（2008）认为组织的培训比其他方式会创造更多的无形价值，可以增加员工承诺。Meyer 和 Smith（2000）、Bartlett（2001）研究均指出培训和组织承诺之间存在明显相关关系。Lang（1992）认为员工培训开发的设计应该以增强员工的组织承诺为目标。

本书以心理契约理论和社会交换理论为基础。心理契约是由美国著名管理心理学家Schein提出，是员工对雇佣关系的信念和他们从组织那里能获得什么样的期待（Robinson，Kraatz，& Rousseau，1994）。心理契约从感知和个体特点来看待雇佣关系，区别于正式的书面合同和默识合同（Robinson & Wolfe - Morrison，1995），关注雇主和雇员之间互惠的具体（收入、工作条件）和抽象（安全、挑战性）两个方面。Schein（1980）提出，心理契约是员工组织行为的决定性因素之一。Lucero 和 Allen（1994）、McLean - Parks 和 Schmedemann（1994）提出人力资源管理实践将影响心理契约，一些理论学家甚至指出“人力资源管理的主要功能之一就是培育员工适宜的心理契约（Rousseau & Greller，1994；Sparrow，1998）。培训是人力资源开发及管理实践的重要内容，刘加艳和时勘（2005）对675人的调查研究表明，培训发展对组织承诺具有较高预测效力。组织对员工给予各种培训支持，使员工感知到他们受到组织的重视、关心他们的职业发展及成长，这将增强员工的工作热情与信念，激发组织与员工共同信守“契约”所默识的“承诺”，在动态条件下与组织保持稳定、良好甚至和谐的关系。

社会交换理论认为，人与人之间所有的接触都以给予和回报等值这一逻辑为基础，人们之间的社会交往就是彼此相互置换“互利资源”的一种过程。根据布劳的社会交换观点，交换双方是以互惠、信任、公平规范为基础，企业对员工进行培训开发以换取高工作绩效、组织承诺的过程。首先，交换的内容需满足双方的需要。在雇佣关系中，雇佣双方的相互义务也伴随着相应的权利及预期：雇主期待雇员表现出对组织的忠诚及组织公民行为，雇员期待在组织内在职业生涯的各个阶段获得自我发展和职业训练的机会，体现自我价值。从这个角度看培训，是连接雇员和雇主期待的纽带，包含了组织内的社会交换过程和存在于雇主和雇员之间的心理契约。其次，双方交换需等价，才能促使进一步交换行为产生，任何一方感知到不平等都将终止交换行为。许多雇员把培训视为“员工的权利”（Scott & Meyer，

1998）和一种雇佣收益（Ashenfelter & LaLonde，1998）。如，Nordhaug（1989）曾指出，“组织内的人力资源开发活动对员工是一种隐性的奖励”。员工会将培训视为组织对员工的一种投资，关注他们的成长，因此以增强组织承诺，作为对组织的回报（Chiang & Jang，2008；Tannenbaum et al.，1991）。当员工的“权利”无法实现时，员工—组织之间的心理契约遭到违背，组织承诺将降低。因此，本书假设员工培训与组织承诺之间呈正相关关系。

H1：员工培训对组织承诺存在正向影响

个体的、意向性的态度影响培训参与及培训效果。培训意愿是员工愿意通过培训改善他们的技能、工作绩效的努力程度（Robinson，1985）。培训意愿是影响培训效果最重要的因素（Fleishman & Mumford，1989）。意愿会影响员工对待参与培训的热情，并直接影响他们培训的过程和掌握培训内容的多少（Noe & Wilk，1993），也影响获取新知识和技能的使用和实践。员工参与培训的过程是一个不断自我学习、自我提升的过程，学习意愿强的个体更有可能将培训中学到的技术用于工作（Mathieu et al.，1993）。Mathieu 等（1992）发现，培训动机和方式与员工对培训的评价反应有关。那些从一开始就受到培训激励的员工对组织的承诺感越强，更加珍惜和充分利用组织提供的各种培训机会，根据社会交换理论，对组织的积极评价更高，认同感和承诺感增强。因此，假设：

H1a：培训意愿与组织承诺正相关

培训机会是指员工对参与培训的可能性、是否有客观和公平的选拔标准、是否建立明确的申请程序、是否得到管理者的支持等方面的感知。包括以下两个方面的感知程度：（1）他们获得目前岗位需要的知识、技能和能力的机会；（2）组织对他们参与培训的最低约束。Bartlett 和 Kang（2004）认为增加员工的培训机会比采取每年固定的培训数量及内容的培训方式更为有效。Bartlett（2001）、Boon 和 Arumugam（2006）、Lam 和 Zhang（2003）认为培训机会与组织承诺正相关。组织提供各种培训机会，满足员工不断发展自我的需要，增加员工对组织的认同感，从心理上更加接纳个人工作的角色。因此，假设：

H1b：员工的培训机会与组织承诺正相关

培训的收益是双向的，从管理的角度看，管理者期待开发员工技能、提高生产率和改善员工绩效，为组织带来无形和有形的收益（Elangovan & Karakowsky，1999；Gultek et al.，2006；Watson，2008）；从员工的角度看，期待培训有助于他们的工作、职业发展；能够获得晋升，改善现有职位的状况；促进技能发展、人力资本增值。根据Noe和Wilk（1993）的研究，员工感知到参与培训可能带来工资报酬、人际关系网络、工作绩效、个人发展进步等方面的收益：一方面，员工与组织之间的联系更加紧密，认同组织文化和价值观，使得他们愿意继续留在组织；另一方面，根据社会交换理论的互惠原则，员工获得培训收益以后，理应以适当的方式回报组织，留在组织发挥培训效益则是其方式之一。因此，假设：

H1c：培训收益正向影响组织承诺

Eisenberger等（2000）指出，员工的组织开发支持感知主要来源于两个方面：组织的政策和管理者（上级）。以往的研究发现，员工参与培训的程度与他们对“培训机会和组织对员工职业发展支持”的感知相关（Tharenou，1997）。这种支持表现为：鼓励员工不断发展工作技能、采取新的方法完成工作，帮助员工解决与工作相关的问题（Butcher et al.，2009；Eisenberger et al.，1986）。当员工感知到组织支持时，他们对组织的责任感增强；当未感知到组织支持时，他们会感觉到组织对他们的漠视和背叛，承诺感下降（Robinson & Morrison，1995）。

根据主管支持理论，主管在培训中起的作用举足轻重。主管是组织的具体代言人，代表组织对员工进行管理，评估员工的行为及绩效。因此，员工会把主管对待自己的态度视为组织对待自己的一个“指示器”。Kottke等将主管支持感定义为员工对主管重视他们的贡献、关心他们福祉的程度的总体看法。主管支持感与组织支持感具有相似的心理机制。当员工感知到主管支持自己时，便会产生对主管的义务，进而提升主管承诺、表现出与主管目标一致的行为。然而，

Kottke 等认为组织支持与主管支持二者对员工的影响程度不同，员工直接获得的主管支持要多于组织支持；Greller 等人的研究也发现，在获取相关的工作信息上，对主管的依赖程度要高于组织，说明员工偏好于从更为接近的人那里获得反馈与支持。具体到员工培训开发，虽然组织从制度、政策上为员工培训提供保障，但是获得与培训相关的信息方面更多的还是要依赖于主管，这种支持贯串于整个培训过程：培训前，是否为下属提供各类培训信息，与下属一起完善职业生涯规划，安排下属参与各种与工作、职业发展有关的培训、将下属的发展视为自己的工作职责之一；在培训过程中，是否为下属安排繁重的工作任务、是否提供足够的培训时间、为下属提供有效的绩效反馈意见；培训结束后，是否为下属安排能运用培训知识或技能的工作任务，及时总结培训得失等。Noe 和 Wilk（1993）研究指出，来自主管的支持影响员工是否参与培训开发的决定，影响参与的频率、持续的时间。Hicks 和 Klimoski（1987）的研究曾指出，主管对有关培训计划、内容和收益的信息和描述会增强员工的培训动机。因此，主管支持对员工的影响是直接且现实的。

在培训中，当员工主管支持感较高时，员工认为主管重视自己的贡献，关心自己的职业发展和福祉，会以提高主管承诺、帮助主管减少管理上的困难，并表现较多的角色外行为等方式回报主管。进一步，由于员工将主管视为组织代理人，因此当员工感知到主管关心和重视自己时，他们会进而推论组织是通过主管来关心自己，基于互惠和交换原则也会对组织产生义务感，以提高工作绩效和增加组织承诺及组织公民行为的方式来回报主管及组织。因此，假设：

H1d：主管支持正向影响组织承诺

三　员工培训与可雇佣性的关系假设

无边界职业生涯时代的特点是员工职业生涯的流动性或不稳定性，其边界可能是跨职业、组织等属性，可雇佣性的本质在于员工失去职位保障之后能够获得新的雇佣保障，使得雇员对其他雇主有吸引力。员工的可雇佣性通过教育与培训的方式提升。根据信息加工理论，培训可以视为认知和信息加工过程，受训者在培训过程中进行一系列的“认知操作”，包括对信息的选择、编码、组织、存贮、提取、译码和发送。此外，根据成人学习的特点，参与培训的员工有明确的学习目的，能够进行自我指导，拥有相关的工作经验，带着一定的问题参与学习，且受到内部和外部激励学习，因此，培训的重点是培养员工运用认知机制获取和保持知识的能力，以“授人以鱼”和“授人以渔”并重，增强员工的人力资本，对员工能力的提升是直接和有效的。

从已有文献看，Deloitte 和 Touche（2001）指出，个体所接受的教育和培训、对于变化的态度、人际交往、获取信息的能力、向潜在雇主展示自己均对个体可雇佣能力产生影响。技能培训是重构新型雇佣关系的互惠、达成新心理契约平衡的关键。Van Dam（2003）把员工参与培训和开发项目视为提升可雇佣性的政策措施。组织提供有竞争力的、符合员工发展和组织发展的培训机会，多样化的培训形式、丰富的培训内容，使员工有机会加强人际沟通网络，改善他们的工作绩效，在个人发展方面取得进步，为追求新的职业发展路径提供机会，增强他们组织内部、外部的市场化技能。Sullivan（1999）比较无边界职业生涯管理与传统职业生涯管理的区别时提出，除了正式培训外，无边界生涯背景下的组织更多采取了在岗培训的方式，为员工提供的培训内容不再仅仅是与组织相关的特定技能，而是可以迁移的技能。另外，除特定行业、特定职位外，员工通过培训获得的技能具有通用性、可迁移性的特点，对促进员工技能方面具有显著的外部效应。因此，本书提出以下假设：

H2：培训与可雇佣性正相关

H2a：培训与内部可雇佣性正相关

H2b：培训与外部可雇佣性正相关

四　可雇佣性与组织承诺的关系假设

“工作嵌入”这一概念最早由美国心理学家 Mitchell 于 2001 年提出，主要概括了使得雇员继续留在组织工作的有关组织与社区的因素，工作嵌入被描述为，个体在工作中与内、外环境形成了各种各样的关系，这些关系就像一张网，个体是网上的一个节点，个体的行为受网络中各种关系不同程度的影响。根据工作嵌入的内容不同，可以分为两大类：工作内嵌入与工作外嵌入，前者是指个人对工作所在的组织的嵌入程度，后者指个体与生活所在社区的嵌入程度。本书主要针对的是工作内嵌入。Mitchell 是（2001）提出工作嵌入的三个核心构念：联系、匹配和牺牲。从工作内嵌入理论分析，联系是个体与他人、组织之间正式的、非正式的关联。就内部可雇佣性而言，“联系”体现为在团队或部门、组织内建立的纵向及横向工作的、人际的、情感的联系。这种关联越广越深，个体就越深入地被嵌入到工作和组织中，他们对工作的依赖性越强。匹配指员工在特定的组织或环境中感知到的舒适性或相容性。当员工的个人价值观、职业目标、发展计划应与组织战略、文化和岗位要求（知识、技术和能力）相匹配，这种匹配性越强，越有可能将个人与组织维系在一起，Chan（1996）认为，个人与工作相匹配将降低离职行为。从内部可雇佣性的内容来看，学者 Hillage 和 Pollard（1998）就是从匹配的角度对可雇佣性进行界定，当员工与岗位要求、与部门规划、与组织战略的匹配程度越高时，工作内嵌入越深，承诺于组织的可能性越大。牺牲是指由于离开组织或工作将面临的物质和心理上的损失，如熟悉的同事、工作氛围、潜在的晋升机会、有趣的项目等，放弃的越多，个体就越难割舍自己与组织的关系（Shaw et al.，1998）。因此，内部可雇佣性高的员工留任的可能性越大，组织承诺越强。

H3a：内部可雇佣性与组织承诺正相关

从外部可雇佣性的内涵分析，指个体有意愿且有能力将工作转换到与其所在组织相似或不同的其他组织，反映个体在外部劳动力市场上的价值，因而，其中，外部可雇佣性强调的“能力”是员工掌握的市场化技能，“意愿”包括识别外部劳动力市场的机会以及流动的意愿。当这两个条件同时较强时，员工的外部可雇佣性较高，在外部劳动力市场上受欢迎的程度越高。在不考虑其他条件时，作为理性经济人的员工，其自身的讨价还价能力越强，就越关注外部劳动力市场可能存在的潜在成长空间及收益，为获得更高的工作成就感和职业成长、实现自己的价值而在不同的组织间流动，对组织的依附感降低。

尤其是当个人的职业目标在特定的组织内很难进展时，对组织的认同感将显著降低。因此，本书假设：

H3b：外部可雇佣性与组织承诺负相关

综合以上两个研究假设，本书提出：

H3：可雇佣性与组织承诺之间存在显著的相关关系

五　可雇佣性在培训与组织承诺之间的中介效应假设

"组织承诺和离职倾向"是组织可雇佣性政策的隐含目标并最终决定这些政策的长期可行性（Benson，2006）。伴随着企业兼并、裁员、解雇的浪潮，组织投资于员工人力资本开发成为提升员工可雇佣能力的一个重要来源。根据社会交换理论和互惠原则，组织为员工提供培训技能和胜任力投资承诺，员工会给予组织等价程度的态度及行为承诺，实现组织—员工之间持续的交换。那些获得公司大力投资的员工更有可能取得职业、工作的成就感，对工作投入的情感更多，因此离职的可能性越小，组织承诺度越高（Ferris & Urban，1984）。

根据社会认知理论，个体能力和外部环境决定个体的行为倾向，人的认知因素中中介环境因素与行为之间的关系。在本书中，环境因素是组织提供的各种支持性的培训要素，个体因素是个体可雇佣性的感知，行为因素则是组织承诺与离职倾向。根据前述已有研究，培训是可雇佣性的重要前因变量，组织承诺是可雇佣性的结果变量之一。以社会认知理论为依据，可以推导出"可雇佣性"中介"培训"与"组织承诺"之间的关系，具体逻辑在于：个体根据环境判断自身可雇佣性提升是否有利，然后，根据可雇佣性的高低选择积极结果更大的行为，这一行为受感情、成本及道德规范的约束。个体承诺于组织表明他们想要留在组织（情感承诺）或需要留下（持续承诺）（Meyer & Allen，1991；Meyer et al.，1990）。例如，通过培训获得的适合于本组织或本岗位的工作技能、构建的人际关系网、可能的晋升机会（Meyer & Allen，1991）。当员工在现有组织内能获得更多的学习培训机会，或积累了特殊工作技能，选择留在原来单位继续努力以期待提升是较为明智的选择，留职具有现实的必要性。此外，受社会责任感和社会规范的约束，当员工感知到组织对其发展提供支持时，从道德、情理上认为应该回报组织，不能过河拆桥。Wiener（1982）提出，组织提供的“发展报酬”（比如为员工培训提供经费，培训期间保留职位、发放工资），客观上支持员工职业成长、提升可雇佣性，使员工认为从情理上应该服务于组织。因此，我们推断：

H4：可雇佣性在培训与组织承诺之间起中介作用

H4a：内部可雇佣性在培训与组织承诺之间起中介作用

H4b：外部可雇佣性在培训与组织承诺之间起中介作用

六　概念模型的形成

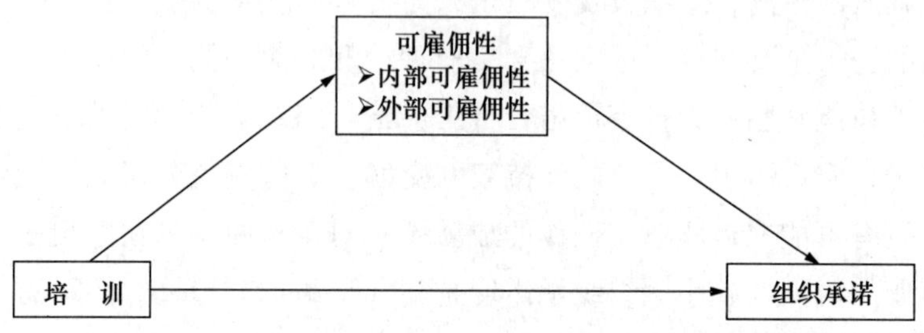

图 3－2　培训、可雇佣性、组织承诺作用机理的模型

第三节　员工培训对离职倾向影响机理的相关假设

一　引言

培训与离职的关系一直是人力资源管理的热点。但已有的研究中关于两者的关系并未得到一致的观点：部分研究者认为培训将抑制员工离职倾向，另一部分研究者则认为培训将促进员工离职倾向。这些差异可能是由于培训内容及效果的差异、培训技能的一般性和特殊性、培训费用的分担、培训后的收益、外部劳动力市场的机会等等，员工对以上诸方面的评价不同，将导致不同的离职倾向。在实践中，员工为储备和更新知识技能、实现持续地被雇佣需参加培训；组织迫于发展的需要、吸引人才不得不投资于员工培训，同时又面临着人力

资本投资的风险，目前让许多企业困惑的并非是否培训员工，而是培训机会的多寡、支持力度的强弱、培训对象和内容的选择等，这些均涉及组织的培训制度。本书主要着眼于被调查对象对组织培训政策及现状的评价，包括培训的机会、培训收益、主管支持及培训意愿，一方面考察这一评价对员工离职倾向的直接影响程度；另一方面，考察其通过可雇佣性影响离职倾向的间接影响程度，揭示培训对可雇佣性、离职倾向产生不同影响的路径和机理，打开“培训与离职倾向”两者之间作用关系的“黑箱”，这为组织培训投资的游离态度、降低人力资本投资风险、提高雇佣关系稳定性、留住核心员工提供理论支撑。

二　员工培训与离职倾向的关系假设

员工离职将引起一系列组织成本损失，包括机会成本、重新招聘和培训的成本、职位更替的成本，并影响留职员工的士气。当组织损失核心、难以替代的员工时，离职导致的潜在损失将更高。因此，深入地阐释离职与员工开发、工作态度的关系对降低员工的离职率及组织的离职成本是有益的。离职倾向被视为直接影响离职的最终认知变量（Bedeian et al.，1991）。实际的离职行为会随着离职倾向的增强而增加（Mobley，1977；Mobley et al.，1978）。这为用离职倾向来预测离职行为提供了有力的支持。

McConnell（1999）研究显示，有效的培训和技能开发对减少离职有重要作用。这主要是因为，首先，根据亚当斯的公平理论，在社会生活中，员工总是将自己与他人进行比较（Adams，1965），参与培训的员工可能将自己与其他组织中那些投资不足或没有机会参加培训的同伴进行比较，比较培训前与培训后的收益差距，比较的结果使得他们感知到自己更受组织重视，有一定程度的心理优越感，因此增强对组织的认同。其次，根据社会交换理论（Blau，1964）和互惠原则（Gouldner，1960），当员工感知到的组织培训支持力度越强，对组织的情感依附和责任感就越强（Shore & Wayne，1993）。已有的大量研究指出，组织对员工发展的投资可以减少员工离职；Huselid（1995）证实了以员工发展为投资重点的高绩效管理活动与离职率呈负相关关系；Allen 等（2003）提出“支持性人力资源管理实践”，通过组织支持感间接影响离职倾向；Kalleberg 和 Rognes（2000）也表明对员工投资与离职是负相关关系；在 Colarelli 和 Montei（1996）的研究中，以美国53家公司为样本，得出同样的结论：参与培训的员工与离职负相关。根据已有的研究经验，当雇主投资于员工开发时，员工能更加胜任工作并以更高的生产效率和忠诚来回报雇主，因此，只要员工对与组织之间的关系交换满意，员工与组织之间的互惠行为将延续，他们的离职倾向则会降低。由于组织承诺与离职倾向是显著的负向相关关系，针对培训的4个维度与离职倾向的关系，可以由这4个维度与组织承诺之间关系反向推导出来，因此，本书提出以下假设：

H5：员工培训与离职倾向负相关

H5a：培训意愿与离职倾向负相关

H5b：培训机会与离职倾向负相关

H5c：培训收益与离职倾向负相关

H5d：主管支持与离职倾向负相关

三 可雇佣性与离职倾向的关系假设

从企业的角度分析，可雇佣性是一把双刃剑，虽然培育员工的可雇佣性能够吸引并留住员工，但同时面临人力资本投资风险。可雇佣性决定了个体在外部劳动力市场受欢迎的程度，一旦企业支持员工提升可雇佣性后员工离职，企业将得不偿失，面临“为他人做嫁衣”之痛。

可雇佣性的高低影响员工在组织内和组织间的流动的可能性。目前，雇主大多数情况下愿意提供“内部可雇佣性”（Hendry & Jenkins，1997）。大部分人力资源管理者认为提升员工的外部可雇佣性可能会增加他们离职的机会，并增加额外的培训成本。而倡导外部可雇佣性的学者认为，如果组织未能给予提升外部可雇佣性的机会，将影响组织对高质量员工的吸引力，最终也会导致离职。因此，是否支持员工提升外部可雇佣能力面临两难的境地。尤其是知识型员工，这一群体的可雇佣性非常高，掌握专业或行业领域的市场化技能，他们在个人的发展中保持独立和个性，不需要依附于集体或上司，他们的谈判能力和流动性都比较强。他们为了获得持续的就业力，在流动中寻求可雇佣性已经成为一种普遍的现象。在知识高贬值性的行业，当组织未能提供有效的在职培训机会时，年轻的员工感觉到自身与行业发展脱节、职业危机感增强，当组织内职业成长空间有限时，就会离职，选择那些能够提供在职培训机会的组织或者直接进入高校学习来增加人力资本存量，降低被动离职的风险（梁巧转和黄旭锋，2003）。"外部可雇佣性"这一构念不仅包含员工掌握市场化的知识和技能，而且还涵盖了另一个核心：感知机会。即，外部可雇佣性是市场化技能和就业机会共同作用的函数。早在 1958 年，March 和 Simon 就提出，离职是以态度驱动为主导，受感知到工作更换难易程度和可能性的影响，后者一般指工作机会和实际的失业率（Lee et al.，2004）。当员工市场化、可迁移的技能在外部劳动力市场需求大、面临多个就业机会时，员工必将对组织内外的发展进行比较，结果是做出对自身积极结果最大化的行为选择，离职是其中可能的行为结果之一。可雇佣性是人力资本、社会资本、感知机会共同作用的函数，在其他条件不变的情况下，其中任意一个因素的变动都可能增强员工的离职倾向。因此，本书假设：

H6：可雇佣性与离职倾向之间存在显著的相关关系

H6a：内部可雇佣性与离职倾向之间负相关

H6b：外部可雇佣性与离职倾向之间正相关

四　可雇佣性在培训与离职倾向之间的中介效应假设

根据贝克尔的人力资本理论，在职培训是提高人力资本投资的主要方式，他将在职培训分为"一般技能培训"和"特殊技能培训"，"一般技能"是那些能增加劳动生产率、适用于所有企业的技能，"特殊技能"是只能适用于特定企业劳动生产率的技能（Becker，1965）。根据本书对可雇佣性的界定，"一般技能"和"特殊技能"与内部可雇佣性、外部可雇佣性的内容存在很大程度的交叉重合之处。外部可雇佣性强调的"能力"是以员工具备市场化、一般技能为前提，"意愿"包括识别外部劳动力市场的机会以及流动的意愿；内部可雇佣性的“能力”既包括特殊技能，也可能包括一般性技能，“意愿”是指员工继续留在组织的意愿。

员工在培训中获得一般性技能之后，自身在劳动力市场的谈判力量增强，作为理性经济人追求人力资本投资收益的极大化、自身效用的最大化，同时为了避免已掌握的技能过时、知识退化的风险，员工必然会权衡组织内外更有利的发展机会，加之活跃的外部劳动力市场，为员工寻找新的工作机会提供良好的外部条件，出于职业成长的需要而增加离职倾向；或者员工接受培训后，发现从事的工作与培训技能不符，培训的内容没有施展的平台和空间，或因技术改变，长期未从事与所学相关的工作，降低人力资本投资收益，这也可能造成员工增强离职倾向。Benson（2006）的研究也证实，一旦员工获得文凭，他们可能掌握新的技能和文凭，在目前的职位上可能无用武之地，不管与组织的情感依附多么强烈，他们都会在其他组织寻找机会，以获取人力资本投资的回报。反之，当培训之后，给予员工实现内部可雇佣性的机会，则能有效降低员工离职倾向，防止员工离职。“可雇佣性”的高低可以作为员工在组织内外谈判的资本，影响员工的行为选择。因此，本书假设：

H7：可雇佣性在培训与离职倾向之间起中介作用

H7a：内部可雇佣性在培训与离职倾向之间起中介作用

H7b：外部可雇佣性在培训与离职倾向之间起中介作用

五　概念模型的形成

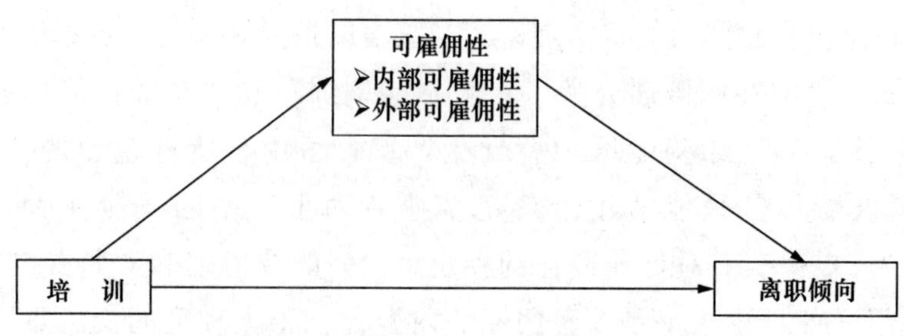

图 3-3　培训、可雇佣性、离职倾向作用机理的模型

第四节 期望符合度的调节效应假设

一 引言

据前述分析可知，可雇佣性的提升具有外部效应，可能导致组织承诺和离职倾向两种相反的结果。那么，员工在什么情况下会选择继续留任组织？在什么情形下选择离职？在本节中，本书试图在前面中介效应推导的基础上，将“期望符合度”这一构念引入模型，根据期望价值理论，对其调节可雇佣性与组织承诺、可雇佣性与离职倾向之间的关系进行假设推演，补充和完善中介变量对结果变量的影响过程，进一步解释员工的离职及留职选择的形成过程，以更全面地揭示培训影响员工工作态度的作用机理。

二 期望符合度的调节效应的假设

根据期望价值理论，激励大小由行动者对行动结果的价值评价和预期达成该结果的可能性共同决定，用公式表示为：$M = \sum V \times E$，其中 M 表示激励力量，本书表示为组织承诺的强度；V 表示效价，指目标实现对于满足个人需要的价值，本书指可雇佣性；E 是期望值，即达到目标的主观概率，本书的期望值表示为员工达到期待结果的主观概率。后来，这一公式进一步发展为：动机 = 效价 × 期望值 × 工具性。其中：工具性是指能帮助个人实现目标的非个人因素，如环境、快捷方式、任务工具等，在本书中特指组织、主管为员工培训创造的支持性环境。

Chang（1999）指出，当组织支持并满足员工的期望后，他们会产生更强烈的留职动机。员工进行人力资本投资的动因在于，是投资后获得的收益高于投资前的收益及投资的成本。当员工通过培训获得技能和知识提升后，其讨价还价能力增强，期待组织能响应他们的进一步需求，以及考虑这种需求实现的可能性，这包括被安排在更为合适的工作岗位上，以发挥其工作技能，实现人职匹配、降低被解雇的危险、提高组织内加薪、增加晋升的机会、受到领导的重视，则组织承诺增强；相反，如果感知到在组织内无法满足上述期望或实现的可能性小，在组织内不能持续地被雇佣或得不到较好的发展，则会减少工作投入或倾向于离职，尤其是在培训中获得劳动力市场认可学历或资格证的员工，文凭对潜在雇主有信号显示作用（Spence，1974；Acemoglu & Pischke，1998，1999），他们在外部劳动力市场的机会更多。如果此时员工获得晋升，那么他离职的可能性降低（Benson et al.，2004），因为雇员通过开发活动获得进一步的职业发展（Noe & Wilk，1993；Maurer & Tarulli，1994；Fujita – Starck，1996）。Mabey（1986）通过对135位毕业生进行追踪他们入职前对组织和职务15个方面的期望与入职后6个月的现状进行对比，发现：期望的达成度与进入组织后的组织承诺有清晰且显著的相关性，大概因为进入组织前后的一致性增强了员工对雇主的信赖程度，促进忠诚度的提高。其他研究也显示：新进入组织的大学毕业生，如果加入组织前的期望得到实现，则对组织承诺有重要的预测作用。员工进入组织后的经历，尤其是进入前的期望得到实现的经历是影响组织承诺的重要因素，这一经历对承诺的影响在新员工中更加显著（Meyer & Allen，1988）。这说明，综合整个模型而言，不仅要关注员工可雇佣性的生成机制，更要重视其可雇佣性的实现机制，只有同时满足这两个方面，才能留住员工。根据期望价值理论，当员工感知到组织内预期实现的可能性较大时，可雇佣性与组织承诺正相关，员工将选择继续留在组织；当员工感知到预期实现的可能性比较小时，员工将选择离职，可雇佣性与离职倾向正相关。因此，本书假设：

H8：期望符合度调节可雇佣性在培训和组织承诺间的中介作用

H9：期望符合度调节可雇佣性在培训和离职倾向间的中介作用

三　概念模型的形成

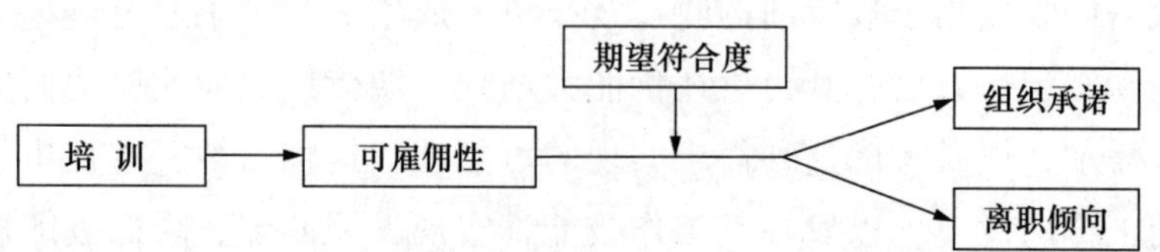

图3－4　期望符合度有调节中介效应的作用模型

第五节　本书假设汇总

表 3－1　　本书假设汇总

假设序号	假设内容	假设性质
H1	培训对组织承诺存在正向影响	验证性
H1a	培训意愿正向影响组织承诺	验证性
H1b	培训机会正向影响组织承诺	验证性
H1c	培训收益正向影响组织承诺	验证性
H1d	培训支持正向影响组织承诺	验证性
H2	培训对可雇佣性存在正向影响	开拓性
H2a	培训正向影响内部可雇佣性	开拓性
H2b	培训正向影响外部可雇佣性	开拓性
H3	可雇佣性对组织承诺存在显著影响	开拓性
H3a	内部可雇佣性正向影响组织承诺	开拓性
H3b	外部可雇佣性负向影响组织承诺	开拓性
H4	可雇佣性在培训与组织承诺之间起中介作用	开拓性
H4a	内部可雇佣性在培训与组织承诺之间起中介作用	开拓性
H4b	外部可雇佣性在培训与组织承诺之间起中介作用	开拓性
H5	员工培训对离职倾向存在负向影响	开拓性
H5a	培训意愿负向影响离职倾向	开拓性
H5b	培训机会负向影响离职倾向	开拓性
H5c	培训收益负向影响离职倾向	开拓性
H5d	主管支持负向影响离职倾向	开拓性
H6	可雇佣性对离职倾向存在显著影响	开拓性
H6a	内部可雇佣性负向影响离职倾向	开拓性
H6b	外部可雇佣性正向影响离职倾向	开拓性
H7	可雇佣性在培训与离职倾向之间起中介作用	开拓性
H7a	内部可雇佣性在培训与离职倾向之间起中介作用	开拓性
H7b	外部可雇佣性在培训与离职倾向之间起中介作用	开拓性
H8	期望符合度调节可雇佣性在培训和组织承诺间的中介作用	开拓性
H9	期望符合度调节可雇佣性在培训和离职倾向间的中介作用	开拓性

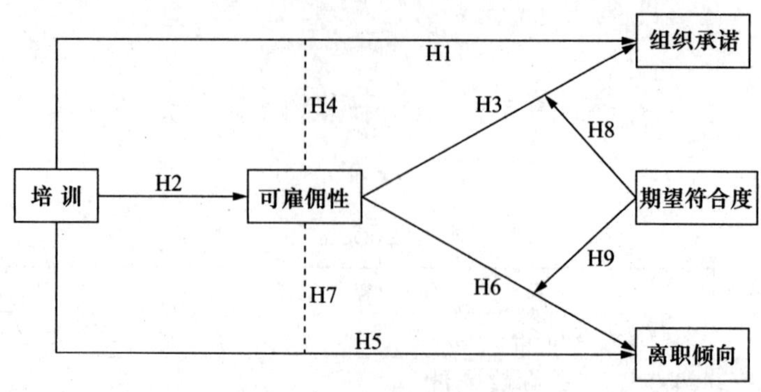

图 3-5 本书假设汇总

第四章　研究设计

本章的研究设计是在第二章文献回顾及第三章研究假设的基础上，将研究设想落实到实际操作的过程，为后面章节的数据分析及结果讨论做准备。为得到真实、准确、可靠的研究结论，科学、严谨的研究设计是整个研究过程的关键。本章将说明本书涉及变量的操作性定义及测量、问卷设计、数据分析方法等内容，为下一章结果讨论及对策建议做准备。

第一节　变量的操作性定义与测量

一　变量的操作性定义

本书各变量的操作性定义如表4－1所示：

表4－1　　本书各变量的操作性定义

序号	变量	操作定义
1	培训	一系列以增加员工工作技能或改变员工态度和行为，以符合组织目标和工作需求的有计划的活动（Noe，2002）
2	可雇佣性	个体保持现有工作和获得理想工作的能力（Rothwell & Arnold，2007）。前者（保持现有工作的能力）表现为员工在当前工作单位的可雇佣性，称之为“内部可雇佣性”；后者（获得理想工作的能力）表现为员工在当前工作单位之外的劳动力市场的可雇佣性，称之为“外部可雇佣性”
3	组织承诺	体现员工与组织之间关系的一种心理状态，隐含了员工继续留在该组织的决定（Meyer & Allen，1991）

续表

序号	变量	操作定义
4	离职倾向	员工产生的离开组织的态度、想法以及想离开组织的程度（Mobley et al.，1978）
5	期望符合度	根据期望价值理论，指个体对某种结果或事件是否出现以及出现概率大小的判断（姚琦等，2010）

二　各变量的测量工具

根据对国内外相关文献的梳理分析，并结合我国文化背景和语言习惯，形成本书各变量的测量量表。

（一）培训

有关培训的测量，Noe 和 Wilk（1991）指出研究中采用诸如培训时间、培训形式、培训内容等从员工档案中获得的数据不如对培训政策进行主观评价获得的数据准确；Barron 等（1997）也建议用多题项测量培训的主观感知比用单一题项更加精确；Tharenon 和 Conroy（1994）提出用培训感知作为测量培训的另一种方式，这种主观评价的测量结果与员工实际参与有很强的相关性，两种测量方式的内部一致性较高。基于以上观点及建议，本书从员工感知的角度测量员工对组织培训制度的评价，主要从培训意愿、培训机会、培训收益及主管支持四个方面测量。这一测量在国外文献中得到了广泛的验证（Cagri & Osman，2010；Bartlett，2001），但国内的研究还很欠缺。由于资源条件的限制，本书直接采用 Cagri 和 Osman（2010）发表在 *International Journal of Training and Development* 上的文章中的量表，考虑到本书涉及的变量较多，需操作化测量的题项较多，而且原始问卷较长，因此，对问卷的测量题项进行了筛选：选择问卷中因子载荷较高的题项，对其中部分有重复内容的题项进行取舍合并，结果如表 4－2 所示。

（二）可雇佣性

本书采用 Rothwell 和 Arnold（2007）的可雇佣性量表，该量表包括内部可雇佣性和外部可雇佣性两个子量表，据已有实证研究报告，该量表具有较高的结构效度和效标关联效度，内部和外部可雇佣性的信度分别为0.72、0.79，总量表的信度为0.83（Rothwell & Arnold，2007）。曾垂凯（2011）对此量表进行了跨文化检验，检验其对我国员工的适用性，发现总的可雇佣性、内部可雇佣性、外部可雇佣性三者的信度分别为0.79、0.85、0.83，内部一致性系数分别为0.80、0.66和0.74，说明这一量表同样可以适用于我国。

表4-2　　培训量表的题项构成及来源

序号	变量	量表来源	原始题项	本书采用的题项	调整的原因
1	培训意愿	Noe & Schmitt（1986）	9	5	选取因子载荷较高的题项
2	培训机会	Bartlett（2001）	3	3	未做调整
3	培训收益	Noe & Wilk（1993）	12	8	合并意义相近的题项，选取载荷较高题项
4	主管支持	Noe & Wilk（1993）	6	5	增加一条：主管为我参加培训提供足够的时间

（三）组织承诺

采用Meyer和Allen（1997）开发的组织承诺量表，已有的国内外大量研究表明该量表具有良好的信度和效度。该量表共三个维度：情感承诺、持续承诺和规范承诺，共18个题项。每个维度用6个题项测评，其中设置3个反向题目。具体的题项内容见本书附录。

（四）离职倾向

离职倾向采用Mobley等（1978）开发的离职倾向量表，包括四个题项："我经常有辞职的想法"、"在不久的将来，我将离开目前这家单位（公司）"、"我不打算长期待在这个单位（公司）"、"对我来说，在这个单位（公司）没有发展前途"。这四个题项已经被大量应用于国内外各研究中，具有很好的信度和效度。

（五）期望符合度

目前，关于期望符合度的测量没有统一的方式，本书根据期望符合度的定义“个体对某种结果或事件是否出现以及出现概率大小的判断”，通过访谈的方式，询问被访者“如果你想换部门或者换单位，你主要考虑哪些因素？（或：在什么情况下你会选择离开本部门或本单位）”，深入了解被访者在目前组织中最迫切的需要及满足的程度。根据访谈结果整理得：收入、晋升、理想的工作岗位、学习和发展的机会。因此，本书设计 4 个题项：“在本单位，我目前加薪的可能性……”、“我在本单位（或部门）内有进一步晋升的可能性……”、“我到本单位更为满意的岗位或部门工作的可能性……”、“在本单位，我能实现自己的职业目标的可能性……”，采用李克特 5 点量表度量，5 表示“非常大”、4 表示“很大”、3 表示“有一点”、2 表示“很小”、1 表示“几乎为 0”。

本书的所有潜在变量都采用李克特（Likert - type）的 5 点式量表，除“期望符合度”对 5 点的赋值含义略有不同外，其余量表中，“1”表示完全不符合，“2”表示不太符合，“3”表示不确定，“4”表示基本符合，“5”表示完全符合，请被调查者根据实际观察或感受程度做答，各变量的题项采用正向或反向计分，对于反向计分，在最后统计计分时，将其转化为正向计分。

三　控制变量

本书以企事业员工为研究对象，包含的人口统计变量有：性别、婚姻状况、年龄、受教育程度、现单位工作年限、职位级别、转换工作的次数及单位性质。

第二节　调查方法

一　深度访谈法

深度访谈法（in - depth interview method）是探索性和验证性研究中常用的一种定性分析方法，实质是半结构式的访谈，是通过创造一种适当的氛围，使被调查者能够自由地表达其感受、需要、喜恶和担心等观点和态度的一种资料收集方法。根据参与人数的多少又分为个别深度访谈和小组深度访谈；根据访谈是否有正式提纲引导，分为非结构式访谈和半结构式访谈。在访谈前，根据访谈的主要目标和需要了解的访谈内容，设计一个访谈提纲，用于了解员工对组织培训制度及培训支持的感知，员工对组织态度的评价，为消除访谈中他人的影响及受访者的种种顾虑，更加深入地探寻员工的真实想法及影响因素，所以在研究中采用个别深度访谈和半结构式访谈相结合的方式。

（一）访谈目的

围绕“培训、可雇佣性和员工态度”这一主题，访谈的目的及内容在于：①分别讨论概念模型中几个变量之间的可能联系，目的：检验及修正模型，尤其是进一步检验中介变量和调节变量；②了解目前企业培训的具体形式及员工对培训政策的评价，目的：为本书的“分析讨论”及“管理对策建议”部分做准备；③请访谈对象阅读及检查调查问卷条目，目的：对意义模糊、有歧义的问卷条目及时做出调整和修改。

（二）访谈方法及样本描述

半结构化的收敛式访谈，用于收集在组织环境中人们对于某个主题的态度和信念的信息。这一访谈首先从开放性问题出发，随后将逐渐增加一些探测性问题以继续获得某些具体的信息，当回答者后面的访谈开始产生与以前的访谈一致的信息时，则意味着已收集到关于该主题相对充分的信息。这一调查方法的特点是弹性大，能充分发挥被访者的积极性。在访谈中，围绕“培训、可雇佣性和员工态度”这一主题，就有关的问题、事件进行深入的交谈，在双方互动式的访谈中，访谈者根据具体的问题进行适当追问，以激发受访者提供更丰富的信息，并提出自己的见解。由于受资源条件的限制，本书选取西南财经大学部分在职 MBA 学员及高校老师进行访谈，共 10 名，被访谈者情况见表 4－3。

其中男性 4 人，女性 6 人；年龄最大的为 49 岁，最小的为 20 岁；行业和职业分布广泛。受访者通过朋友介绍，采取面谈或电话、QQ 等方式完成。在访谈之前，根据相关的文献信息及研究目的设计了访谈提纲。然后，根据访谈提纲对每个被访谈者进行访谈，时间控制在半个小时左右。访谈中，根据被访谈者的情况，对被访谈者进行深度追问，请他们通过举例的方式阐释他们的观点。在正式访谈之前，为了消除他们的戒备心理，告知他们访谈主要用于学术研究以及采取匿名的方式分析访谈的结果。部分访谈经被访谈者同意之后，全程录音，访谈结束以后，再将录音逐字转为文字稿件，以用于后续的归纳分析。Dick（1998）建议，在访谈者不能完整地记录访谈信息时，访谈录音相对于笔记而言，是一种更好的选择，因为它允许访谈者专注于受访者，但必须向受访者解释清楚，录音是为数据服务。访谈结束后，研究者在 2 天之内根据访谈录音和现场的访谈记录，将其整理成文字稿。

表 4 –3　　　　深度访谈对象一览表

序号	访谈对象	工作单位	工作岗位
1	张**	IBM 有限公司成都分公司	售后技术工程师
2	严**	华西证券成都**营业部	客户服务部主管
3	黄**	百胜餐饮有限公司	招聘管理
4	荣**	成都市邮政局	人力资源部主管
5	周**	中国水利水电第七工程局	经营管理部主任
6	杨**	中国银行四川省分行	信息技术部
7	李**	中国移动通信集团四川有限公司	业务服务管理
8	高**	奇瑞汽车股份有限公司芜湖分公司	经销商贷款初审
9	吴**	四川某高校教师	教学科研岗
10	常**	安徽某高校教师	教学科研岗

（三）访谈过程及访谈设计

本次访谈的目的是了解员工对本单位培训政策的描述、对自我可雇佣性的感知及今后打算，首先针对被访谈者的个人特征进行访谈，包括工作单位、年龄、学历、职位、在该公司工作的年限、曾经服务过的单位个数。然后，以开放形式提出问题，不受访问者的影响，以充分、客观地收集信息。在访谈设计时，预计访谈 10—20 人，当访谈 10 人以后，一些相同或相似的词语开始频繁出现，且与研究预期大体一致时，访谈结束。

具体问题包括：

①进入本单位以后，你接受了哪些方面的员工开发（培训、轮岗、借调、进修、攻读学位等）实践？这些实践是组织安排的还是自己安排的？

②你认为这些措施对你个人的发展有作用吗？你期待单位培训哪些内容？

③这些技能可以用于组织内的其他岗位吗？比如……

④你认为这些能力的提升主要是哪些方面的能力？

⑤这些技能可以用于其他组织吗？这对你转换工作有用吗？

⑥你是否考虑换一个部门或者单位？

⑦如果你想换部门或者换单位，你主要考虑哪些因素？（或问：在什么情况下你会选择离开本部门或本单位）

⑧在什么情况下你会选择长时间地留在本组织工作？或：你选择留在本单位的主要原因是什么？

初始问题①②涉及培训方面的问题，问题③④⑤是关于可雇佣性的问题，问题⑥⑦⑧是收集关于员工态度的信息资料。在访谈时，为减少受访者的心理障碍及顾虑，没有进行现场录音，而采取当场记录的方式，尽量完整地记录受访者的原话，对受访者的回答做到尽量不作或少作评价，以免误导受访者的回答。在访谈结束以后，根据收敛式访谈法的特点，我们及时对访谈过程进行评价，并根据访谈中出现的问题对访谈设计（主要针对访谈问题的提法和顺序）进行修改，以便让受访者提供更多的信息。访谈结束以后，立即对访谈资料进行抄录和整理。

（四）访谈资料整理及内容分析

根据内容相关、构思完整、类别之间排斥的原则，对访谈资料进行筛选、分析，初步形成影响员工留职的关键因素。本书邀请了 1 位组织行为研究领域的博士生、两位人力资源管理专业的硕士生作为编码专家，完成编码工作。在编码之前，对编码人员进行培训，对编码的规则、程序进行详细的说明。以句子作为分析单元，采取单一归类，将那些具有多重属性的分析单元归入最合适的类别，对那些含义不清晰、而且各编码者不能达成一致的删除。预编码之后，发现有23个句子被删除并将其去掉，对剩下的132个分析单元进行正式编码，各编码专家独立编码，在编码结束后，对三位编码专家的编码结果进行一致性检验。

表4-4　　　　访谈材料内容（部分）提炼举例

被访谈者回答的内容举例	提取要素
➢主要是培训工作安全、技能方面的内容，公司培训体系完善，每年、每个岗位都有培训的机会	培训机会
➢主要是规范个人的工作行为、提高工作效率 ➢大范围主要针对职业素质、职场执行力的培训，对业务素质的提升不大 ➢希望提供对专业知识的培训，如本行业证券投资、逻辑推理、国际国内行业经验方面的 ➢单位的培训主要是以提高岗位效率、丰富工作内容、掌握工作技巧方面的内容，自己读MBA学位是为自身增值、提高市场竞争力、完善知识体系，为以后做准备 ➢参与培训主要是学习专业知识和提升学历	培训收益
➢培训中，关于政策方面的内容可以问主管，但技术上主要靠个人 ➢小范围内主管对工作内容可以给予具体指导 ➢单位支持我来读学位，允许我脱产一年、基本工资照发	主管支持
➢主要来源于：自身学习的需要（50%）、主管支持（40%）、开阔视野（10%） ➢目前不需要进一步的培训、已经掌握本领域的相关知识、能胜任本岗位的工作 ➢再教育的机会是自己争取的，单位报销学费，但组织内培训则服从组织安排 ➢培训是企业日常工作内容的一部分，主要是员工满足工作岗位的需要，与工资没有必然挂钩，不可能一培训就涨工资，但与考核联系，未达到企业培训要求的，年底考核不过关，年终奖会受影响	培训需求

续表

被访谈者回答的内容举例	提取要素
➢培训的技能可以用于其他岗位、其他组织 ➢培训、教育的知识可以用于组织内的其他管理岗位、外部岗位	可雇佣性
➢培训以后在行政上晋升的可能性比较小，但工资可能会增加10%—15% ➢百胜的猎头较多，但公司值得学习的东西还比较多，尚未考虑跳槽 ➢完成学业、拿到毕业证，才能有资格参评副教授职称 ➢毕业以后，我有机会转换到学校内的其他学院，更符合我的专业发展	预期
➢培训之后能力有所提升，但发展平台太少，国企的中庸文化、关系成分太重 ➢换工作时主要考虑：①收入；②工作环境；③个人发展机会；④企业氛围、公司提供的培训机会很重要，首先考虑组织内部的机会（30岁的售后技术工程师） ➢如果跳槽，首先考虑：①收入提高（50%）；②岗位更加理想；③倾向于规模更大的组织。是否跳槽取决于①预期实现的可能性；②组织内职业发展的机会、员工跳槽的目的无非是：求财和求发展（28岁的招聘管理岗） ➢当初未选择跳槽的原因：一是等待组织内发展、晋升的机会；二是对组织有感情；三是工龄较长，熟悉组织环境、工作流程；四是劳动合同服务年限的制约（47岁的HR主管） ➢本公司的员工流动率较高，离职的大多是家庭背景好、资源丰富的员工；自身能力强的员工；企业文化背景与自身价值观冲突的员工 ➢跳槽的代价太大，一般在集团内部解决，国企的平台大、压力小，但如果跳槽到其他公司，环境不熟悉，压力大，还需要重新适应	收入、组织氛围、发展机会、感情依赖、社会资本、离职成本

（五）编码的信度检验

内容分析法的信度是指两个或两个以上的研究者按照相同的分析维度对访谈材料进行评判，其评判结果的一致性程度（Kolbe & Burnett，1991）是保证内容分析结果可靠性、客观性的主要指标。丁岳枫（2006）认为内容分析中，编码一致性可接受水平应为0.8以上，较好水平应为0.9以上。编码一致性程度用编码归类相同的个数与各类别上编码个数总数比值表示。如果用T1表示编码者A的编码个数，T2代表编码者B的编码个数，T3代表编码者C的编码个数，T1∩T2

∩T3 表示三个编码者编码归类相同的个数（即交集），T1∪T2∪T3 表示三个编码者各自编码个数的并集，计算公式为：

$$CA = \frac{T1 \cap T2 \cap T3}{T1 \cup T2 \cup T3}$$

经过计算，得到结果如下表所示：

表 4－5　　编码的信度检验

内容类别	编码者一致性程度
培训机会	0.92
培训收益	0.81
主管支持	0.84
培训需求	0.88
可雇佣性	0.95
预期	0.82
收入	0.83
组织氛围	0.91
发展机会	0.85
感情依赖	0.84
社会资本	0.87
离职成本	0.93
N＝132.	

可见，在编码过程中，编码者一致性程度均在 0.8 以上，达到可接受的信度水平。为进一步验证信度，计算三位编码者两两之间的 Kappa 系数，分别为 0.912、0.827、0.896。当观测一致率大于期望一致率时，Kappa 值为正，而且 Kappa 值越大，则说明一致性越高。根据边缘概率的计算法则，Kappa 值的范围应该在－1—1 之间，当 Kappa≥0.75 时，说明两者一致性较好；0.4≤Kappa＜0.75 时，两者一致性一般；Kappa＜0.4 时，两者一致性较差（马斌荣，2005）。从计算结果来看，Kappa 系数都大于 0.75，可见，从评价一致性角度来看，编码的结果比较理想。

（六）编码的效度检验

编码效度一般通过经验评定，请熟悉该测量内容的人员评判，以确保测量项目与测量内容范畴之间关系的密切程度。为保证编码的效度，研究中加强对过程及结果的控制，我们结合文献和其他相关资料、专家意见，降低单纯依赖深度访谈获取信息可能导致的信息缺失，通过综合分析提炼要素，并经过预编码进行初步验证，保证访谈材料有效。在编码过程中，请编码专家对有争议的单元进行反复讨论，若三位编码专家的意见不一致，则删除，以最大限度地保证每一维度与其分析单元的内涵一致。

检验内容分析效度的一个常用指标是“内容效度比”（CVR），计算公式为：

$$CVR = \frac{Ne - N/2}{N/2}$$

其中，Ne 代表评判中，评判者认为某个项目很好地测量内容范畴的人数，N 为评判者的总人数。因此，当所有评判者认为内容不当时，CVR = -1.0；当认为项目内容适当的评判者不到总人数一半时，CVR 为负；当认为项目合适与不合适的人数各占一半时，CVR 值为 0；当所有的评判者都认为项目内容很好时，CVR = 1.00（王重鸣，1998）。

本书计算了三位编码者对 153 个分析单元的编码结果的 CVR 值，以检验各分析单元在多大程度上表示组织承诺的影响因素，结果显示，组织承诺有 112 个分析单元的 CVR = 1.00，41 个分析单元的 CVR = 0.39。因此，本书的编码结果具有可接受的内容效度。

（七）访谈结果总结

本部分通过对 10 位受访者进行深度访谈，收集了第一手资料，使本书的理论模型在实践中得到初步检验。此外，对可雇佣性与组织承诺、离职倾向之间的调节变量选择，在本次访谈中，发现“期望符合度”在其行为倾向选择中有重要作用，放弃最初设想的“感知机会”和“主动性人格”，这是本次访谈最大的收获之一。本部分通过半结构化的收敛式深度访谈，达到了预期的目的，对培训实践内容有初步的理解，对理论模型中涉及的若干变量内容及之间可能的联系进行初步判断，结果表明，培训对提升员工可雇佣性、员工态度方面有重要作用。本部分得出的“关键因素”即变量的维度及其相互之间的关系需要通过大样本实证研究进行检验。

二 问卷调查法

（一）问卷设计

本书的问卷设计经过以下步骤：①针对国外问卷，如，培训及可雇佣性问卷，采用倒译法形成初步题项；针对已译的国外问卷中文版，如，组织承诺、离职倾向的问卷，直接采用；②对问卷的题项进行初步测试；③修改部分题项表述并编制预试问卷；④预试问卷的初步调查；⑤编制正式问卷。

本书所涉及变量的测量问卷均采用国外已经开发的较为成熟的量表。由于语言习惯及表达的差异，在将英文原版问卷转换成中文问卷时，采用倒译法（McGorry，2000）。笔者首先将原始的英文问卷翻译为中文，然后由两位高校英语专业老师将中文题项回译成英文，作者再将回译后的英文问卷与原始的问卷进行对比，对其中基本一致或表达不同但意义相近的题项予以通过，重点修改中、英文表述不一致、有较大差异题项的中文，再次进行回译。通过回译国外问卷、直接采用国内已翻译的国外问卷中文版，形成本书的初始问卷，为检验问卷的语言表达是否清晰、是否存在歧义、是否存在晦涩难懂的情况，邀请两名在读博士的高校教师、1 名银行客户经理、1 名证券公司的客户经理、1 名新入职的销售员工，逐题阅读问卷，提出其中表述有疑问的题项。对此，采纳他们提出的建议：如，建议将问卷中的“组织”提法，按照我国的习惯改为“单位或公司”；对某些按照英文语序翻译的句子调整为中文的表达习惯，如“对员工期待接受的培训总量和类型，组织有明确的政策”改为“本单位对员工可以接受的培训总量和类型有明确的规定”；对某些语句的意思进行调整，更符合实际，如“参与培训会使自己对想要从事的职业有更好的想法”改为“参加培训会使我对从事的职业有更深的认识”，诸如此类的语言调整，经过此步骤，使整个问卷的语言通顺、语义清晰、语句简洁，从而得到本书的初试问卷。为判断问卷填答者的回答态度及质量，在问卷中设置两对测谎题，一对为“我非常热衷于学习新知识”和“我讨厌学习新知识”，另一对为“我很乐意长时间在本单位工作，直到退休”和“我经常有辞职的想法”，两对测谎题的回答应该是互斥的，如果两对回答的均一致，即同高或同低，则认为答错了；如果两对测谎题全答错，则认为其问卷作废。进一步，为使测谎题更有效地发挥作用，每对测谎题题项不应间隔太近，本书的安排如下：“我非常热衷于学习新知识”处于培训问卷的第4个题项，“我讨厌学习新知识”则被安排在培训问卷的第27个题项（总共29个题项），两者间隔22个题项；“我很乐意长时间在本单位工作，直到退休”是组织承诺问卷的第1个题项，“我经常有辞职的想法”是离职倾向量表的第2个题项，两者间隔18个题项。

初始问卷包括三部分，第一部分是封面信和指导语，包括自我介绍、调查目的、调查工作的价值。为消除被调查者的顾虑，在指导语中说明“问卷采用匿名的方式，问卷的数据仅用于学术研究，不涉及其他用途。我们保证对您的回答严格保密”；指导语部分主要告知被调查者如何正确地填写问卷，也是为了减少社会称许性偏差的影响。第二部分是被调查者的人口统计变量，第三部分是测量各变量的具体题项。

（二）抽样对象的确定

大规模的问卷调查于2011年9月到2012年1月间进行。本书的研究对象为正在参与培训的或者过去一年内（2010.10—2011.10）参加了各种内部培训、职业培训、咨询公司的培训、再教育及其他各类培训形式的在职企业员工。具体的调查数据来自四川成都、乐山、雅安，重庆，贵州贵阳，辽宁沈阳，安徽蚌埠、芜湖，广东深圳等地区。通过问卷了解员工对组织培训政策的认识，把参与培训员工确定为研究对象，这为探求培训对员工态度的影响机制提供有效性。

（三）抽样方法与过程

样本的抽样方式可以分为随机和非随机抽样。随机抽样反映研究总体的代表性，非随机抽样是依据一定的主观标准抽取样本，可能会导致系统的排除或强调调查对象的个别特征。本书主要采用的是非随机的抽样方式。便利抽样是非随机抽样的一种典型方式，是根据调查者自身的方便与否抽取样本，使用这种调查方法，调查者之所以被选中是因为他们当时正好在调查现场。便利抽样的优点是：对调查条件要求低、操作难度小、简便易行、易获得调查对象的合作、易控制调查进度，可以及时获得所需的信息资料，省时、省力，成本较低。该技术在国外被广泛应用于大型调查研究（Malhotra，2002）。非随机抽样的另一种方式是滚雪球抽样，滚雪球抽样主要用于总体中比较集中或稀有的人群，一般先采取判断抽样或随机抽样的方法，选取一组调查对象，请他们填写问卷，然后再请他们提供另外一些符合调查要求的人，这些被推荐的人可能类似于推荐他们的那些人，调查员根据这些人的信息再选择调查对象、发放问卷，这些调查对象再推荐……这个过程持续下去，使得调查对象像滚雪球一样，越滚越大，调查对象越来越多。

本书主要采用便利抽样和滚雪球抽样两种方式。一方面，利用西南财经大学、贵州大学及重庆工商大学攻读工商管理硕士学位或辽河油田职业技术学院进修的在职学员进行问卷收集，由于任课教师的重视与支持，使得被调查者能以比较认真的态度做答，且部分调查者来自多个省市，拓宽了调查范围且及时收回问卷、问卷质量较高，这应属于便利抽样的方式；除此之外，另一方面，我们还通过委托亲戚、朋友、同学，请他们在熟人或同事中进一步通过纸质或 E－mail 的形式发放问卷，这一部分问卷的回收率及质量相对低一些，这种操作方式应属于滚雪球。

第三节　小样本测试

一　小样本测试的过程

设计好问卷以后，下一步进行小样本测试。小样本测试是于 2011 年 9 月至 10 月进行的，选择西南财大在读的 MBA 学员作为调查对象，发放问卷 200 份，回收有效问卷 110 份。在问卷做答之前，给被调查者讲明，在做答过程中如果遇到不清楚、不知道如何做答、题项的语义存在歧义时，请他们标注出来或当场咨询研究者。问卷填写结束以后，根据填答者的反馈意见，对意见比较集中的几个题项的表达进行修改，然后再请相关人士阅读，如此反复几次，最终形成比较简洁、通俗的问卷。在回收的问卷中，当存在以下情况时，视为无效问卷：遗漏题项连续超过 2 个以上，或整个问卷有 3 个以上的题项遗漏；连续 10 个题项选择同一分值，或一题多选者；以及对设置的测谎回答前后矛盾的（唐春勇，2006）。剩余的有效问卷共 110 份，有效回收率 55%。

二　小样本概况

小样本的基本的人口统计信息见表 4 -6。

表 4 -6　　　　预测试样本概况（N =110）

变量名称	变量编码	变量内容	人数（人）	百分比（%）
性别	1	男	57	51.8
	2	女	53	48.2
婚姻状况	1	未婚	40	36.4
	2	已婚	70	63.6
年龄	1	25 岁及以下	17	15.5
	2	26—30 岁	44	40.0
	3	31—35 岁	32	29.1
	4	36—40 岁	11	10.0
	5	41 岁及以上	6	5.4
教育程度	1	高中及中专	10	9.1
	2	大专	16	14.5
	3	本科	49	44.5
	4	硕士及以上	35	31.8
工作年限	1	1 年及以下	11	10.0
	2	1—3 年	31	28.2
	3	4—6 年	28	25.5
	4	7—10 年	18	16.4
	5	10 年以上	22	20.0

续表

变量名称	变量编码	变量内容	人数（人）	百分比（%）
职位级别	1	普通员工	52	47.3
	2	基层管理人员	25	22.7
	3	中层管理人员	26	23.6
	4	高层管理人员	7	6.4
换工作次数	1	0 次	45	40.9
	2	1—2 次	46	41.8
	3	3—5 次	15	13.6
	4	6 次以上	4	3.6
单位性质	1	国有企业	39	35.5
	2	民营企业	34	30.9
	3	中外合资企业	25	22.7
	4	外商独资企业	12	10.9

三 小样本的信度和效度分析

（一）问卷的信度分析

在社会学与行为科学的研究中，在使用测量或调查的实证资料时，需要考虑测量的可靠性和准确性，关键是测量信度和效度（陈晓萍、徐淑英、樊景立，2008）。信度是检验测量结果的一致性、稳定性及可靠性的指标，美国心理学会对信度的定义是："测量结果免受误差影响的程度。"信度评估测量误差对整体测量影响的程度。小样本测试的目的是提纯变量的题项，检验问卷的内部信度。本书采用 CITC 分析，即修正题项的总相关系数（Corrected - Item Total Correlation，CITC）分析，以进一步确定测量题项，删除相关性较低的题项，同时利用 Cronbach α 系数检测题项的信度。在李克特量表中，Cronbach α 系数是最为常用的信度检验标准。Cronbach α 系数能够直接反映题项之间的一致性或相关程度，当此系数大于 0.7 时，信度较高（Nunnally，1978）。一般而言，CITC 小于 0.5 时可以考虑删除该题项，但也有的学者认为小于 0.3 时才考虑删除（卢纹岱，2002），同时，一个辅助原则是：除非删除该题项以后，其 Cronbach α 系数随之增大，才考虑删除。本书采取的原则是：①当某题项的 CITC 小于 0.5 时，同时删除该题项后的 Cronbach α 系数随之增大，则删除该题项；②当某题项的 CITC 小于 0.3 时，删除该题项。

1. 培训的信度分析

培训的结构维度包括培训意愿、培训机会、培训收益和主管支持 4 个因素，其操作变量的信度分析结果如表 4－7 所示：

表 4－7　　培训的信度分析（N＝110）

二级变量	操作变量	CITC 系数	删除该题项后的 Cronbach α 值	Cronbach α 值
培训意愿	A11	0.577	0.684	0.749
	A12	0.602	0.67	
	A13	0.542	0.695	
	A14	0.397	0.745	
	A15	0.462	0.724	
培训机会	A21	0.623	0.745	0.798
	A22	0.741	0.62	
	A23	0.57	0.801	
培训收益	A31	0.616	0.809	0.834
	A32	0.636	0.805	
	A33	0.598	0.81	
	A34	0.585	0.813	
	A35	0.648	0.802	
	A36	0.619	0.806	
	A37	0.708	0.846	
	A38	0.494	0.823	
主管支持	A41	0.655	0.849	0.869
	A42	0.768	0.828	
	A43	0.792	0.824	
	A44	0.699	0.841	
	A45	0.705	0.84	
	A46	0.4	0.89	

从以上培训感知的信度分析可以看出，二级名义变量培训意愿、培训机会、培训收益和主管支持的 Cronbach α 值分别为 0.749、0.798、0.834 和 0.869，均高于 0.7，说明这些变量的内部一致性较高，但其中的 A14、A15、A38 和 A46 的 CITC 值小于 0.5，如果将 A14 剔除，量表的 α 值将上升至 0.745；如果将 A15 剔除，量表的 α 值将上升至 0.724；如果将 A38 剔除，量表的 α 值将上升至 0.823；如果将 A46 剔除，量表的 α 值将上升至 0.89，依据前面的判别规则，应将 A14、A15、A38 和 A46 删除，剩下的题项予以保留。

2. 期望符合度的信度分析

期望符合度的 4 个操作变量的信度分析结果如表 4 – 8 所示。

表 4 – 8　　　　期望符合度的信度分析

名义变量	操作变量	CITC 系数	删除该题项后的 Cronbach α 值	Cronbach α 值
期望符合度	B11	0.665	0.85	0.871
	B12	0.604	0.86	
	B13	0.657	0.851	
	B14	0.704	0.843	

从表 4 – 8 可以看出，变量期望符合度的 Cronbach α 值为 0.871，说明它的操作变量内部一致性很高，4 个题项的 CITC 值均大于 0.5，故全部保留。

3. 可雇佣性的信度分析

表 4 – 9　　　　可雇佣性信度分析

名义变量	操作变量	CITC 系数	删除该题项后的 Cronbach α 值	Cronbach α 值
内部可雇佣性	K11	0.675	0.743	0.807
	K12	0.653	0.751	
	K13	0.572	0.804	
	K14	0.656	0.751	
	K15	0.525	0.79	

续表

名义变量	操作变量	CITC 系数	删除该题项后的 Cronbach α 值	Cronbach α 值
外部可雇佣性	K21	0.592	0.809	0.831
	K22	0.651	0.791	
	K23	0.65	0.791	
	K24	0.636	0.795	
	K25	0.622	0.8	

从可雇佣性的信度分析结果可以看出，内部可雇佣性和外部可雇佣性的 Cronbach α 值分别为 0.807 和 0.831，说明两个名义变量的内部一致性很高，将 10 个题项全部保留。

4. 组织承诺的信度分析

表 4-10　　组织承诺的信度分析

名义变量	操作变量	CITC 系数	删除该题项后的 Cronbach α 值	Cronbach α 值
情感承诺	D11	0.718	0.779	0.733
	D12	0.639	0.785	
	D13	0.272	0.823	
	D14	0.623	0.831	
	D15	0.68	0.782	
	D16	0.257	0.809	
持续承诺	D21	0.52	0.485	0.705
	D22	0.337	0.618	
	D23	0.521	0.537	
	D24	0.636	0.795	
	D25	0.548	0.475	
	D26	0.542	0.675	

续表

名义变量	操作变量	CITC 系数	删除该题项后的 Cronbach α 值	Cronbach α 值
规范承诺	D31	0.606	0.858	0.869
	D32	0.859	0.812	
	D33	0.244	0.913	
	D34	0.813	0.82	
	D35	0.794	0.82	
	D36	0.745	0.833	

从组织承诺的信度分析结果可以看出，三个维度的 Cronbach α 值分别为 0.733、0.705 和 0.869，表明这些变量的内部一致性较高。但是，D13、D16、D22 及 D33 的 CITC 值均小于 0.5，并且，如果将 D13 剔除，量表的 α 值将上升至 0.823；如果将 D16 剔除，量表的 α 值将上升至 0.809；如果将 D22 剔除，量表的 α 值将上升至 0.618；如果将 D33 剔除，量表的 α 值将上升至 0.913，依据前述的判别规则，将此 5 个题项删除，剩下的予以保留。

5. 离职倾向的信度分析

表 4-11　　离职倾向的信度分析

名义变量	操作变量	CITC 系数	删除该题项后的 Cronbach α 值	Cronbach α 值
离职倾向	H11	0.735	0.865	0.889
	H12	0.743	0.862	
	H13	0.795	0.842	
	H14	0.751	0.859	

从表 4-11 可以看出，变量离职倾向的 Cronbach α 值为 0.889，说明它的操作变量内部一致性很高，4 个 CITC 值均大于 0.5，故全部保留。

（二）问卷的效度分析

效度是指测量结果是否测量了需要测量的内容，即数据的实际测量值与理想值之间的差异程度。效度包括内容效度、构念效度、结构效度和效标关联效度。本书采用因子分析检验问卷的构念效度。首先判断各题项是否适合做因子分析，通过探索性因子分析（EFA），运用主成分法，采取初始特征值大于1（Kaiser，1960）提取因子，计算因子载荷系数，题项的因子载荷系数越大，说明题项与因子的相关性越高；对其组成的共同因子贡献率越高，说明该题项对相应的因子就越有效。衡量变量是否适合做因子分析的指标有KMO值和Bartlett球形检验的p值。Kaiser - Meyer - Olkin（KMO）用于检验变量间的偏相关性，取值在0—1之间，越接近于1，说明变量间的偏相关性越强，一般认为KMO值应大于0.5，低于0.5时不适合做因子分析。Bartlett球形检验是检验各变量是否各自独立，当Bartlett球形检验的p值小于0.001，表示变量之间具有相关性、共同因子多，这些变量适合因子分析。如果累计解释的总方差的解释率大于60%，说明有较高的构念效度（陈升，2005；石金涛、王莉，2004）。

1. 培训的效度分析

根据前述的信度分析，删除题项A14、A15、A38、A46以后，对剩下的题项做探索性因子分析，得到KMO值为0.824，Bartlett球体检验的p值为0.000，表明剩余题项适合做因子分析和主成分分析，分析结果如表4 - 12、表4 - 13所示。

表4 - 12　培训感知的总方差解释

成分	初始特征值			提取成分后特征值			转置后特征值		
	特征值	解释方差百分比（%）	累计解释方差比例（%）	特征值	解释方差百分比（%）	累计解释方差比例（%）	特征值	解释方差百分比（%）	累计解释方差比例（%）
1	7.281	40.450	40.450	7.281	40.450	40.450	4.432	24.620	24.620
2	2.241	12.448	52.897	2.241	12.448	52.897	2.996	16.644	41.265
3	1.597	8.871	61.768	1.597	8.871	61.768	2.607	14.486	55.750
4	1.234	6.856	68.624	1.234	6.856	68.624	2.317	12.874	68.624
5	0.910	5.055	73.679	0.910	5.055	73.679	2.219	12.327	73.679

注：特征值小于1的略去；旋转方法为主成分分析法。

表 4-13　　　　培训感知各操作变量的因子载荷

操作变量	共同因子 1	共同因子 2	共同因子 3	共同因子 4	共同因子 5
A33	0.809				
A31	0.790				
A32	0.750				
A34	0.692				
A21		0.833			
A22		0.809			
A41		0.704			
A23		0.613			
A45			0.801		
A43			0.700		
A44			0.696		
A42			0.677		
A36				0.854	
A35				0.794	
A37				0.696	
A12					0.815
A11					0.750
A13					0.631

从表 4-12 可以看出，5 个共同因子共同解释了培训 70% 以上的方差，说明培训有很高的构念效度。从旋转后因子载荷的结果（表 4-13）发现，旋转的结果与设想的因子结构大部分是相符合的，同时也有一定的差异。其中，相符的是，A11—A13 代表的共同因子是培训意愿、A21—A23 及 A41 代表的共同因子是培训机会、A42—A45 代表的共同因子是主管支持；与设想有差异的是：①设想题项 A41 应属于“主管支持”的但进入了“培训机会”的因子，②设想 A31—A37 应属于同一因子“培训收益”，但旋转后 8 个题项分属于两个因子，其中，A31—A34 属于一个共同因子，从题项的内容分析，这 4 个题项测量被调查者预期培训可能在个人发展、工作绩效、同事交往、工作方法、理念方面带来收益，因此，命名为“个人收益”；

A35—37 属于一个共同因子，从题项的内容分析，这 3 个题项测量被调查者预期培训可能获得晋升、加薪和转岗的机会，可以命名为“职业收益”。这一结果突出培训收益子维度的地位，其命名与 Noe 和 Wilk（1993）一致。

2. 可雇佣性的效度分析

对可雇佣性做探索性因子分析，得到 KMO 值为 0.845，Bartlett 球体检验的 p 值为 0.000，表明适合做因子分析和主成分分析，分析结果如表 4 - 14、表 4 - 15 所示。

表 4 - 14　　可雇佣性的总方差解释

成分	初始特征值			提取成分后特征值			转置后特征值		
	特征值	解释方差百分比（%）	累计解释方差比例（%）	特征值	解释方差百分比（%）	累计解释方差比例（%）	特征值	解释方差百分比（%）	累计解释方差比例（%）
1	4.381	43.809	43.809	4.381	43.809	43.809	2.956	29.556	29.556
2	1.523	15.230	59.039	1.523	15.230	59.039	2.948	29.483	59.039

注：以下特征值小于 1 的略去；旋转方法为主成分分析法。

表 4 - 15　　可雇佣性各操作变量的因子载荷

操作变量	共同因子 1	共同因子 2
K12	0.780	
K11	0.774	
K14	0.737	
K13	0.667	
K15	0.667	
K22		0.816
K23		0.812
K24		0.748
K25		0.706
K21		0.614

注：提取方法为主成分分析法，因子载荷小于 0.5 的未列出。

从表 4－14 可以看出，两个共同因子解释了可雇佣性的方差累计近 60%，说明可雇佣性有较高的构念效度。从旋转后因子载荷的结果（表 4－15）发现，旋转的结果与设想的因子结构是一致的，题项 C11—C15 代表的共同因子是“内部可雇佣性”，C21—C25 代表的共同因子是“外部可雇佣性”。

3. 期望符合度的效度分析

对期望符合度做探索性因子分析，得到 KMO 值为 0.811，Bartlett 球体检验的 p 值为 0.000，表明适合做因子分析和主成分分析，分析结果如表 4－16、表 4－17 所示。

表 4－16　　期望符合度的总方差解释

成分	初始特征值			提取成分后特征值		
	特征值	解释方差百分比（%）	累计解释方差比例（%）	特征值	解释方差百分比（%）	累计解释方差比例（%）
1	2.220	73.988	73.988	2.220	73.988	73.988
2	0.423	14.103	88.091			
3	0.357	11.909	100.000			

表 4－17　　期望符合度各操作变量的因子载荷

操作变量	共同因子
B12	0.875
B11	0.855
B13	0.850
B14	0.801

注：提取方法为主成分分析法。

分析结果与设想的一致。

4. 组织承诺的效度分析

根据前述的信度分析，删除题项 D13、D16、D22、D33 以后，对剩下的题项做探索性因子分析，得到 KMO 值为 0.862，Bartlett 球体检验的 p 值为 0.000，表明适合做因子分析和主成分分析，分析结果如表 4－18、表 4－19 所示。

表 4－18　　组织承诺的总方差解释

成分	初始特征值			提取成分后特征值			转置后特征值		
	特征值	解释方差百分比（%）	累计解释方差比例（%）	特征值	解释方差百分比（%）	累计解释方差比例（%）	特征值	解释方差百分比（%）	累计解释方差比例（%）
1	5.909	49.242	49.242	5.909	49.242	49.242	4.376	36.464	49.242
2	1.885	15.707	64.949	1.885	15.707	64.949	2.334	19.452	64.949
3	0.878	7.319	72.269	0.878	7.319	72.269	1.962	16.353	72.269

注：以下特征值小于 1 的略去；旋转方法为主成分分析法。

表 4－19　　组织承诺各操作变量的因子载荷

成分	共同因子 1	共同因子 2	共同因子 3
D32	0.867		
D35	0.821		
D31	0.808		
D36	0.784		
D34	0.759		
D12	0.727		
D23		0.770	
D14		0.740	
D11		0.556	
D26			0.845
D25			0.720
D21			0.655

注：因子载荷小于 0.5 的未列出。

从表 4－18 可以看出，3 个共同因子解释了组织承诺的方差累计达 73%，说明组织承诺有较高的构念效度。从旋转后因子载荷的结果

（表4－19）发现，旋转的结果与设想的因子结构基本一致，题项D21、D25和D26代表的共同因子是“持续承诺”，D11、D14及D23代表的共同因子是“感情承诺”，D31、D32、D34、D35、D36及D14代表的共同因子是“规范承诺”。D23设想的应归入持续承诺，D14设想的应归入感情承诺，出现了一定的偏误，这可能与样本抽取与被调查者对题项理解的偏差造成。

5. 离职倾向的效度分析

对离职倾向做探索性因子分析，得到KMO值为0.756，Bartlett球体检验的显著性水平为p值，表明适合做因子分析和主成分分析，分析结果如表4－20、表4－21所示。

表4－20　　离职倾向的总方差解释

成分	初始特征值			提取成分后特征值		
	特征值	解释方差百分比（%）	累计解释方差比例（%）	特征值	解释方差百分比（%）	累计解释方差比例（%）
1	3.001	75.035	75.035	3.001	75.035	75.035
2	0.470	11.742	86.777			
3	0.345	8.615	95.392			
4	0.184	4.608	100.000			

表4－21　　离职倾向各操作变量的因子载荷

操作变量	共同因子
H13	0.892
H14	0.863
H12	0.857
H11	0.851

从表4－20可以看出，经过主成分分析法提取特征值大于1的因子只有1个，这与预期设想的一致，其方差解释率达75%，说明该构念效度较高。由于只提取一个因子，无转置情况，说明离职倾向只需

用该因子就能很好地加以度量，各操作变量的因子载荷值均大于0.6，说明操作变量选取较好，应全部予以保留。

第四节 共同方法偏差的检验

共同方法偏差（Common Method Biases，CMB）是指由于同样的数据来源或者评分者、测量环境、题项语境以及题项本身的特征所导致的预测变量与效标标量之间人为的共变，这对研究成果产生严重的混淆并可能潜在地误导研究结论，产生系统误差。共同方法偏差在行为科学、心理学研究中特别是问卷法中广泛存在，已经引起学者们的广泛重视。被调查者由于一致性动机、社会称许性、情感或短暂的情绪状态，或者部分评分者默认或宽大反应风格所产生的效应等都会造成共同方法偏差。解决共同方法偏差的途径有多种：从不同来源测量潜在变量与显变量，即不同的评分者或样本测量或通过不同的来源获得数据，在时间、空间、心理、方法上对测量进行分离，匿名做答问卷、减少被调查者对测量目的的猜度，平衡题项的顺序效应，改进量表的题项（刘军，2008）。

但在实际的研究中，受某些条件的限制，这些程序控制方法可能难以实施，无法完全消除共同方法偏差，所以需要在数据分析时采用统计分析的方法检验和控制共同方法偏差。较为简单的方法是Harman单因素检验。这种方法假设，当共同性偏差大量存在时，进行因素分析时，要么只提取一个因子，要么用一个公因子解释大部分的变异。以往的做法是把所有的变量进行探索性因子分析，检验未旋转的因子分析结果，确定解释变量变异所必需的最少的因子数目，如果只提取了一个因子或者某个因子的解释力特别大，超过了建议值50%（Dobbins，1997）就可以判断存在严重的共同方法偏差。另一种方法是采用验证性因子分析，设定公因子数为1，对“单一因子解释所有变异”这一假设作更加精确的检验。

在本书中，将问卷的48个测量题项（培训感知18个、可雇佣性

10 个、组织承诺 12 个、离职倾向 4 个、期望符合度 4 个）全部放在一起做探索性因子分析，运用主成分分析法，未旋转，提取特征值大于 1 的因子，结果如表 4 – 22 所示，在未经旋转时提取特征值大于 1 的因子个数是 12 个，其中第一主成分解释了 26.861% 的变异量，未超过建议值，因此，可以认为本书不存在严重的共同方法偏差。

表 4 – 22　　全部测量题项的探索性因子分析

成分	初始特征值			提取成分后特征值		
	特征值	解释方差百分比（%）	累计解释方差比例（%）	特征值	解释方差百分比（%）	累计解释方差比例（%）
1	13.162	26.861	26.861	13.162	26.861	26.861
2	4.688	9.568	36.429	4.688	9.568	36.429
3	2.816	5.747	42.176	2.816	5.747	42.176
4	2.333	4.761	46.937	2.333	4.761	46.937
5	1.913	3.904	50.841	1.913	3.904	50.841
6	1.800	3.674	54.515	1.800	3.674	54.515
7	1.436	2.930	57.446	1.436	2.930	57.446
8	1.350	2.755	60.201	1.350	2.755	60.201
9	1.282	2.617	62.818	1.282	2.617	62.818
10	1.108	2.342	65.16	1.108	2.342	65.16
11	1.055	2.153	67.313	1.055	2.153	67.313
12	1.027	2.068	69.381	1.027	2.068	69.381

注：1. 特征值小于 1 的部分略去；2. 分析方法为主成分分析法。

第五节　缺失值的处理

吴明隆在《结构方程模型——AMOS 的操作与应用》一书中提出，对于缺失数据的处理有以下几种方法：

一是全列删除法（list wise deletion）。即直接删除 SEM 中观察变量为缺失值的样本。在 SPSS 数据中，如果样本的任何一个变量有缺失值时，删除整笔样本数据，这种处理方法的缺点是可能删除过多的样本，使分析的样本数据太少；

二是配对删除法（pair wise deletion）。当分析个别样本矩时，某个观察变量为缺失值而无法计算，才将此笔数据排除；

三是数据取代法（data imputation）。以某种猜测、经验法则或传统分析程序以适当的数值取代缺失值。

在本书中，处理主要采用“数据取代”的方法，在 AMOS 软件中采用回归取代的方法由软件自动取代缺失值。

第六节　大样本的数据收集与处理

经过小样本的信度和效度检验，根据检验结果对相关题项进行删减和修正，经过修正后的问卷已满足研究需要的信度和效度，然后，发放正式问卷，进行大样本的数据收集。

一　样本情况

表 4－23　　大样本特征（N＝367）

变量名称	变量编码	变量内容	人数（个）	百分比（%）
性别	1	男	184	50.3
	2	女	183	49.7
婚姻状况	1	未婚	152	41.2
	2	已婚	215	58.8
年龄	1	25 岁及以下	58	1.0
	2	26—30 岁	155	42.2
	3	31—35 岁	81	22.1
	4	36—40 岁	51	13.9
	5	41 岁及以上	22	6.0

续表

变量名称	变量编码	变量内容	人数（个）	百分比（%）
教育程度	1	高中、中专以下	29	8.1
	2	大专	58	15.7
	3	本科	163	44.3
	4	硕士及以上	117	31.9
工作年限	1	1 年及以下	28	7.6
	2	1—3 年	100	27.3
	3	4—6 年	112	30.5
	4	7—10 年	63	17.3
	5	10 年以上	64	17.4
职位级别	1	普通员工	185	50.5
	2	基层管理人员	90	24.3
	3	中层管理人员	70	19.2
	4	高层管理人员	22	5.9
换工作次数	1	0 次	151	41.1
	2	1—2 次	145	39.7
	3	3—5 次	57	15.4
	4	6 次以上	14	3.8
单位性质	1	国有企业	130	35.4
	2	民营企业	78	21.3
	3	中外合资企业	67	18.3
	4	外商独资企业	64	17.4
	5	其他	28	7.6
合计			367	100

由于西方量表通过直接翻译应用于中国情境时可能会存在语义理解的偏差，从而造成因子提取的差异，本书首先用一半的样本数据进行探索性因子分析决定因子数目，了解因子结构，然后再用另一半样本数据进行验证性因子分析，这样做的目的，是进一步检验观测变量与因子结构之间的契合度。

二　正式量表的信度和效度检验

在小样本分析的基础上，本书进行大样本的进一步数据分析和处理。首先，在总样本中随机抽取50%（N = 183）的样本数据做信度和效度检验。

表4-24　　调查问卷的信度与效度检验（N = 183）

变量	测量题项	因子载荷	Cronbach α 值	量表的KMO值	被解释的方差（%）
培训意愿	A11	0.695	0.688	0.823	67.964
	A12	0.68			
	A13	0.767			
培训机会	A21	0.763	0.754		
	A22	0.795			
	A23	0.684			
个人收益	A31	0.798	0.791		
	A32	0.769			
	A33	0.757			
	A34	0.559			
职业收益	A35	0.719	0.753		
	A36	0.779			
	A37	0.772			
主管支持	A41	0.61	0.851		
	A42	0.814			
	A43	0.794			
	A44	0.77			
	A45	0.659			
期望符合度	B11	0.913	0.847	0.7	76.572
	B12	0.862			
	B13	0.849			
	B14	0.832			

续表

变量	测量题项	因子载荷	Cronbach α 值	量表的 KMO 值	被解释的方差（%）
内部可雇佣性	K11	0.787	0.803	0.81	56.038
	K12	0.687			
	K13	0.79			
	K14	0.736			
	K15	0.692			
外部可雇佣性	K21	0.671	0.794		
	K22	0.756			
	K23	0.743			
	K24	0.791			
	K25	0.689			
感情承诺	D11	0.727	0.78	0.893	68.691
	D14	0.657			
	D12	0.644			
持续承诺	D21	0.605	0.675		
	D25	0.783			
	D26	0.814			
规范承诺	D31	0.698	0.889		
	D32	0.802			
	D34	0.77			
	D35	0.817			
	D36	0.727			
离职倾向	H11	0.859	0.603	0.792	77.545
	H12	0.878			
	H13	0.886			
	H14	0.898			

从表 4－24 的分析结果可以看出，大样本的信度与效度分析结果与预期一致，这为进一步的验证性因子分析奠定了基础。

三 验证性因子分析

根据探索性因子分析及理论所推导的5个潜在变量的结构，须有验证性因子分析做进一步检验，本书用样本的另一半（N＝184）检验潜在变量的收敛效度和区分效度。使用Amos6.0进行验证性因子分析，利用结构方程模型对本书的研究模型进行验证。

（一）收敛效度与区分效度分析内容介绍

收敛效度是指用不同的方法测量相同的内容应具有较高的相关度，从而反映测量方法的有效性。本书采用验证性因子分析对各变量的收敛效度进行检验，一般通过潜在变量提取的平均方差（Average Variance Extracted，简称AVE），即潜在变量相对于测量误差来说所能解释的方差总量，要求测量误差的解释力度要超过其方差。当潜在变量提取的平均方差大于或等于0.5时，表示潜在变量的收敛效果较好（杨志荣，2006）。其中，AVE的计算方法如下（吴明隆，2009）：

$$\rho_V = \frac{(\sum \lambda^2)}{[(\sum \lambda^2) + \sum(\theta)]}$$

$$= \frac{(\sum \text{标准化因素负荷量}^2)}{[(\sum \text{标准化因素负荷量}^2) + \sum(\theta)]}$$

区分效度则指同一方法应能区分不同的测量内容，同一方法测量不同内容间的相关度低。区分效度检验可以通过潜在变量之间的AVE均方根和相关系数进行比较，如果两个潜在变量的相关系数小于它们之间的AVE均方根，则表明两者具备较好的区分效度（Fornell & Larcker，1981）。

（二）模型适配性检验指标介绍

由于模型中的潜在变量无法直接观测，而且指标测量中存在误差。结构方程模型的原理是生成一个观测变量的协方差矩阵$\sum$，使之与样本协方差矩阵S尽可能接近，对于接近程度的评价，结构方程模型提供了定量评估模型对数据拟合程度的数据指标，如表4－25所示。

表4-25　　结构方程模型的整体适配度指标的含义、取值范围及理想标准值范围

指标类型	指标表示	参考标准	理想标准值	含义
绝对拟合指数	χ^2/df	大于0	小于5，小于3更好	卡方指数χ^2代表观察矩阵与理论估计矩阵之间的不适配性，易受样本容量的影响，通过χ^2/df修正
	拟合优度指数GFI	0—1之间	大于0.9或0.85	理论方差、协方差能够解释观测数据的方差、协方差的程度
	调整的拟合优度指数AGFI	0—1之间	大于0.9或0.85	对GFI进行修正，减少样本容量的影响
	近似误差均方根RMSEA	大于0	小于0.1，小于0.05更好	对错误模型比较敏感，解释模型的质量
相对拟合指数	标准拟合指数NFI	0—1之间	大于0.9或0.85	理论模型相对于基准模型的卡方减少程度
	增量拟合指数IFI	0—1之间	大于0.9或0.85	对NFI修正，减少其对样本量的依赖
	相对拟合指数	0—1之间	大于0.9或0.85	克服NFI的缺陷，不受样本的影响

资料来源：郗河：《企业社会责任特征对员工组织承诺及组织公民行为作用机制研究》，浙江大学，博士学位论文，2009年。

（三）各变量的收敛、区分效度与适配性检验结果

1. 培训的CFA分析

表4-26　　培训量表的验证性因子分析结果

因子结构	测量题项	标准化载荷（R）	临界比（C. R.）	R^2	AVE
培训意愿	A11	0.716	9.265	0.512	0.512
	A12	0.701	9.203	0.491	
	A13	0.734	—	0.539	

续表

因子结构	测量题项	标准化载荷（R）	临界比（C. R.）	R^2	AVE
培训机会	A21	0. 721	10. 122	0. 520	0. 519
	A22	0. 724	10. 067	0. 524	
	A23	0. 663	—	0. 513	
个人收益	A31	0. 720	13. 853	0. 518	0. 614
	A32	0. 820	15. 518	0. 672	
	A33	0. 808	—	0. 652	
职业收益	A35	0. 834	9. 626	0. 696	0. 604
	A36	0. 862	9. 564	0. 743	
	A37	0. 61	—	0. 372	
主管支持	A41	0. 806	12. 531	0. 650	0. 626
	A42	0. 776	13. 670	0. 602	
	A43	0. 903	13. 709	0. 815	
	A44	0. 662	—	0. 438	
拟合优度	χ^2/df = 1. 852，GFI = 0. 948，AGFI = 0. 919，NFI = 0. 938，CFI = 0. 97，RMSEA = 0. 048				

前述探索性因子分析结果显示，培训是一个二阶因子，包含 5 个维度，16 个题项。本书进一步进行验证，得到的模型及具体参数如图 4 – 1 和表 4 – 25 所示。由表 4 – 26 可以看出，培训的验证性因子分析得出的拟合优度指标值基本达到了参考的标准值，这说明培训的测量模型是有效的，各题项在因子上的标准化载荷基本在 0. 55 以上，而且 4 个因子各自提取的平均方差（AVE）超过 0. 5 的临界值，说明量表整体的收敛效度较好，各题项的 R^2 超过 0. 5（除 A37、A44 外），适合作进一步分析。

培训变量 5 个维度之间的区分效度检验结果如表 4 – 27 所示。其中，对角线上的括号内数值为 5 个维度的 AVE 的平方根，其余数值为

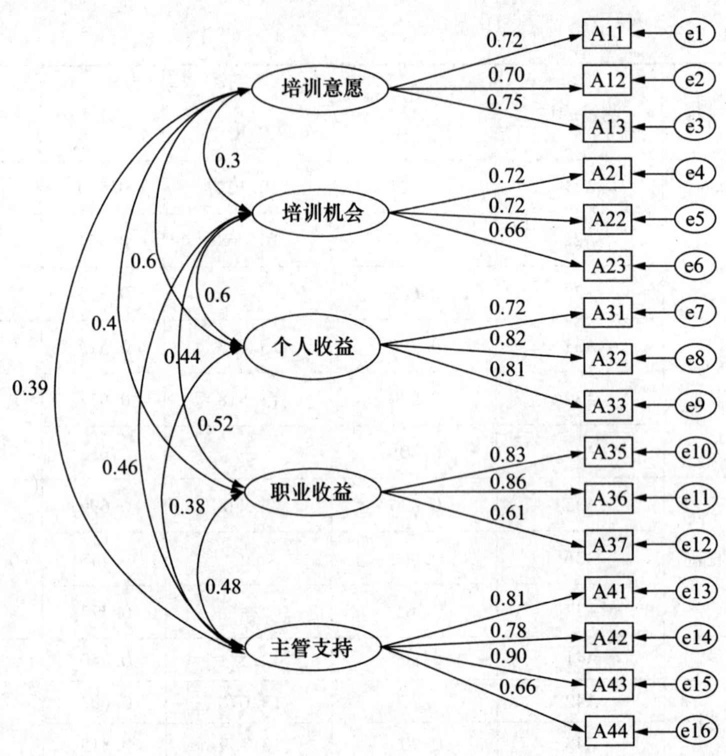

图 4－1　培训的验证性分析模型

各维度之间的相关系数。从表中数值的大小可以看出，培训各维度 AVE 的平方根均大于其所在的行和列上的相关系数值，证实了培训的 5 个测量维度彼此可以有效地区分。

表 4－27　　培训变量各维度之间的区分效度检验结果

	培训意愿	培训机会	个人收益	职业收益	主管支持
培训意愿	（0.716）				
培训机会	0.305	（0.720）			
个人收益	0.61	0.62	（0.784）		
职业收益	0.38	0.437	0.519	（0.777）	
主管支持	0.391	0.378	0.461	0.479	（0.791）

2. 可雇佣性的 CFA 分析

从前述探索性因子分析结果显示，可雇佣性是一个二阶因子，包含两个维度，10 个题项。本书进一步进行验证，得到的模型及具体参数如图 4－2 和表 4－28 所示。由表 4－28 可以看出，可雇佣性的验证性因子分析得出的拟合优度指标值基本达到了参考的标准值，这说明培训的测量模型是有效的，各题项在因子上的标准化载荷基本在 0.55 以上，而且两个因子各自提取的平均方差（AVE）超过 0.5 的临界值，说明量表整体的收敛效度较好，各题项的 R^2 超过 0.5（除 K13、K21 外），适合作进一步分析。

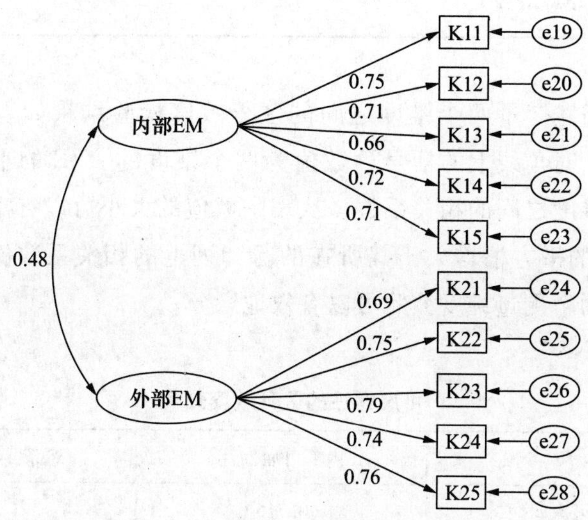

图 4－2　可雇佣性的验证性分析模型

表 4－28　可雇佣性量表的验证性因子分析结果

因子结构	测量题项	标准化载荷（R）	临界比（C. R.）	R^2	AVE
内部可雇佣性	K11	0.75	10.648	0.563	0.513
	K12	0.71	10.228	0.504	
	K13	0.66	9.765	0.436	
	K14	0.72	10.339	0.518	
	K15	0.71	—	0.504	

续表

因子结构	测量题项	标准化载荷（R）	临界比（C. R.）	R^2	AVE
内部可雇佣性	K21	0.69	8.898	0.476	0.558
	K22	0.75	9.575	0.563	
	K23	0.79	10.310	0.624	
	K24	0.74	9.361	0.548	
	K25	0.76	—	0.578	
拟合优度	χ^2/df = 1.022，GFI = 0.983，AGFI = 0.97，NFI = 0.976，CFI = 0.999，RMSEA = 0.008				

可雇佣性变量两个维度之间的区分效度检验结果如表 4－29 所示。其中，对角线上的括号内数值为两个维度的 AVE 的平方根，另一数值为维度之间的相关系数。从表中数值的大小可以看出，培训各维度 AVE 的平方根均大于其所在的行和列上的相关系数值，证实了可雇佣性两个测量维度彼此可以有效地区分。

表 4－29　　可雇佣性的区分效度分析

	内部可雇佣性	外部可雇佣性
内部可雇佣性	（0.716）	
外部可雇佣性	0.48	（0.747）

3. 期望符合度的 CFA 分析

从上一章探索性因子分析可以看出，期望符合度是单维因子，包括 4 个题项。本部分对期望符合度进行验证性因子分析，分析模型见图 4－3 所示，分析结果如表 4－30 所示。从表中数据可以看出，期望符合度的验证性因子分析拟合效果比较好，各类指标均达到评价标准。各题项的标准化因子载荷均大于 0.6，且整个期望符合度一阶因子的 AVE 值为 0.571，表明量表具有较高的聚合效度。

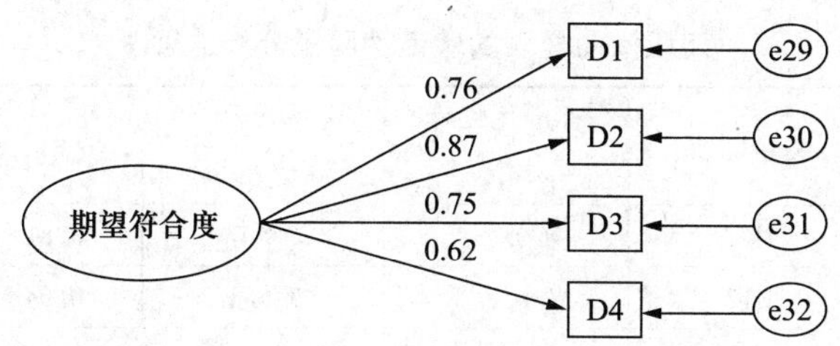

图 4－3　期望符合度的验证性分析模型

表 4－30　　　　期望符合度量表的验证性因子分析结果

因子结构	测量题项	标准化载荷（R）	临界比（C. R.）	R^2	AVE
期望符合度	D1	0.758	7.507	0.575	0.571
	D2	0.871	7.681	0.759	
	D3	0.754	7.496	0.569	
	D4	0.621	—	0.386	
拟合优度	χ^2/df＝2.249，GFI＝0.994，AGFI＝0.97，NFI＝0.991，CFI＝0.995，RMSEA＝0.058				

4. 离职倾向的 CFA 分析

从上一章探索性因子分析可以看出，离职倾向是一阶因子，包括 4 个题项。本部分对离职倾向进行验证性因子分析，分析模型见图 4－4所示，分析结果如表 4－31 所示。从表中数据可以看出，期望符合度的验证性因子分析拟合效果比较好，各类指标均达到评价标准。各题项的标准化因子载荷均大于 0.8，且整个离职倾向一阶因子的 AVE 值为 0.746，表明量表具有较高的聚合效度。

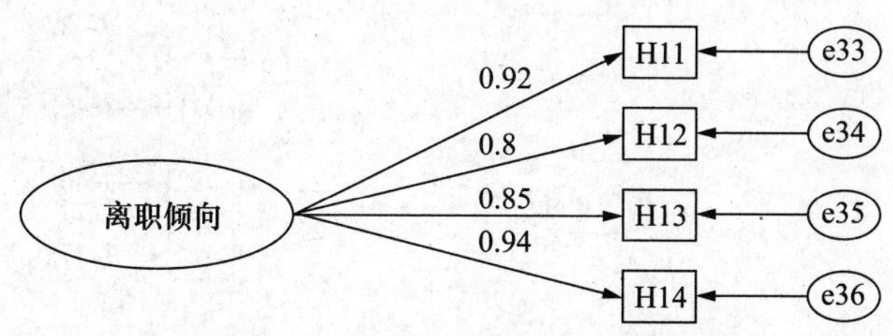

图 4－4　离职倾向的验证性分析模型

表 4-31　离职倾向量表的验证性因子分析结果

因子结构	测量题项	标准化载荷（R）	临界比（C. R.）	R^2	AVE
离职倾向	H11	0.9	7.507	0.81	0.746
	H12	0.8	7.681	0.64	
	H13	0.85	7.496	0.7225	
	H14	0.9	—	0.81	
拟合优度	χ^2/df = 1.62，GFI = 0.998，AGFI = 0.978，NFI = 0.998，CFI = 0.999，RMSEA = 0.041				

5. 组织承诺的 CFA 分析

前述探索性因子分析结果显示，组织承诺是一个二阶因子，包含 3 个维度，11 个题项。本书进一步作验证性因子分析，得到的模型及具体参数如图 4-5 和表 4-32 所示。由表 4-32 可以看出，组织承诺的验证性因子分析得出的拟合优度指标值基本达到了参考的标准值，这说明组织承诺的测量模型是有效的，各题项在因子上的标准化

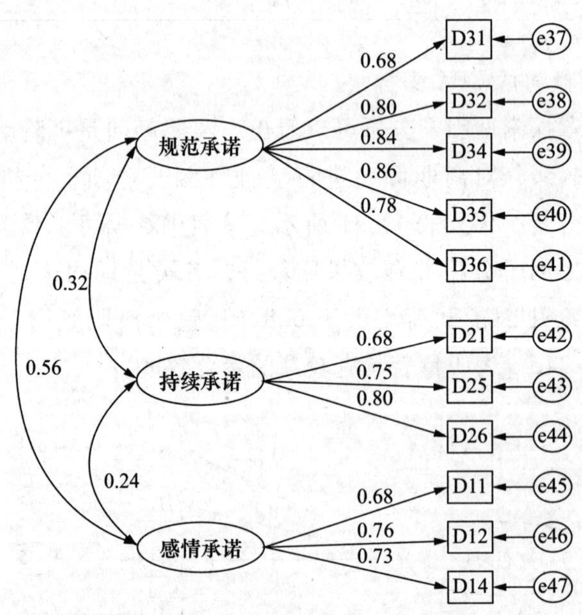

图 4-5　组织承诺的验证性分析模型

载荷基本达到0.7，而且两个因子各自提取的平均方差（AVE）超过0.5的临界值，说明量表整体的收敛效度较好，各题项的 R^2 超过0.5（除D21、D31外），适合作进一步分析。

表4-32　组织承诺量表的验证性因子分析结果

因子结构	测量题项	标准化载荷（R）	临界比（C.R.）	R^2	AVE
感情承诺	D11	0.67	12.369	0.449	0.535
	D12	0.76	13.718	0.578	
	D14	0.76	—	0.578	
持续承诺	D21	0.68	7.330	0.462	0.555
	D25	0.75	7.812	0.563	
	D26	0.80	—	0.64	
规范承诺	D31	0.68	13.386	0.462	0.631
	D32	0.80	16.412	0.64	
	D34	0.84	17.232	0.706	
	D35	0.86	17.726	0.74	
	D36	0.78	—	0.608	
拟合优度	χ^2/df = 3.085，GFI = 0.926，AGFI = 0.881，NFI = 0.915，CFI = 0.934，RMSEA = 0.092				

从区分效度来看，组织承诺变量三个维度之间的区分效度检验结果如表4-33所示。其中，对角线上的括号内数值为两个维度的AVE的平方根，另一数值为各维度之间的相关系数。从表中数值的大小可以看出，组织承诺各维度AVE的平方根均大于其所在的行和列上的相关系数值，这就证实了组织承诺的三个测量维度彼此可以有效地区分。

表4-33　组织承诺的区分效度分析

	感情承诺	持续承诺	规范承诺
感情承诺	(0.731)		
持续承诺	0.24	(0.744)	
规范承诺	0.56	0.32	(0.794)

此外，为考察各变量之间的区分效度。除了包含 4 个变量的基本模型外，我们还假设了 4 个备选模型，用以比较各模型之间的拟合优劣。结果如表 4 – 34 所示，基本模型与 4 个备选模型相比，数据拟合更佳，除卡方自由度比略高于 3 外，其余指标均达到标准。这说明基本模型能更好地代表测量的因子结构，变量的区分效度得到验证。

表 4 – 34　　　　验证性因子分析的拟合结果

模型	χ^2/df	RMSEA	CFI	GFI	AGFI
基本模型	3.854	0.098	0.955	0.932	0.918
模型 1	4.074	0.118	0.893	0.862	0.846
模型 2	4.163	0.132	0.868	0.847	0.825
模型 3	6.567	0.217	0.721	0.706	0.639
模型 4	9.408	0.341	0.562	0.503	0.487

注：基本模型：培训、可雇佣性、期望符合度、组织承诺；

模型 1：培训、期望符合度、可雇佣性 + 组织承诺；

模型 2：培训、可雇佣性、期望符合度 + 组织承诺；

模型 3：培训 + 可雇佣性、期望符合度 + 组织承诺；

模型 4：培训 + 可雇佣性 + 期望符合度 + 组织承诺；

“ + ” 表示合并。

第七节　本章小结

本章结合已有的成熟问卷以及小规模访谈获得的资料，对相关变量的问卷进行修正补充，以问卷的形式获取相关数据，在预调研的基础上，进行大规模的数据采集，根据预先设定的问卷剔除标准，对问卷进行筛选检查，然后对有效样本数据的基本信息进行描述性统计分析，检验数据的信度、效度，为进一步的统计分析、假设检验做好准备。

第五章　数据分析与假设检验

本章在前一章预调研和大规模发放问卷、获取数据的基础上，对调研数据进行描述性统计分析，然后对概念模型的中介效应、调节效应以及主效应的各个假设进行检验，最后得出是否支持原假设的结论，并对检验结果进行分析讨论。

第一节　描述性统计分析

一　各变量的描述性分析

在问卷设计时，大部分测量题项采用正向计分的方式，少部分采用反向计分，需在数据处理之前对这部分题项的计分方式进行正向处理，然后做因子分析，计算各因子的均值及标准差。各因子均值越高，说明被调查者对该因子的评价越高。从表 5 - 1 中可以看出，大部分因子的均值得分在 3—4 之间，说明参与者的评价处于不确定与基本同意之间（本书的测量采用李克特 5 点量表，1 代表完全不同意，2 代表基本不同意，3 代表不确定，4 代表基本同意，5 代表完全同意）。只有离职倾向的均值低于 3，这说明大部分被调查者的离职倾向较低。而培训、可雇佣性、组织承诺的因子均值高，说明参与者的评价较高。各变量的描述性统计如表 5 - 1 所示。

二　相关性分析

为分析变量之间的回归关系，首先应分析变量之间的相关关系。分析结果如表 5 - 2 所示。从各因子间的皮尔森相关系数可以看出，除“培训意愿”与“离职倾向”之间的相关关系不显著外，其余因子

表 5－1　　　　　　样本各维度的描述性统计表

	样本量（份）	均值	标准差	峰度	偏度
培训意愿	367	4.370	0.560	－0.607	0.274
培训机会	367	3.420	0.807	0.003	0.304
个人收益	367	4.199	0.697	－0.375	－0.786
职业收益	367	3.409	0.810	－0.023	0.282
主管支持	367	3.404	0.860	－0.299	0.251
内部可雇佣性	367	3.562	0.684	－0.218	0.308
外部可雇佣性	367	3.530	0.683	－0.199	0.451
期望符合度	367	3.931	0.832	0.148	－0.270
感情承诺	367	3.562	0.823	－0.612	0.647
持续承诺	367	3.002	0.935	－0.058	－0.226
规范承诺	367	3.215	0.907	－0.260	－0.213
离职倾向	367	2.667	0.983	0.159	－0.407

之间的相关系数在 0.01 水平下显著，这为后面的回归分析奠定了基础。从相关系数的符号来看，“离职倾向”与大多数因子是负相关关系，基本符合预期设想，但其与“外部可雇佣性”及“职业收益”是正相关关系。“外部可雇佣性”与“离职倾向”的正相关可以解释为：当员工感知到外部的雇佣机会多、技能的通用性强时，他们的离职倾向将增强；“职业收益”与“离职倾向”的正相关关系可以解释为：“职业收益”因子包含 A35、A36 及 A37 题项，测量的内容是：“参加培训会获得晋升的机会”（A35）、“参加培训会获得加薪的机会”（A36）、“参加培训会使我有更多的机会转岗、跳槽”（A37），两者之间正相关起主要作用的可能是题项 A37 的内容，被调查者更加关注培训对个人发展带来的实际收益。企业“加薪”、“晋升”的依据是工作绩效，而非是否参与培训，参与培训已成为员工日常工作内容之一，企业不可能因为员工参与培训就给员工“加薪”、“晋升”。当员工积极意识到“参加培训会使我有更多的机会转岗、跳槽”时，将更加关注培训对自身人力资本积累的作用，为将来的跳槽做知识储备，自然产生离职倾向。

表 5-2　　变量各维度间相关系数矩阵（N=367）

	培训意愿	培训机会	个人收益	职业收益	主管支持	内部可雇佣性	外部可雇佣性	期望符合度	组织承诺	离职倾向
培训意愿	1									
培训机会	0.247**	1								
个人收益	0.489**	0.364**	1							
职业收益	0.310**	0.238**	0.374**	1						
主管支持	0.287**	0.563**	0.377**	0.377**	1					
内部可雇佣性	0.338**	0.285**	0.429**	0.263**	0.418**	1				
外部可雇佣性	0.351**	0.273**	0.334**	0.432**	0.327**	0.408**	1			
期望符合度	0.305**	0.356**	0.333**	0.339**	0.411**	0.651**	0.387**	1		
组织承诺	0.266*	0.472**	0.343**	0.150*	0.567**	0.479**	0.274**	0.472**	1	
离职倾向	-0.014	-0.167*	-0.142**	0.159**	-0.222**	-0.249**	0.150*	-0.228**	-0.397**	1

注：** 表示在置信度（双侧）为 0.01 水平时，相关性是显著的；* 表示在置信度（双侧）为 0.05 水平时，相关性是显著的。

第二节　人口统计特征的方差分析

控制变量是指除了自变量以外，使因变量发生变化的因素，如果不对这类变量加以控制，将会影响自变量与因变量之间关系的确认（Pedhazur & Schmelkin，1991）。本书的控制变量有员工的个人特征：性别、婚姻状况、年龄、受教育程度、在现企业工作年限、职位级别、单位性质。根据各个控制变量对应的样本组数分别采用独立样本T检验（两组）和单因素方差分析（两组以上）。其中，性别、婚姻状况采用独立样本T检验，其余控制变量均采用单因素方差分析。

（一）性别的独立样本T检验

独立样本T检验的目的是利用来自两个总体的独立样本，推断两个总体的均值是否存在显著差异（薛薇，2004）。这里的两个总体要求互相独立，即从一总体中抽取的一组样本对从另一总体中抽取另一组样本没有任何影响，两组样本的个案数目可以不相等。本书中，来自不同性别的被调查者（男性样本为184个，女性样本为183个）的抽样数据是相互独立的，满足两独立样本T检验的前提要求。检验结果如表5-3所示。

这一分析通过两个步骤完成：第一步，对不同性别的被调查者方差是否相等的F检验。检验结果可知，如果显著性水平为0.05，全部因子的概率p值均大于0.05，可以认为来自不同性别总体的方差无显著差异。第二步，检验两总体的均值是否相等。如果显著性水平为0.05，由于“内部可雇佣性”与“期望符合度”的概率p值小于0.05，因此，认为两总体的均值有显著差异，即男性和女性参与者在内部可雇佣性和期望符合度的感知方面有明显的区别。此外，表5-3中第七列和第八列为两总体均值差的95%置信区间的下限和上限，由于该置信区间未跨0值，也证实了上述推断。这可能解释为传统的性别观念通过家庭教育和社会舆论对不同性别员工工作预期施加影响的结果，传统观念中，男性的社会化定向是走向社会，谋求成功和地位，而女性的社会化定向则是在家庭中充当贤妻良母，无疑将影响女性的成就动机和潜能的发挥，使得男性和女性在期望符合度上有显著差异，对组织内发展机会的重视程度不同。

表 5-3　　性别的独立样本 T 检验表

变量	方差齐性检验			均值差异检验					是否存在差异
	F 值	p 值	是否齐性	T 值	p 值	差值的 95% 置信区间 低点	差值的 95% 置信区间 高点	均值差	
培训意愿	0.552	0.458	是	0.673	0.502	-0.076	0.1545	0.039	否
培训机会	0.280	0.597	是	0.435	0.663	-0.129	0.203	0.037	否
个人收益	0.131	0.718	是	-0.619	0.536	-0.188	-0.006	0.098	否
职业收益	0.022	0.882	是	0.436	0.663	-0.130	0.203	0.037	否
主管支持	0.260	0.611	是	0.215	0.830	-0.17	0.196	0.019	否
内部可雇佣性	0.019	0.891	是	2.109	0.036	0.010	0.290	0.150	是
外部可雇佣性	2.017	0.156	是	1.285	0.200	-0.09	0.232	0.091	否
期望符合度	0.126	0.723	是	3.715	0.000	0.149	0.485	0.317	是
组织承诺	0.030	0.863	是	1.406	0.161	-0.06	0.279	0.116	否
离职倾向	0.003	0.957	是	-0.186	0.853	-0.221	0.183	-0.019	否

注：方差齐性检验和均值差异检验的显著性水平均为 0.05。

（二）婚姻状况的独立样本 T 检验

以被调查者的婚姻状况为控制变量（其中，已婚样本为 216 个，未婚样本为 151 个），进行独立样本 T 检验，检验的思路及方式同上述性别检验，检验结果如表 5-4 所示。第一步，对婚姻状况不同的被调查者方差是否相等的 F 检验。检验结果可知，如果显著性水平为 0.05，“外部可雇佣性”的对应概率 p 值小于 0.05，则说明婚姻状况不同总体的方差有显著差异；第二步，两总体均值的检验。由于“离职倾向”的概率 p 值小于 0.05，因此，认为两总体的均值有显著差异，即已婚员工和未婚员工在外部可雇佣性的方差和离职倾向的均值方面有明显的区别。这可以解释为对于未婚员工而言，家庭负担较轻，精力充沛，在工作中主要关注自身的发展机会和成长空间，受家庭的束缚较少，离职成本低，而已婚者更加追求工作和收入的稳定性，尽可能规避外部风险，在面临外部可供选择的机会及离职时，对离职成本及收益非常计较，因此，已婚和未婚员工群体在这两个因子间有显著差异。

表5-4　　婚姻状况的独立样本T检验表

变量	方差齐性检验			均值差异检验					是否存在差异
	F值	p值	是否齐性	T值	p值	差值的95%置信区间		均值差	
						低点	高点		
培训意愿	0.484	0.487	是	-0.344	0.731	-1.137	0.097	-0.020	否
培训机会	4.503	0.035	是	-0.967	0.334	-0.251	0.086	-0.083	否
个人收益	0.106	0.745	是	-0.107	0.915	-0.188	-0.006	-0.008	否
职业收益	0.024	0.877	是	1.304	0.193	-0.153	0.137	0.112	否
主管支持	0.705	0.402	是	-1.049	0.295	-0.275	0.084	-0.096	否
内部可雇佣性	1.882	0.171	是	0.167	0.868	-0.131	0.155	0.012	否
外部可雇佣性	5.665	0.018	否	0.760	0.448	-0.090	0.203	0.056	否
期望符合度	1.556	0.213	是	0.929	0.354	-0.092	0.256	0.082	否
组织承诺	1.945	0.164	是	-1.938	0.053	-0.328	0.002	-0.163	否
离职倾向	0.226	0.635	是	2.085	0.038	0.012	0.421	0.217	是

注：方差齐性检验和均值差异检验的显著性水平均为0.05。

（三）员工年龄的方差分析

方差分析认为导致观测变量值变化的因素有两类，一类是控制变量的不同水平所产生的影响，另一类是随机因素所产生的影响，随机因素是那些人为很难控制的因素，主要是抽样误差。方差分析认为，如果控制变量的不同水平对观测变量产生显著影响，那么，它和随机变量共同作用必然使观测变量有显著变动；反之，如果控制变量的不同水平没有对观测变量产生显著影响，那么，观测变量值的变动就不明显，其变动可以归结为随机变量造成。方差分析通过推断控制变量各水平下观测变量的总体分布是否有显著差异实现分析目标。当只研究一个控制变量的不同水平是否对观测变量产生显著影响时，称为单因素方差分析。在本书中，以下均是考察人口特征的某一方面对各因子是否有显著差异，均属于单因素方差分析。

表5-5是员工年龄对各变量单因素方差分析的结果。如果显著性水平为0.05，除职业收益、组织承诺的三个因子和离职倾向变量外，其余变量的概率p值均大于显著性水平0.05，说明各年龄段的员工对这些变量的感知无显著差异。从年龄段分析，年龄较小的员工群体离职倾向较强，组织承诺感更低，更加看重培训获得的加薪、晋升、跳槽的机会，而对年龄较大的员工（40岁以上），在组织内职业成长到了一定的高度，积累了丰富的组织内社会资本，甚至进入职业发展的瓶颈期，对“加薪”、“跳槽”的需求减弱，更加重视组织内的发展平台，而不愿意“另起炉灶”，因此，他们对培训的职业收益感知、离职倾向和组织承诺与年轻员工之间有显著差异。对企业来说，他们最青睐的是30—35岁的求职者，因为这一阶段的员工积累了一定的经验和经历，相比较刚进入职场的员工，经过最初几年的职场磨炼，他们更加稳重，较四五十岁的中年员工来说，他们精力更加旺盛，职场表现力较强，工作比较安稳，工作中积累一定的经验，有一定的经济基础，也不会急于跳槽。

表5-5　　基于员工年龄的样本方差分析

变量	分组	离差平方和	自由度	离差平方根	F值	p值
培训意愿	组间	1.376	5	0.275	0.876	0.497
	组内	113.473	361	0.314		
	总计	114.849	366			
培训机会	组间	6.82	5	1.364	2.125	0.062
	组内	231.67	361	0.642		
	总计	238.49	366			
个人收益	组间	0.824	5	0.165	0.336	0.891
	组内	176.767	361	0.49		
	总计	177.591	366			

续表

变量	分组	离差平方和	自由度	离差平方根	F值	p值
职业收益	组间	7.427	5	1.485	2.303	0.044
	组内	232.82	361	0.645		
	总计	240.248	366			
主管支持	组间	6.171	5	1.234	1.686	0.137
	组内	264.256	361	0.732		
	总计	270.427	366			
内部可雇佣性	组间	1.855	5	0.371	0.79	0.577
	组内	169.506	361	0.47		
	总计	171.361	366			
外部可雇佣性	组间	1.592	5	0.318	0.679	0.64
	组内	169.354	361	0.469		
	总计	170.946	366			
期望符合度	组间	1.996	5	0.399	0.573	0.721
	组内	251.426	361	0.696		
	总计	253.422	366			
组织承诺	组间	11.564	5	2.313	3.805	0.002
	组内	219.426	361	0.608		
	总计	230.99	366			
离职倾向	组间	22.532	5	4.506	4.909	0.000
	组内	331.369	361	0.918		
	总计	353.901	366			

注：方差的齐次性检验显著水平为0.05。

（四）受教育程度对各变量的方差分析

为考察受教育程度对各因子的影响，本书采用单因素方差分析对不同学历的员工的差异进行检验，如表5-6所示。结果表明，“培训机会”、“主管支持”和“组织承诺”的三个因子在不同的教育程度上有显著差异，其余因子则差异不明显。为了进一步检验各个教育程度员工在以上三个方面的差异，采用LSD方法进行两两比较。

表 5-6　　不同受教育程度员工各变量的方差分析

变量	分组	离差平方和	自由度	离差平方根	F 值	p 值
培训意愿	组间	2.705	5	0.541	1.742	0.124
	组内	112.144	361	0.311		
	总计	114.849	366			
培训机会	组间	10.239	5	2.048	3.239	0.007
	组内	228.251	361	0.632		
	总计	238.490	366			
个人收益	组间	2.922	5	0.584	1.208	0.305
	组内	174.669	361	0.484		
	总计	177.591	366			
职业收益	组间	6.433	5	1.287	1.986	0.080
	组内	233.815	361	0.648		
	总计	240.248	366			
主管支持	组间	11.498	5	2.300	3.206	0.008
	组内	258.929	361	0.717		
	总计	270.427	366			
内部可雇佣性	组间	1.436	5	0.287	0.610	0.692
	组内	169.925	361	0.471		
	总计	171.361	366			
外部可雇佣性	组间	4.146	5	0.829	1.75	0.113
	组内	166.80	361	0.462		
	总计	170.96	366			
期望符合度	组间	3.019	5	0.604	0.871	0.501
	组内	250.43	361	0.694		
	总计	253.42	366			
组织承诺	组间	17.028	5	3.406	5.76	0.000
	组内	213.93	361	0.593		
	总计	230.90	366			
离职倾向	组间	22.532	5	4.506	4.909	0.000
	组内	331.369	361	0.918		
	总计	353.901	366			

注：方差的齐次性检验显著水平为 0.05。

表 5-7　　LSD 法进行均值多重比较的结果（1）

因变量：培训机会

(I) 教育程度	(J) 教育程度	均值差 (I-J)	标准误	显著性	比较结果
高中及以下	大专	-0.15023	0.18094	0.407	大专 > 硕士及以上 > 本科
	本科	0.30555	0.15988	0.057	
	硕士及以上	0.09712	0.16442	0.555	
大专	本科	0.45578*	0.12207	0.000	
	硕士及以上	0.24735	0.12796	0.054	
本科	硕士及以上	-0.20843*	0.09589	0.030	

注：* 表示方差的齐次性检验显著水平为 0.05。

从表 5-7 可以看出，大专、硕士及以上学历员工的培训机会均显著高于本科学历员工，这可能是因为，本科学历员工的技能基本能够胜任目前工作岗位，而大专学历的员工则需要进一步进修培训技能以满足目前岗位的需要，而硕士及以上学历的员工感知培训机会多，可能是因为他们在组织内的学历水平起点较高，更加关注自我价值实现的平台，在专业领域内想获得进一步的职业成长或掌握一定的管理知识，为今后从事管理工作做知识储备，因此他们更加关注培训机会。

表 5-8　　LSD 法进行均值多重比较的结果（2）

因变量：主管支持

(I) 教育程度	(J) 教育程度	均值差 (I-J)	标准误	显著性	比较结果
高中及以下	大专	0.02329	0.19385	0.904	高中及以下 > 大专 > 本科
	本科	0.39787*	0.17128	0.021	
	硕士及以上	0.27411	0.17614	0.121	
大专	本科	0.37458*	0.13077	0.004	
	硕士及以上	0.25082	0.13708	0.068	
本科	硕士及以上	-0.12377	0.10272	0.229	

注：* 表示方差的齐次性检验显著水平为 0.05。

从表5-8可以看出，在培训的主管支持中，具有本科学历的员工感知到的上级对培训的支持力度显著低于高中及以下、大专学历的员工。

表5-9　　LSD法进行均值多重比较的结果（3）

因变量：组织承诺

(I) 教育程度	(J) 教育程度	均值差（I-J）	标准误	显著性	比较结果
高中及以下	大专	0.06359	0.17760	0.721	高中>本科>硕士；大专>本科>硕士
	本科	0.46546*	0.15692	0.003	
	硕士及以上	0.41597*	0.16138	0.010	
大专	本科	0.40187*	0.11982	0.001	
	硕士及以上	0.35238*	0.12560	0.005	
本科	硕士及以上	-0.04949	0.09411	0.599	

注：*表示方差的齐次性检验显著水平为0.05。

从表5-9可以看出，大专、高中及以下学历员工的组织承诺显著高于本科以上学历的员工。离职研究一般将教育水平作为控制变量（如，Trevor，2001），并假设其增加员工离职的可能性。这一结论在本书中得到验证。在竞争激烈的就业市场中，以学历文凭作为识别应聘者能力的主要指标之一，低学历的员工更加追求工作的稳定性和收入保障，因此，他们不会轻易离开组织，而高学历的员工更看重潜在的外部机会，他们的组织承诺度更低。

（五）工作年限的单因素方差分析

为考察工作年限对各因子的影响，也采用单因素方差分析组织内不同工作年限员工对各因子的感知是否存在差异，如表5-10所示。结果表明，组织承诺在不同的工作年限中有显著差异。为了进一步检验组织内任职的员工在组织承诺方面的差异，采用LSD方法进行两两比较。

表 5-10　　不同工作年限的员工单因素方差分析

自变量	分组	离差平方和	自由度	离差平方根	F 值	p 值
培训意愿	组间	1.401	4	0.350	1.118	0.348
	组内	113.448	362	0.313		
	总计	114.849	366			
培训机会	组间	6.828	4	1.707	2.667	0.032
	组内	231.662	362	0.640		
	总计	238.490	366			
个人收益	组间	3.371	4	0.843	1.751	0.138
	组内	174.220	362	0.481		
	总计	177.591	366			
职业收益	组间	6.634	4	1.658	2.570	0.058
	组内	233.614	362	0.645		
	总计	240.248	366			
主管支持	组间	6.959	4	1.740	2.391	0.050
	组内	263.467	362	0.728		
	总计	270.427	366			
内部可雇佣性	组间	3.676	4	0.919	1.984	0.096
	组内	167.686	362	0.463		
	总计	171.361	366			
外部可雇佣性	组间	1.656	4	0.414	0.885	0.473
	组内	169.291	362	0.468		
	总计	170.946	366			
期望符合度	组间	1.609	4	0.402	0.578	0.679
	组内	251.814	362	0.696		
	总计	253.422	366			
组织承诺	组间	8.116	4	2.029	3.295	0.011
	组内	222.875	362	0.616		
	总计	230.990	366			
离职倾向	组间	8.955	4	2.239	2.350	0.054
	组内	344.946	362	0.953		
	总计	353.901	366			

注：方差的齐次性检验显著水平为0.05。

表 5-11　　　　组织承诺的 LSD 法多重比较的结果

因变量：组织承诺

(I) 工作年限	(J) 工作年限	均值差（I-J）	标准误	显著性	比较结果
1 年及以下	1—3 年	0.06401	0.16795	0.703	1—3 年 < 10 年以上；7—10 年 < 10 年以上
	4—6 年	0.15294	0.16564	0.356	
	7—10 年	0.10119	0.17779	0.570	
	10 年以上	-0.27734	0.17822	0.121	
1—3 年	4—6 年	0.08892	0.10802	0.411	
	7—10 年	0.03718	0.12585	0.768	
	10 年以上	-0.34135*	0.12646	0.007	
4—6 年	7—10 年	0.08892	0.10802	0.411	
	10 年以上	0.03718	0.12585	0.768	
7—10 年	10 年以上	-0.37853*	0.13926	0.007	

注：*表示方差的齐次性检验显著水平为 0.05。

从表 5-11 中可以看出，工作年限在 10 年以上的员工与工作年限在 1—3 年、4—6 年的员工的组织承诺有显著的差异，工作年限 10 年以上员工显著地高于后两个时段。中华英才网联合智联招聘对一万余人的在线调查显示，工作年限和跳槽意愿成反比。这可能是因为，当员工成为组织的资深员工（为组织工作 10 年以上），熟悉并习惯于组织的运营模式，转换成本增加，对组织依赖性增强，而工作三年以内的职场“菜鸟”可能随着对组织的深入了解，发现了一些理念或制度上的不足，对组织的容忍度较低，或面临外部更好的雇佣机会，将降低组织承诺度，这一群体的离职意愿最为强烈；此外，当员工为组织服务 4—6 年时，若面临组织内职业发展的瓶颈、上升空间有限，且在组织内已积累了相当的经验或在业内产生一定的影响力时，员工将会权衡留职及离职的利弊，当外部诱因的优势更加明显时，员工的组织承诺将降低。企业则更愿意向那些具有稳定雇佣关系的员工提供人力资本投资，因为稳定的雇佣关系能够确保企业有充裕的时间收回投资成本。

（六）职位级别的单因素方差分析

本书按照员工的职位级别，将样本划分为“普通员工”（50.1%）、

“基层管理人员”（24.5%）、“中层管理人员”（19.3%）和“高层管理人员”（6%），采用单因素方差分析，以判断职位级别对各因子的影响是否有显著差异，结果如表5-12所示。除“职业收益”外，其余因子均受被调查者职位级别的影响。为了进一步检验各样本组之间的差异，采用LSD方法进行两两比较。

表5-12　职位级别的单因素方差分析

自变量	分组	离差平方和	自由度	离差平方根	F值	p值
培训意愿	组间	3.466	3	1.155	3.765	0.011
	组内	111.383	363	0.307		
	总计	114.849	366			
培训机会	组间	6.058	3	2.019	3.154	0.025
	组内	232.432	363	0.640		
	总计	238.490	366			
个人收益	组间	6.702	3	2.234	4.746	0.003
	组内	170.888	363	0.471		
	总计	177.591	366			
职业收益	组间	0.229	3	0.076	0.115	0.951
	组内	240.019	363	0.661		
	总计	240.248	366			
主管支持	组间	6.633	3	2.211	3.043	0.029
	组内	263.793	363	0.727		
	总计	270.427	366			
内部可雇佣性	组间	24.744	3	8.248	20.421	0.000
	组内	146.617	363	0.404		
	总计	171.361	366			
外部可雇佣性	组间	7.028	3	2.343	5.188	0.002
	组内	163.918	363	0.452		
	总计	170.946	366			
期望符合度	组间	21.308	3	7.103	11.108	0.000
	组内	232.114	363	0.639		
	总计	253.422	366			

续表

自变量	分组	离差平方和	自由度	离差平方根	F 值	p 值
组织承诺	组间	14.001	3	4.667	7.808	0.000
	组内	216.989	363	0.598		
	总计	230.990	366			
离职倾向	组间	25.261	3	8.420	9.301	0.000
	组内	328.640	363	0.905		
	总计	353.901	366			

注：方差的齐次性检验显著水平为0.05。

表 5－13　　各维度的 LSD 法多重比较的结果

变量	(I) 职位级别	(J) 职位级别	均值差 (I－J)	标准误	显著性	比较结果
培训机会	普通员工	高层管理人员	－0.43890*	0.18051	0.016	高＞普
	基层管理人员	高层管理人员	－0.47710*	0.19031	0.013	
培训意愿	基层管理人员	中层管理人员	－0.24950*	0.08793	0.005	中＞基
		高层管理人员	－0.32761*	0.13174	0.013	高＞基
个人收益	普通员工	高层管理人员	－0.44615*	0.15478	0.004	高＞普
	基层管理人员	高层管理人员	－0.58822*	0.16318	0.000	
	中层管理人员	基层管理人员	0.22885*	0.10891	0.036	高＞中＞基
		高层管理人员	－0.35937*	0.16742	0.032	
主管支持	普通员工	中层管理人员	－0.24026*	0.11910	0.044	中＞普
		高层管理人员	－0.45393*	0.19231	0.019	高＞普
	基层管理人员	高层管理人员	－0.45354*	0.20275	0.026	高＞基
内部可雇佣性	普通员工	中层管理人员	－0.48604*	0.08879	0.000	高＞中＞普
		高层管理人员	－0.89526*	0.14337	0.000	
	基层管理人员	中层管理人员	－0.40836*	0.10088	0.000	高＞中＞基
		高层管理人员	－0.81758*	0.15115	0.000	
	中层管理人员	高层管理人员	－0.40922*	0.15507	0.009	
外部可雇佣性	普通员工	中层管理人员	－0.19636*	0.09388	0.037	高＞中＞普
		高层管理人员	－0.53656*	0.15159	0.000	
	基层管理人员	高层管理人员	－0.51535*	0.15982	0.001	
	中层管理人员	高层管理人员	－0.34020*	0.16397	0.039	

续表

变量	(I) 职位级别	(J) 职位级别	均值差 (I - J)	标准误	显著性	比较结果
期望符合度	普通员工	中层管理人员	-0.54011*	0.12825	0.000	高>中>基
		高层管理人员	-0.79513*	0.20708	0.000	
	基层管理人员	中层管理人员	-0.33286*	0.14571	0.023	
		高层管理人员	-0.58788*	0.21832	0.007	
组织承诺	普通员工	中层管理人员	-0.37662*	0.10802	0.001	中>普
		高层管理人员	-0.51191*	0.17441	0.004	高>普
	基层管理人员	中层管理人员	-0.46246*	0.12272	0.000	中>基
		高层管理人员	-0.59977*	0.18388	0.001	高>基
离职倾向	普通员工	中层管理人员	0.60517*	0.13293	0.000	普>中
		高层管理人员	0.71097*	0.21464	0.001	普>高
	基层管理人员	中层管理人员	0.48259*	0.15103	0.002	基>中
		高层管理人员	0.58838*	0.22630	0.010	基>高

注：*表示方差的齐次性检验显著水平为0.05。

从表5-13可以看出，除离职倾向外，普通员工在各个因子上都显著地低于中层及高层管理人员。在这一人口特征方面差异如此显著，在实践中可能体现为，组织内不同层次的员工，培训动机、需求重点及强度不一样，普通员工被动地接受的培训更多地来自组织对于工作内容、工作技能的安排，而管理人员的培训则出于自我发展的需要，以学历教育、获得新知识、提升自我能力为主要目的，管理者所处的层次越高，培训的自主性动机就越强。从可雇佣性来看，管理人员的内、外部可雇佣性均显著地高于一般员工，这说明被调查者感知到他们自身对组织的价值、在劳动力市场的机会是不同的，处于管理岗位员工的影响力是整个部门或团队，甚至是整个组织，在组织内职业成长的机遇不同，因此，他们的内部可雇佣性有显著的差异。而在劳动力市场上，现阶段对各类职业经理人的需求非常大，既懂管理又懂技术的员工非常紧俏，且目前管理技能及专业技能的通用性、市场化趋势加强，在某个组织获得的技能大部分可以转移到同行业其他组织，因此，各类管理人员的外部可雇佣性也显著地高于普通员工，由于自身的人力资本价值高，其讨价还价能力强，对期望组织回报将更高，组织必然采取各种措施留住他们，因此，他们期望达成的可能性更高，且随着管理层次的增加，这种可能性增强。综合以上的原因，管理人员的组织承诺高于普通员工、离职倾向低于普通员工。

此外，本书还以企业性质、员工换工作的次数为控制变量，对各因子进行单因素方差分析，结果发现，各因子在这两个变量上的差异性检验，除个别因子有差异外，其余因子的差异不显著，此处不再列出。

通过对以上各维度进行人口统计特征的独立样本 T 检验及方差分析，将分析结果汇总为表 5 - 14。从汇总结果可以看出，对研究模型中的因变量有显著影响的人口统计特征变量有：年龄、教育程度、工作年限及职位级别。本书后续的主效应、中介效应回归分析中将引入这 4 个变量作为控制变量。

表 5 - 14　　　　独立样本 T 检验及方差分析结果汇总

	性别	婚姻状况	年龄	教育程度	工作年限	职位级别
培训意愿						√
培训机会				√	√	√
个人收益						√
职业收益						
培训支持			√	√	√	√
内部可雇佣性	√					√
外部可雇佣性		√				√
期望符合度						√
组织承诺	√		√	√	√	√
离职倾向		√	√	√	√	√

第三节　培训对组织承诺影响的假设检验

假设检验是对前文提出的变量之间关系进行验证。通过前面的信度、效度及相关性分析，本部分将进一步采用多元回归的方法检验前面提出的假设。相关分析是回归分析的基础，相关性分析体现的是因子之间是否存在显著关系、关系的密切程度及方向，只能作为假设检验的前提，回归分析进一步检验变量、因子之间的因果关系。根据马庆国（2002）建议，在做回归分析之前，需对变量数据的多重共线性、异方差和序列相关三大问题进行检验。多重共线性是指解释变量之间存在严重的线性相关关系，导致删除变量得出虚假回归的结论，难以对回归方程做出精确估计。多重共线性可以采用方差膨胀因子指数（VIF）检验，当 $0 < VIF < 10$ 时，说明不存在多重共线性；当 $10 \leqslant VIF < 100$ 时，说明变量间存在较严重的多重共线性；当 $VIF \geqslant 100$ 时，说明变量之间有严重的多重共线性。异方差指的是模型中的不同残差项的方差不同，如果出现异方差问题，则不满足最小二乘法估计的无偏性和有效性的条件，估计的结果将发生偏差。对异方差的检验，可以通过残差项的散点图分析，当散点图呈无序状态时，可以说明模型中不存在异方差问题。自相关是指不同残差项之间相关，这与最小二乘回归估计的假设亦不相符，这也是在回归之前需要解决的。由于本书采取的数据是截面数据，不可能出现不同期的样本值之间的序列相关。序列相关采用回归模型的 DW 值判断。

一　培训对组织承诺的回归检验

在本书中，首先对假设 1 及其子假设进行检验。假设 H1：培训对组织承诺存在正向影响关系。H1a：培训意愿正向影响组织承诺；H1b：培训机会正向影响组织承诺；H1c：培训收益正向影响组织承诺；H1d：培训支持正向影响组织承诺。为了判断变量之间是否存在线性关系，首先通过相关系数表 5－2，大致判断两个变量之间存在相关关系，然后，运用多元线性回归检验以上假设。回归结果如表 5－15 所示。

本书以年龄、教育程度、工作年限、职务级别为控制变量，以培训为自变量进行分层线性回归。第一步将控制变量纳入回归方程，然后纳入自变量。从表 5－15 可以看出，控制变量对于组织承诺有显著的预测作用（$F = 8.076$，$p = 0.000$）。第二步，当培训进入回归方程以后，回归系数显著（β=0.543，p=0.000），对结果的总解释率提高28.1%，说明排除控制变量的影响后，培训对于组织承诺存在显著预测作用。

表5-15　　培训与组织承诺的层级回归结果

变量	Beta（T值）	p值	Beta（T值）	p值
年龄	0.095（1.364）	0.173	0.108（1.853）	0.065
教育程度	-0.191***（-3.658）	0.000	-0.111**（-2.531）	0.012
工作年限	-0.022（-0.325）	0.746	-0.049（-0.872）	0.384
职位级别	0.202***（3.651）	0.000	0.102**（2.183）	0.03
培训			0.543***（12.652）	0.000
F值（p值）	8.076（0.000）		42.041（0.000）	
R^2	0.088		0.368	
$R^2_{adj.}$	0.078		0.359	
ΔR^2			0.281	

注：a. 预测变量：控制变量，培训；b. 因变量：组织承诺；c. *表示p<0.05，**表示p<0.01，***表示p<0.001，下同。

回归方程结果表明，模型较好地解释了样本数据对组织承诺的影响（F（5，361）=42.041，p=0.000，R^2=0.359）。培训对组织承诺的影响呈显著正相关，因此，假设H1：培训对组织承诺存在正向影响关系，得到验证。本书证实了研究观点“投资于雇员开发能带来积极的工作态度和留职意愿”（ASTD，1999；Cappelli，2001；Crag et al.，2002），雇员开发对工作态度有积极影响（Barlett，2001；Birdi et al.，1997；Meyer & Smith，2000；Tansky & Cohen，2001）。进一步，本书以培训的各个维度为自变量，分别检验其与组织承诺之间的关系。检验结果如表5-16所示。

在多元回归之前，通过方差膨胀因子（Variance inflation factor，VIF）和容忍度（Tolerance）判断解释变量之间是否存在多重共线性。一般情况下，当0<VIF<10及容忍度大于0.1时，解释变量之间不存在多重共线性（张文彤，2002；郭志刚，2004）。本次回归中，各自

表5－16　　培训各维度与组织承诺的层级回归结果

变量	Beta（T值）	p值	Beta（T值）	p值
年龄	0.095（1.364）	0.173	0.079（1.367）	0.172
教育程度	−0.191***（−3.658）	0.000	−0.107**（−2.478）	0.014
工作年限	−0.022（−0.325）	0.746	−0.045（−0.810）	0.418
职位级别	0.202***（3.651）	0.000	0.098**（2.141）	0.033
培训意愿			0.067（1.404）	0.161
培训机会			0.183***（3.627）	0.000
个人收益			0.107**（2.097）	0.037
职业收益			0.106**（2.234）	0.026
主管支持			0.414***（7.826）	0.000
F值（p值）	8.076（0.000）		27.225（0.000）	
R^2	0.088		0.407	
$R^2_{adj.}$	0.078		0.392	
ΔR^2			0.314	

注：a. 预测变量：控制变量，培训意愿、培训机会、个人收益、职业收益、主管支持；b. 因变量：组织承诺；c. ＊表示 $p<0.05$，＊＊表示 $p<0.01$，＊＊＊表示 $p<0.001$，下同。

变量的方差膨胀因子的数值均小于10，对应的容忍度均大于0.1，可以认为各个解释变量之间不存在多重共线性。Durbin－Watson统计量为1.737，接近于2，可以认为回归模型中的残差之间相互独立，自相关问题不显著。从以上的回归结果可以看出，除控制变量外，五个自变量全部进入回归方程，$R^2=0.392$，即进入回归方程的五个解释变量解释了因变量总变异的31.4%，且回归方程的F(9，357DK)＝27.225，对应的 $p=0.000<0.01$，即拒绝总体回归系数均为0的原假设。除“培训意愿”外，培训的各个维度与组织承诺之间均存在显著的正相关关系（T统计量大于2，p值均小于0.05）。从影响的程度即标准化系数的大小来看，主管支持对组织承诺的影响程度最大，其次为培训机会，而后依次为：个人收益、职业收益。因此，表5－16分别验证了H1b：培训机会正向影响组织承诺；H1c：培训收益正向影

响组织承诺；H1d：主管支持正向影响组织承诺。而假设 H1a：培训意愿正向影响组织承诺未得到证实。

已有的研究中，有关培训实践与组织承诺的关系较复杂，并未得到一致的结论。其中，在职培训与报销学费两种形式对组织承诺和离职倾向的影响是有差异的。在职培训获得特殊性的技能，对组织的承诺感更强、离职倾向更低，参与学历教育的员工则表达了更强烈的离职倾向。而本书并未针对具体的培训形式对员工态度的影响，而从主观评价的角度，从意愿、机会、收益、支持几个方面评价组织的培训机制，从实证研究结果可以看出，除培训意愿外，被调查者评价均较高，且与组织承诺有显著的正向关系，这说明，从总体上看，被调查者对组织的培训政策是呈积极评价的态度，对组织目前的培训制度比较满意，愿意继续为组织服务。这一研究与 Noe 等（1997）的研究结论一致，员工参与培训会对组织产生积极的态度反应。这一感知研究角度着重于组织整体的培训制度、过程的评价，培训实践则更侧重某一具体的培训形式，被调查者对两者的反应差异导致组织承诺的不同，这表明被调查者对培训制度的整体认可较高，但对于培训内容是否与自身职业发展目标一致、培训的结果是否有效仍存在异议。Ogilvie（1986）指出不相关的培训会对情感承诺产生负向影响，培训内容与工作的相关性及有效性对组织承诺的作用更大。本书的子假设 H1a：“培训意愿与组织承诺正相关”未得到证实，亦说明这一问题。

二　培训对可雇佣性的回归检验

假设 H2 提出：培训对可雇佣性产生正向影响。为检验此假设，首先分别以培训、可雇佣性为纵、横坐标，观察两者数据分布的散点图，发现两者之间大致呈线性关系，然后做培训对可雇佣性的线性回归。本书以年龄、教育程度、工作年限、职务级别为控制变量，以培训为自变量进行分层线性回归。第一步，将控制变量纳入回归方程，然后纳入自变量。从表 5－17 可以看出，控制变量对于组织承诺有显著的预测作用，$p=0.000$；第二步，当培训进入回归方程以后，回归系数显著（$\beta=0.530$，$p=0.000$），$\Delta R^2=0.268$，对结果的总解释率提高 26.8%，说明排除控制变量的影响后，培训对于可雇佣性存在显

表 5－17　　培训与可雇佣性的分层多元线性回归结果

变量	Beta(T 值)	p 值	Beta(T 值)	p 值
年龄	-0.120(-1.741)	0.083	0.108(1.866)	0.063
教育程度	0.033(0.648)	0.517	0.111*(-2.552)	0.011
工作年限	0.068(1.022)	0.308	0.041(0.744)	0.457
职位级别	0.338***(6.189)	0.000	0.24***(5.182)	0.000
培训			0.530***(12.468)	0.000
F 值	11.581		44.306	
p 值	0.000		0.000	
R^2	0.113		0.380	
$R^2_{adj.}$	0.104		0.372	
ΔR^2			0.268	

注：a. 预测变量：控制变量，培训；b. 因变量：可雇佣性。

著预测作用。回归方程结果表明，模型较好地解释了样本数据对组织承诺的影响（F（9，357）=44.306，p=0.000，R^2=0.380）。培训对可雇佣性的影响呈显著正相关，因此，假设 H2：培训对可雇佣性存在正向影响关系，得到验证。进一步，检验 H2a：培训对内部可雇佣性产生正向影响，H2b：培训对外部可雇佣性产生正向影响。回归结果如表 5－18 所示。

表 5－18　　培训与内部可雇佣性的分层多元线性回归结果

变量	Beta（T 值）	p 值	Beta（T 值）	p 值
年龄	-0.117（-1.725）	0.085	-0.107（-1.786）	0.075
教育程度	-0.019（-0.371）	0.711	0.048（1.073）	0.284
工作年限	0.054（0.829）	0.407	0.031（0.547）	0.585
职位级别	0.387***（7.188）	0.000	0.303***（6.310）	0.000
培训			0.458*（10.411）	0.000
F 值（p 值）	14.281（0.000）		36.491（0.000）	
R^2	0.136		0.336	
$R^2_{adj.}$	0.127		0.327	
ΔR^2			0.2	

注：a. 预测变量：控制变量，培训；b. 因变量：内部可雇佣性。

表 5-19　　培训与外部可雇佣性的分层多元线性回归结果

变量	Beta（T值）	p值	Beta（T值）	p值
年龄	-0.084（-1.174）	0.241	-0.074（-1.143）	0.254
教育程度	0.075（1.401）	0.162	0.138**（2.829）	0.005
工作年限	0.059（0.863）	0.389	0.038（0.609）	0.543
职位级别	0.180**（3.168）	0.002	0.1（1.927）	0.055
培训			0.431***（9.045）	0.000
F值（p值）	4.137（0.000）		20.409（0.000）	
R^2	0.044		0.220	
$R^2_{adj.}$	0.033		0.210	
ΔR^2			0.177	

注：a. 预测变量：控制变量，培训；b. 因变量：外部可雇佣性。

通过培训与内部、外部可雇佣性的回归结果，可以看出培训对内部和外部可雇佣性有显著的正向影响，标准化回归系数分别为 $\beta = 0.458(p = 0.000)$，$\beta = 0.431(p = 0.000)$，拒绝回归系数为 0 的假设，即验证了假设：H2a：培训对内部可雇佣性产生正向影响，H2b：培训对外部可雇佣性产生正向影响。这说明培训对员工产生显著的内部及外部效应。从回归系数大小来看，培训与内部可雇佣性的回归系数略高于外部可雇佣性，这说明培训产生的效应更有利于员工在组织内部的稳定性和职业成长，这为组织支持培训提供了实证依据。同时，证实了 Hallier 和 Butts（1999），McQuaid 和 Maguire（2005），Sheldon 和 Thornthwaite（2005）等提出的，通过教育和培训两种方式提升可雇佣水平的观点。Baruch（2001），Craig 等（2002）认为组织通过各种形式投资于员工技能开发，尤其是提供一般性或市场化技能是提升可雇佣性的主要方式。Kalleberg 和 Rognes（2000）研究发现，那些获得更多组织内部培训开发的员工组织承诺感更强，工作满意度更高，离职倾向更低。

三　可雇佣性对组织承诺的回归检验

通过对表 5-2 的分析，发现可雇佣性与组织承诺之间显著正相关。进一步，本部分采用层级回归的方式检验可雇佣性及其维度与组织

表 5-20　　可雇佣性与组织承诺的分层多元线性回归结果

变量	Beta（T 值）	p 值	Beta（T 值）	p 值
年龄	0.095（1.364）	0.173	0.150*（2.380）	0.018
教育程度	-0.191***（-3.658）	0.000	-0.206***（-4.403）	0.000
工作年限	-0.022（-0.325）	0.746	-0.053（-0.870）	0.385
职位级别	0.202***（3.651）	0.000	0.049（0.942）	0.347
可雇佣性			0.453***（9.481）	0.000
F 值（p 值）	8.706（0.000）		26.653（0.000）	
R^2	0.088		0.270	
$R^2_{adj.}$	0.078		0.260	
ΔR^2			0.182	

注：a. 预测变量：控制变量，可雇佣性；b. 因变量：组织承诺。

表 5-21　　内部可雇佣性与组织承诺的分层多元线性回归结果

变量	Beta（T 值）	p 值	Beta（T 值）	p 值
年龄	0.095（1.364）	0.173	0.152*（2.437）	0.015
教育程度	-0.191***（-3.658）	0.000	-0.182***（-3.933）	0.000
工作年限	-0.022（-0.325）	0.746	-0.048（-0.802）	0.423
职位级别	0.202***（3.651）	0.000	0.017（0.318）	0.751
内部可雇佣性			0.479***（10.01）	0.000
F 值（p 值）	8.706（0.000）		28.911（0.000）	
R^2	0.088		0.286	
$R^2_{adj.}$	0.078		0.276	
ΔR^2			0.198	

注：a. 预测变量：控制变量，内部可雇佣性；b. 因变量：组织承诺。

表 5-22　　外部可雇佣性与组织承诺的分层多元线性回归结果

变量	Beta（T 值）	p 值	Beta（T 值）	p 值
年龄	0.095（1.364）	0.173	0.118（1.755）	0.080
教育程度	-0.191***（-3.658）	0.000	-0.211***（-4.197）	0.000
工作年限	-0.022（-0.325）	0.746	-0.038（-0.587）	0.558

续表

变量	Beta（T值）	p值	Beta（T值）	p值
职位级别	0.202***（3.651）	0.000	0.153**（2.840）	0.005
外部可雇佣性			0.272***（5.508）	0.000
F值（p值）	8.706（0.000）		13.597（0.000）	
R^2	0.088		0.158	
$R^2_{adj.}$	0.078		0.147	
ΔR^2			0.069	

注：a. 预测变量：控制变量，外部可雇佣性；b. 因变量：组织承诺。

承诺的关系。第一步，将年龄、受教育程度、工作年限、职位级别对组织承诺做回归分析。第二步，在四个控制变量的基础上，加入可雇佣性作为自变量进行回归。从以上的回归结果可以看出，可雇佣性对组织承诺有显著的正向影响 $\beta = 0.453$（$p = 0.000$），拒绝回归系数为0的原假设，可雇佣性解释了组织承诺的18.2%的差异。因此，本书假设：可雇佣性正向影响组织承诺得到支持。进一步，采用同样的方法，分别作内部可雇佣性及外部可雇佣性对组织承诺的影响，回归结果发现，内部可雇佣性、外部可雇佣性与组织承诺之间的正相关显著，且内部可雇佣性对组织承诺的解释力度较强（$\Delta R^2 = 0.198$），内部可雇佣性的标准化回归系数远大于外部可雇佣性（$\beta_1 = 0.479 > 0.272 = \beta_2$），这说明内部可雇佣性高的员工其组织承诺度越高。因此，假设 H3b：外部可雇佣性负向影响组织承诺未得到证实。

四　可雇佣性在培训与组织承诺之间的中介效应检验

（一）中介效应检验简介

中介变量和调节变量最早由 Baron 和 Kenny 提出，是近年来学术研究中常用到的两个术语。这是因为，已有的研究主要是建立在变量间的相关关系或因果关系的基础上，但随着研究的深入，这些关系不能提供足够的信息，难以概括各种复杂的情况，因此，研究者们提出通过中介变量和调节变量的研究进一步挖掘变量间更多的信息。中介变量和调节变量两者的侧重点不同，研究中介变量的目的是在已知某些关系的基础上，探求产生这个关系内部的作用机制，中介变量可以解释变量之间为什么会存在关系以及这个关系是如何发生的，中介变量在理论上有两个重要意义：①整合已有的研究或理论；②解释已有关系背后的作用机制。调节变量的主要作用是为现有的理论划出限制条件和适用范围，通过研究一组关系在不同条件下的变化及其背后的原理，来丰富已有的理论（罗胜强、姜嬿，2012）。因此，两者对理论贡献的重点是有差异的。

中介效应以及中介变量更多侧重的是统计学意义，而本书重点探讨的是中介效应在心理学层面的意义。通过对中介作用和调节作用的检验能够更加清晰地理解培训与员工态度之间的关系：首先，引入中介变量可雇佣性是为了说明培训是如何影响组织承诺的，三者之间有比较明确的因果关系，即：培训影响可雇佣性，可雇佣性影响组织承诺，培训通过可雇佣性影响组织承诺；其次，引入中介变量可雇佣性是为解释培训可能引发员工的离职倾向，分析其中的作用机制，深入讨论引起员工留职和离职选择的关键因素，为组织人力资源管理把握员工的关键心态、采取有的放矢的管理措施以提供实证依据。

学术上界定中介变量为：当研究自变量 X 影响因变量 Y 时，如果 X 通过影响变量 M 来影响 Y，M 称为中介变量（温忠麟等，2004）。在实践中，根据温忠麟、张雷等（2004）的建议，对中介效应检验的操作具体步骤如下图：

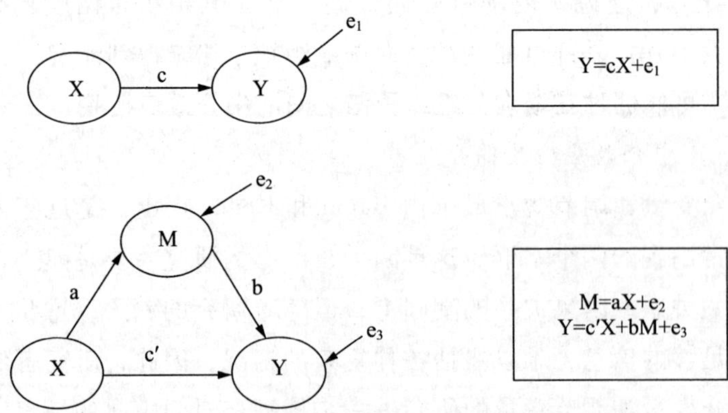

图 5-1 中介变量释义

根据温忠麟等（2004）发表的《中介效应检验程序及其应用》一文，他们提出中介效应检验程序如图5-2所示，分析步骤如下：

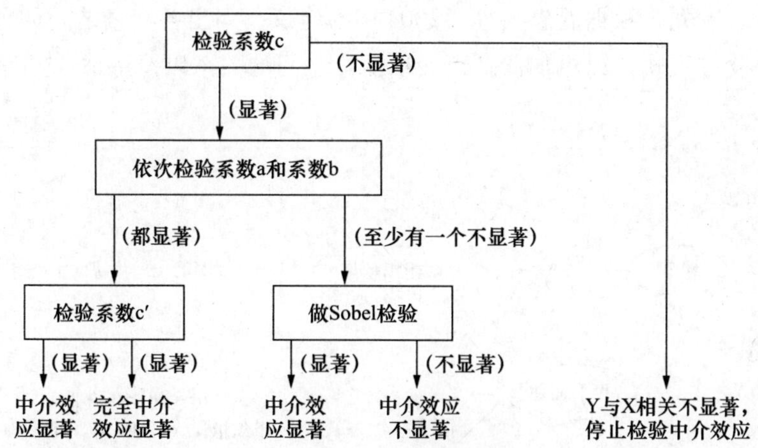

图5-2 中介效应的检验程序

第一步，检验回归系数c，如果c显著，说明变量X对Y有显著影响，进入第二步分析，否则，停止分析。

第二步，根据Baron和Kenny（1986）的部分中介检验，即依次检验系数a，b，如果a，b都显著，表明X对Y的影响至少有一部分是通过中介变量M实现的，进入第三步；如果a，b至少有一个不显著，则转入第四步。

第三步，根据Judd和Kenny（1981）完全中介检验的第三个检验，即检验系数c′，如果c′不显著，说明是起完全中介的作用，X对Y的影响是通过中介变量M实现；如果c′显著，表明起部分中介的作用，X对Y的影响只有一部分是通过中介变量M实现。检验结束。

第四步，根据Sobel（1982）检验。Sobel检验统计量是：$Z=\frac{\hat{a}\hat{b}}{\sqrt{\hat{a}^2 s_b^2+\hat{b}^2 s_a^2}}$，$\hat{a}$是回归系数a的估计值，$\hat{b}$是回归系数b的估计值，$s_a$是$\hat{a}$的标准误，$s_b$是$\hat{b}$的标准误。Z统计量的临界值是0.9的绝对值，当Z统计量显著时，则表明部分中介效应显著；当Z统计量不显著时，即表明此时部分中介效应不显著。检验结束。

（二）可雇佣性在培训与组织承诺之间的中介效应检验

本部分拟检验假设 H4：可雇佣性在培训与组织承诺之间的中介效应。首先，根据温忠麟等（2004）的建议，列出各变量之间的关系及检验方程式，以更加清晰地展示变量之间的关系以及待估计方程。

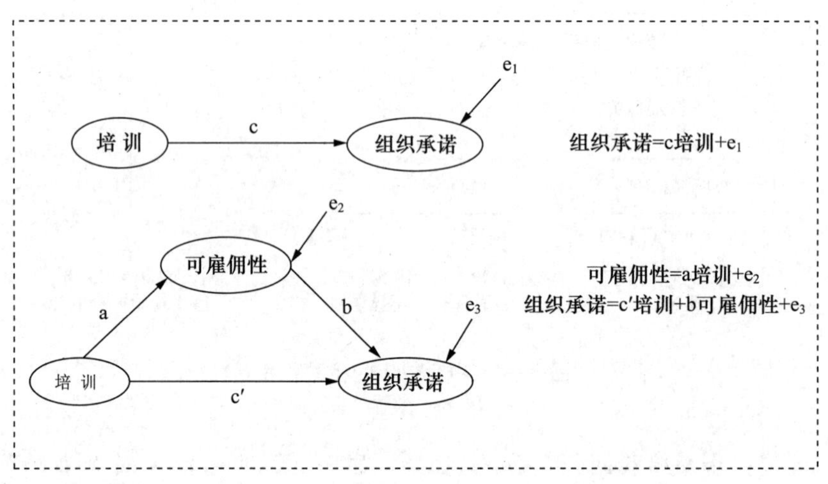

图 5－3　可雇佣性的中介效应检验

1. 可雇佣性的中介效应检验

为检验假设 H4：可雇佣性在培训与组织承诺之间起中介作用，本书拟采用上述的中介效应检验方法，分步骤做回归检验。在多元线性回归之前，若存在多重共线性，将导致模型估计失真或估计不准确的情况，因此，进行中介效应检验之前，需检验自变量及中介变量之间的多重共线性。相关系数的大小是多重共线性的一个粗浅的判断。一般情况下，当相关系数大于 0.7 时，说明变量之间高度相关；相关系数在 0.4 至 0.7 之间时，说明变量之间中度相关；当相关系数小于 0.4 时，变量之间低度相关。本书首先对变量的相关关系分析。根据前述的相关性分析结果可知，变量之间的相关系数在 0.2 至 0.7 之间，说明变量之间存在低度、中度相关。进一步通过方差膨胀因子来判断变量间是否存在多重共线性及多重共线性的严重程度，容忍度是方差膨胀因子的倒数，方差膨胀因子越大，则变量之间的多重共线性越严重。一般而言，方差膨胀因子小于10，说明变量之间不存在多重共线性。本书将需纳入回归模型的自变量及中介变量进行方差膨胀因子的计算，计算结果表明，培训、内部可雇佣性的方差膨胀因子为1.436，容忍度为0.696，小于10，说明变量之间不存在多重共线性，可以做回归分析。

根据温忠麟等（2004）提出的中介效应检验程序，采取强迫进入法进行回归。回归的步骤及结果见表5－23所示。首先，检验回归系数c是否显著，以组织承诺为因变量，以年龄、教育程度、工作年限、职位级别为控制变量，以培训为自变量进行回归分析，得到培训对组织承诺的总效应，即路径c的标准回归系数显著（$\beta=0.543$，$p<0.001$）；其次，以可雇佣性为因变量、培训为自变量进行回归分析，表明路径a显著（$\beta=0.530$，$p<0.001$）；再次，以培训、可雇佣性为预测变量，以组织承诺为因变量的回归结果中，路径系数b显

表5－23　　　　可雇佣性的中介效应回归分析

变量	组织承诺	可雇佣性	组织承诺
	模型1－1	模型1－2	模型1－3
年龄	0.108(1.853)	－0.108(－1.866)	0.13(2.269)
教育程度	－0.111*(－2.531)	0.111*(2.552)	－0.134**(－3.087)
工作年限	－0.049(－0.872)	0.041(0.744)	－0.058(－1.044)
职位级别	0.102*(2.183)	0.24***(5.182)	0.053(1.104)
培训	0.543***(12.652)[c]	0.530***(12.468)[a]	0.434***(8.616)[c′]
可雇佣性			0.207***(3.967)[b]
F(p值)	42.041(0.000)	44.306(0.000)	39.088(0.000)
R^2	0.359	0.380	0.394
ΔR^2			0.035

注：表中所列数据为标准化回归系数，括号内为对应的T值。

著（$\beta = 0.207$，$p < 0.05$），同时得到培训对组织承诺的标准回归系数 c′显著（$\beta = 0.434$，$p < 0.05$）。根据检验程序，中介效应为 0.110（a × b），中介效应占总效应的比例为 20.2%，可雇佣性在培训与组织承诺之间起部分中介作用，解释了培训与组织承诺之间的部分作用机理。

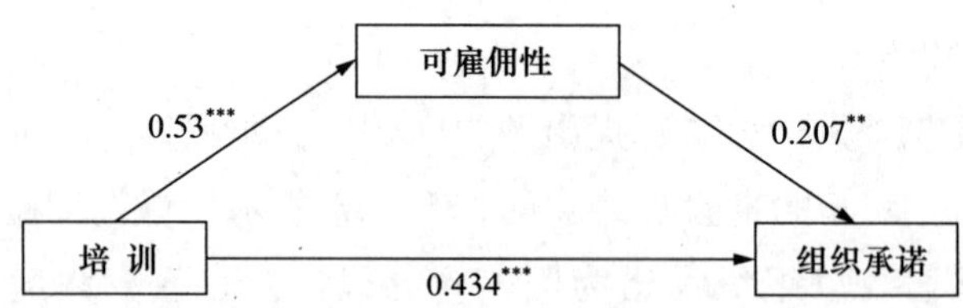

图 5－4　培训、可雇佣性与组织承诺之间的作用机理模型

2. 内部可雇佣性在培训与组织承诺之间的中介效应检验

首先，本书将需纳入回归模型的自变量及中介变量进行方差膨胀因子的计算，计算结果表明，培训、内部可雇佣性的方差膨胀因子低于 10，容忍度大于 0.1，说明变量之间不存在多重共线性，可以做回归分析。

其次，根据温忠麟等（2004）提出的中介效应检验程序，采取强迫进入法进行回归。回归的步骤及结果见表 5－24 所示。首先，检验回归系数 c 是否显著，以组织承诺为因变量、以培训为自变量进行回归分析，得到培训对组织承诺影响的总效应，即路径 c 的标准回归系数显著（$\beta = 0.543$，$p < 0.001$）；其次，以内部可雇佣性为因变量、培训为自变量进行回归分析，表明路径 a 显著（$\beta = 0.458$，$p < 0.001$）；再次，以培训、内部可雇佣性为预测变量，以组织承诺为因变量的回归结果中，路径系数 b 显著（$\beta = 0.267$，$p < 0.05$），同时得到培训对组织承诺的标准回归系数 c′显著（$\beta = 0.421$，$p < 0.05$）。根据检验程序，中介效应为 0.122（a × b），中介效应占总效应的比例为 22.5%，内部可雇佣性在培训与组织承诺之间起部分中介作用。

表 5-24　内部可雇佣性的中介效应回归分析

变量	组织承诺	内部可雇佣性	组织承诺
	模型 2-1	模型 2-2	模型 2-3
年龄	0.108(1.853)	-0.107(-1.786)	0.137(2.420)
教育程度	-0.111*(-2.531)	0.048(1.073)	-0.124**(-2.928)
工作年限	-0.049(-0.872)	0.031(0.547)	-0.057(-1.060)
职位级别	0.102*(2.183)	0.303***(6.310)	0.021(0.449)
培训	0.543***(12.652)[c]	0.458***(10.411)[a]	0.421***(8.926)[c′]
内部可雇佣性			0.267***(5.398)[b]
F 值(p 值)	42.041(0.000)	36.491(0.000)	42.622(0.000)
R^2	0.359	0.336	0.415
ΔR^2			0.056

注：表中所列数据为标准化回归系数，括号内为对应的 T 值。

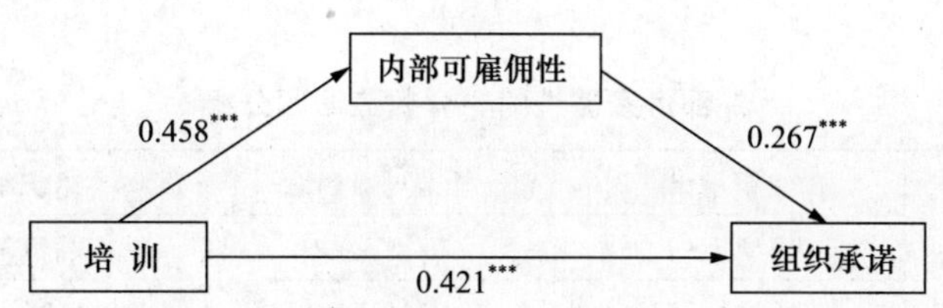

图 5-5　培训、内部可雇佣性、组织承诺的内在作用机理模型

3. 外部可雇佣性在培训与组织承诺之间的中介效应检验

假设 H4b 提出：外部可雇佣性在培训与组织承诺之间起中介效应。为检验此假设，首先从相关系数来看，培训、可雇佣性、组织承诺之间的相关系数在 0.2—0.6 之间，变量之间中度相关；其次，得到纳入回归模型的解释变量的方差膨胀因子（VIF）小于 10，容忍度大于 0.1，说明解释变量之间的多重共线性较弱，可以进行回归分析。再次，根据温忠麟等（2004）提出的中介效应检验程序，采取强迫进入法进行回归，分析考察外部可雇佣性是否起中介作用。回归的步骤及结果见表 5-25 所示。首先，检验回归系数 c 是否显著，以年龄、教育程度、工作年限、职位级别为控制变量，以组织承诺为因变量，

以培训为自变量进行回归分析，得到培训对组织承诺的总效应，即路径 c 的标准回归系数显著（$\beta=0.543$，$p<0.001$）；其次，以外部可雇佣性为因变量、培训为自变量进行回归分析，表明路径 a 显著（$\beta=0.431$，$p<0.001$）；再次，以培训、外部可雇佣性为预测变量，以组织承诺为因变量的回归结果中，路径系数 b 不显著（$\beta=0.048$，$p>0.05$），同时得到培训对组织承诺的标准回归系数 c′显著（$\beta=0.522$，$p<0.05$）。根据前述的检验步骤，当 b 值不显著时，计算 Z 统计量，进行 sobel 中介效应检验，根据 $Z=\frac{\hat{a}\hat{b}}{\sqrt{\hat{a}^2 s_b^2+\hat{b}^2 s_a^2}}=\frac{0.431\times0.048}{\sqrt{0.431^2\times0.055^2+0.048^2\times0.015^2}}=\frac{0.020688}{0.0236}=0.87$ 小于临界值 0.9，这说明 sobel 检验为统计不显著，结合本书主题，说明外部可雇佣性在培训与组织承诺之间中介效应不显著。

表 5－25　外部可雇佣性的中介效应回归分析

变量	组织承诺	外部可雇佣性	组织承诺
	模型 3－1	模型 3－2	模型 3－3
年龄	0.108(1.853)	－0.074(－1.143)	0.112(1.911)
教育程度	－0.111*(－2.531)	0.138(2.829)	－0.118**(－2.653)
工作年限	－0.049(－0.872)	0.038(0.609)	－0.051(－0.904)
职位级别	0.102*(2.183)	0.1(1.927)	0.097(2.069)
培训	0.543***(12.652)[c]	0.431***(9.045)[a]	0.522***(10.98)[c′]
外部可雇佣性			0.048(1.017)[b]
R^2	0.359	0.220	0.370
ΔR^2			0.011

注：表中所列数据为标准化回归系数，括号内为对应的 T 值。

五　结果讨论

以上中介效应的分析结果表明了培训对组织承诺影响作用的内在机理，可雇佣性及内部可雇佣性起部分中介作用，外部可雇佣性的中介作用不显著。这一过程可以理解为：在无边界职业生涯时代，培训是提升员工可雇佣性的主要方式，组织为员工提供培训机会、培训支持，为参与培训提供良好的组织氛围，以提高员工的岗位胜任力及加强对组织文化、制度的认识和理解，产生组织认同感，使员工在组织内实现职业的稳定成长、加薪、晋升、转换到理想工作岗位，因此选择留在组织内继续度过职业生涯。员工会将组织的“培训开发”视为对“员工—组织”关系的投资（Farrell & Rusbult，1981），这一研究结论与 Lips - Wiersma 和 Hall（2007）的研究相同，即，组织投资于员工技能、可雇佣性，使得员工感觉自己受到组织的重视，产生更高水平的工作动机和组织承诺感。

研究结论对实践的指导意义在于：一是重视培训对组织承诺的显著正向影响作用。培训对组织承诺的直接影响的标准化系数 $\beta = 0.543^{***}$（$p = 0.000$），通过内部可雇佣性的间接影响为 0.122，无论是直接影响还是间接影响，培训对组织承诺的影响显著且程度大，说明培训是吸引和留住员工的重要方式，组织应重视培训对员工态度及行为的潜在影响。二是重视员工的内部可雇佣性的培养。培训增强员工的岗位适应能力及组织认同感，同时，应将培训的结果与培训收益结合起来，使得他们参与培训后在人际关系、工作能力、工作稳定性、职业成长、收入增长等某一个或几个方面有实现的可能性（即内部可雇佣性），一方面可以增强员工参与培训的动力，使他们由被动参与转向主动参与，增加培训的有效性；另一方面，相比较外部劳动力市场的潜在机会，员工更加倾向于把握组织内部劳动力市场的现实机会，员工的组织承诺感也会随之增强，因此，提升内部可雇佣性是连接培训与组织承诺的中介。

第四节　培训对离职倾向影响的假设检验

一　培训与离职倾向的主效应检验

在本部分，对 H5 及其子假设进行检验。假设 H5：培训对离职倾向存在负向影响关系。为了判断变量之间是否存在线性关系，首先做解释变量与被解释变量之间的散点图，大致判断两个变量之间可能存在回归关系，然后，运用多元线性回归检验以上假设。

表 5 – 26　　　　培训与离职倾向的分层多元线性回归结果

变量	Beta（T 值）	p 值	Beta（T 值）	p 值
年龄	–0.147* （–2.115）	0.035	–0.150* （–2.182）	0.030
教育程度	0.128* （2.474）	0.014	0.107* （2.072）	0.039
工作年限	0.022（0.326）	0.744	0.029（0.435）	0.664
职位级别	–0.230*** （–4.196）	0.000	–0.204*** （–3.703）	0.000
培训			–0.141** （–2.787）	0.006
F 值（p 值）	10.483（0.000）		10.097（0.000）	
R^2	0.104		0.123	
$R^2_{adj.}$	0.094		0.111	
ΔR^2			0.017	

注：a. 预测变量：控制变量，培训；b. 因变量：离职倾向。

本部分回归分两步完成，首先将控制变量纳入回归方程，从表 5 – 26 可以看出，控制变量对于离职倾向有显著的预测作用，p = 0.000，其次，当培训进入回归方程以后，其回归系数显著（β = –0.141，p = 0.000），对结果的总解释率提高 1.7%，说明排除控制变量的影响后，培训对于离职倾向预测作用不大。

回归方程结果表明，模型解释了培训对组织承诺的影响（F（5, 361） = 10.097，p = 0.000，R^2 = 0.123）。但培训对离职倾向的解释力度尚不高，说明还有其他因素亦影响员工离职。培训对离职倾向的影响呈显著负相关（β = –0.141，p < 0.01），因此，假设 H5：培训对离职倾向存在负向影响关系，得到验证。进一步，本书以培训的各个维度为自变量，分别检验其与离职倾向之间的关系。检验结果如表 5 – 27 所示。

表 5－27　培训各维度与离职倾向的分层多元线性回归结果

变量	Beta（T 值）	p 值	Beta（T 值）	p 值
年龄	－0.147*（－2.115）	0.035	－0.127（－1.901）	0.058
教育程度	0.128*（2.474）	0.014	－0.089（1.785）	0.075
工作年限	0.022（0.326）	0.744	0.059（0.918）	0.359
职位级别	－0.230***（－4.196）	0.000	－0.192*（－3.609）	0.000
培训意愿			0.075（1.357）	0.176
培训机会			－0.024（－0.405）	0.686
个人收益			－0.159**（－2.677）	0.008
职业收益			0.274***（4.999）	0.000
主管支持			－0.227***（－3.702）	0.000
F 值（p 值）	10.483（0.000）		9.866（0.000）	
R^2	0.104		0.199	
$R^2_{adj.}$	0.094		0.179	
ΔR^2			0.085	

注：a. 预测变量：控制变量，培训意愿、培训机会、个人收益、职业收益、主管支持；b. 因变量：离职倾向。

在回归之前，通过方差膨胀因子（Variance inflation factor，VIF）和容忍度（Tolerance）判断解释变量之间是否存在多重共线性。本次回归中，各解释变量的方差膨胀因子 VIF 均小于 10，对应的容忍度均大于 0.1，可以认为各个解释变量之间不存在多重共线性。Durbin－Watson 统计量为 1.684，接近于 2，可以认为回归模型中的残差之间相互独立，自相关问题不显著。从以上的回归结果可以看出，5 个自变量全部进入回归方程，修正的 $R^2 = 0.179$，除控制变量的解释作用外，即进入回归方程的五个解释变量解释了因变量总变异的 8.5%（$\Delta R^2 = 0.085$），且回归方程的 $F(9, 357) = 9.866$，对应的 $p = 0.000 < 0.01$，即拒绝总体回归系数均为 0 的原假设。除“培训意愿”和“培训机会”两个因子外，培训其余的三个维度与离职倾向之间均存在显著的负相关关系（T 统计量大于 2，p 值均小于 0.05）。从表中可以得到标准化后的回归方程为：离职倾向 =（－0.159）× 个人收益 + 0.274 ×

职业收益+(−0.227)×培训支持，从影响的程度即标准化系数的绝对值大小来看，职业收益对离职倾向的影响程度最大，其次为培训支持，再次为个人收益。因此，通过表5−27验证了H5d：培训支持负向影响离职倾向。由于“培训收益”分解为“个人收益”与“职业收益”，两者对离职倾向的影响方向不同，个人收益对离职倾向存在负向影响，职业收益对离职倾向存在正向影响，因此，假设H5c得到部分支持。而假设H5a：培训意愿负向影响离职倾向及H5b：培训动机负向影响离职倾向未得到支持。以上的研究结论与McConnell(1999)，Kalleberg和Rogne（2000）的研究结论一致：有效的培训和技能开发项目对减少离职有重要的影响。

二 可雇佣性对离职倾向的回归检验

对可雇佣性与离职倾向的回归分析，也采用分层回归的方式处理。从表5−28的回归结果可以看出，可雇佣性对离职倾向的影响不显著，β=−0.027（p=0.607)，未拒绝回归系数为0的原假设，因此，假设H6：可雇佣性显著影响组织承诺未得到支持。从 ΔR^2 值为0.1%来看，可雇佣性对离职倾向的解释力度很低，且ΔF=0.265，对应的p值为0.607。造成这一结果的原因，可能是因为在目前的劳动

表5−28　　可雇佣性与离职倾向的分层多元线性回归结果

变量	Beta（T值）	p值	Beta（T值）	p值
年龄	−0.147*（−2.115)	0.035	−0.150*（−2.151)	0.032
教育程度	0.128*（2.474)	0.014	0.129*（2.4873)	0.013
工作年限	0.022（0.326)	0.744	0.024（0.353)	0.724
职位级别	−0.230***（−4.196)	0.000	−0.221***（−3.827)	0.000
可雇佣性			−0.027（−0.515)	0.607
F值（p值）	10.483（0.000)		8.422（0.000)	
R^2	0.104		0.104	
$R^2_{adj.}$	0.094		0.095	
ΔR^2			0.001	

注：a. 预测变量：控制变量，可雇佣性；b. 因变量：离职倾向。

力市场背景下，可雇佣性对员工离职的影响尚不明显，其他的因素，如薪酬福利、人际关系、工作本身等亦是主要影响因素，或者被调查者的内、外可雇佣性均高，但影响方向相反，他们对离职的态度较为模糊难定，需综合考虑其他因素以后才能确定。

表 5-29 内部可雇佣性与离职倾向的分层多元线性回归结果

变量	Beta（T值）	p值	Beta（T值）	p值
年龄	-0.147*（-2.115）	0.035	-0.169*（-2.474）	0.014
教育程度	0.128*（2.474）	0.014	0.124*（2.444）	0.015
工作年限	0.022（0.326）	0.744	0.032（0.492）	0.623
职位级别	-0.230***（-4.196）	0.000	-0.155**（-2.692）	0.007
内部可雇佣性			-0.194（-3.678）	0.000
F值（p值）	10.483（0.000）		11.381（0.000）	
R^2	0.104		0.136	
$R^2_{adj.}$	0.094		0.124	
ΔR^2			0.03	

注：a. 预测变量：控制变量，内部可雇佣性；b. 因变量：离职倾向。

表 5-30 外部可雇佣性与离职倾向的分层多元线性回归结果

变量	Beta（T值）	p值	Beta（T值）	p值
年龄	-0.147*（-2.115）	0.035	-0.135*（-1.966）	0.05
教育程度	0.128*（2.474）	0.014	0.118*（2.294）	0.022
工作年限	0.022（0.326）	0.744	0.014（0.209）	0.834
职位级别	-0.230***（-4.196）	0.000	-0.254***（-4.604）	0.000
外部可雇佣性			0.133**（2.629）	0.009
F值（p值）	10.483（0.000）		9.905（0.000）	
R^2	0.104		0.121	
$R^2_{adj.}$	0.094		0.108	
ΔR^2			0.014	

注：a. 预测变量：控制变量，外部可雇佣性；b. 因变量：离职倾向。

进一步，为明晰可雇佣性的中介影响，分别将可雇佣性的两个维度：内部可雇佣性及外部可雇佣性对离职倾向回归，回归结果发现，①从回归系数看，内部可雇佣性与离职倾向之间的标准化回归系数为 $\beta = -0.194^{***}$（$p = 0.000$），为显著的负向影响关系；外部可雇佣性与离职倾向之间正相关显著，标准化回归系数为 $\beta = 0.133^{**}$（$p = 0.009$）；从回归系数的绝对值可以看出，内部可雇佣性对离职倾向影响的标准化回归系数更大（$0.194 > 0.133$）。②从解释率来看，除去控制变量的影响，内部可雇佣性的净解释率为3%，外部可雇佣性的净解释率为1.4%，内部可雇佣性对离职倾向的解释力度更强，这说明尽管外部劳动力市场可能存在各种潜在的雇佣机会，但真正能够引起员工产生离职念头甚至转化为离职行动的还是雇员在组织中的内部可雇佣性，由于组织内部发展不满意而导致员工实际离职行为。

三 可雇佣性在培训与离职倾向之间的中介效应检验

本部分拟检验假设 H7：可雇佣性在培训与离职倾向之间的中介效应。根据温忠麟等（2004）的建议，列出各变量之间的关系及检验方程式，以更加清晰地展示变量之间的关系以及待估计参数。

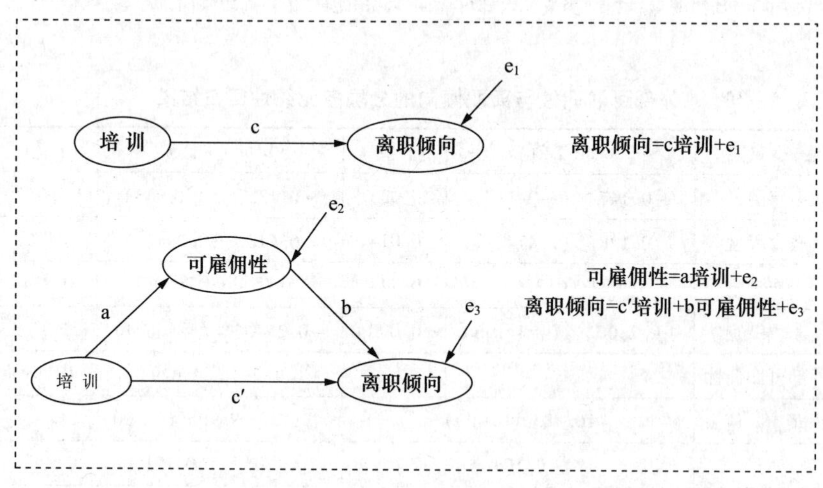

图5－6 可雇佣性的中介效应检验

（一）可雇佣性的中介效应检验

在检验中介效应之前，为避免多重共线性，需要对解释变量之间的多重共线性进行检验，本书主要从两个方面：解释变量之间的相关系数及方差膨胀因子检验。从相关系数来看，培训与可雇佣性之间的相关系数为0.551，属于中度相关；从方差膨胀因子看，VIF为1.436，容忍度为0.696，这说明培训和可雇佣性之间不存在多重共线性，可以做回归分析。

根据温忠麟等（2004）提出的中介效应检验程序，采取强迫进入法进行回归，分析可雇佣性是否具有中介作用。回归的步骤及结果见表5－31所示。首先，检验回归系数c是否显著，以离职倾向为因变量、以培训为自变量进行回归分析，得到培训对离职倾向的总效应，

表5－31　可雇佣性的中介效应回归分析

变量	离职倾向	可雇佣性	离职倾向
	模型4－1	模型4－2	模型4－3
年龄	−0.150*(−2.182)	−0.108(−1.866)	0.112(1.911)
教育程度	0.107*(2.072)	0.111*(2.552)	−0.118**(−2.653)
工作年限	0.029(0.435)	0.041(0.744)	−0.051(−0.904)
职位级别	−0.204***(−3.703)	0.24***(5.182)	0.097(2.069)
培训	−0.141**(−2.787)[c]	0.530***(12.468)[a]	−0.201**(−2.995)[c′]
可雇佣性			0.113*(2.208)[b]
F值(p值)	10.097(0.000)	44.306(0.000)	12.743(0.000)
R^2	0.123	0.380	0.138
ΔR^2			0.015

注：a. 预测变量：控制变量，可雇佣性；b. 因变量：离职倾向。

即路径c的标准回归系数显著（$\beta=-0.141$，$p<0.01$）。其次，以可雇佣性为因变量、以培训为自变量进行回归分析，表明路径a显著（$\beta=0.530$，$p<0.001$）。再次，以培训、可雇佣性为预测变量，以离职倾向为因变量的回归结果中，路径系数b显著（$\beta=0.113$，$p<0.01$），同时得到培训对离职倾向的标准化回归系数c′（$\beta=-0.201$，

$p<0.01$)，表明回归系数显著，说明可雇佣性在培训与离职倾向之间起部分中介作用。根据检验程序，中介效应为0.06($a\times b$)，中介效应占总效应的比例为42.5%，研究结果认为可雇佣性在培训与离职倾向之间起部分中介的作用。

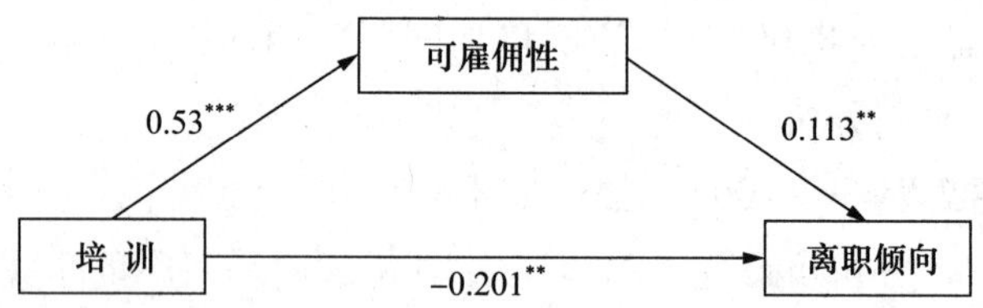

图5-7 培训、可雇佣性与离职倾向之间的作用机理模型

下面分别检验可雇佣性的两个子维度在培训与组织承诺之间的中介效应，分析过程及结果如下：

（二）内部可雇佣性在培训与离职倾向之间的中介效应检验

本书将需纳入回归模型的控制变量、自变量及中介变量进行相关系数及方差膨胀因子的计算，计算结果表明，培训与内部可雇佣性之间的相关系数在0.2至0.7之间，属于中度相关，培训、内部可雇佣性的方差膨胀因子小于10，容忍度大于0.1，说明变量之间不存在多重共线性，可以做回归分析。

根据温忠麟等（2004）提出的中介效应检验程序，采取强迫进入法进行回归，分析内部可雇佣性的中介作用是否显著。回归的步骤及结果见表5-32及图5-8所示。首先，检验回归系数c是否显著。以离职倾向为因变量、以培训为自变量进行回归分析，得到培训对组织承诺的总效应，即路径c的标准回归系数显著（$\beta=-0.141$，$p<0.01$）。其次，以内部可雇佣性为因变量、以培训为自变量进行回归分析，表明路径a显著（$\beta=0.458$，$p<0.001$）。再次，以培训、可雇佣性为预测变量，以离职倾向为因变量的回归结果中，路径系数b显著（$\beta=-0.159$，$p<0.001$），同时得到培训对离职倾向的标准化回归系数c′($\beta=-0.068$，$p=0.253>0.05$)，在显著水平为0.05

时，回归系数对应的 p 值大于 0.05，表明回归系数为不显著，说明内部可雇佣性在培训与离职倾向之间起完全中介作用。

表 5-32　　　　内部可雇佣性的中介效应回归分析

变量	离职倾向	内部可雇佣性	离职倾向
	模型 5-1	模型 5-2	模型 5-3
年龄	-0.150*(-2.182)	-0.107(-1.786)	-0.167*(-2.439)
教育程度	0.107*(2.072)	0.048(1.073)	0.115*(2.235)
工作年限	0.029(0.435)	0.031(0.547)	0.034(0.515)
职位级别	-0.204***(-3.703)	0.303***(6.310)	-0.156**(-2.707)
培训	-0.141**(-2.787)[c]	0.458***(10.411)[a]	-0.068(-1.189)[c']
内部可雇佣性			-0.159***(-2.656)[b]
F 值(p 值)	10.097(0.000)	36.491(0.000)	9.731(0.000)
R^2	0.123	0.336	0.148
ΔR^2			0.025

注：a. 预测变量：控制变量，内部可雇佣性；b. 因变量为：离职倾向。

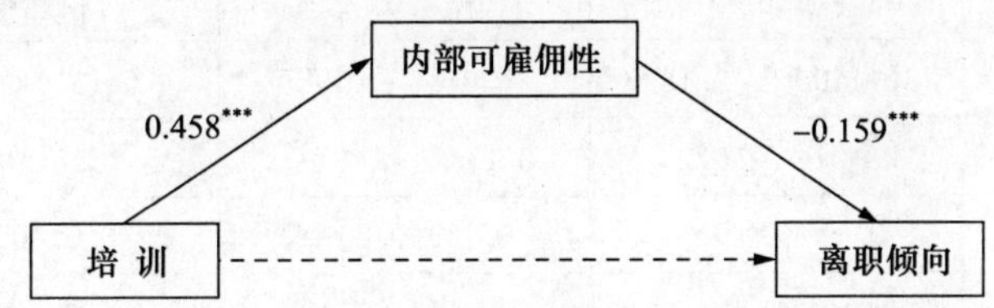

图 5-8　培训、内部可雇佣性与离职倾向之间的作用机理模型

（三）外部可雇佣性在培训与离职倾向之间的中介效应检验

本书计算需纳入回归模型的解释变量之间相关系数及方差膨胀因子，计算结果表明，解释变量之间的相关系数在 0.1—0.6 之间，属于中度相关，解释变量之间的方差膨胀因子（VIF）均小于 10，容忍度大于 0.1，说明解释变量之间的多重共线性问题不严重，可以做回归分析。

根据温忠麟等（2004）提出的中介效应检验程序，采取强迫进入法进行回归，分析考察外部可雇佣性的中介作用是否显著。回归的步骤及结果见表5-33及图5-9所示。首先，检验回归系数c是否显著，以离职倾向为因变量，以控制变量、培训为自变量进行回归分析，得到培训对离职倾向影响的总效应，即路径系数c的标准化回归系数显著（β=-0.141，p<0.01）。其次，以外部可雇佣性为因变量、培训为自变量进行回归分析，表明路径a显著（β=0.431，p<0.001）。再次，以培训、外部可雇佣性为自变量，以离职倾向为因变量的回归结果中，路径系数b显著（β=0.237，p<0.001），同时得到培训对离职倾向的标准化回归系数c′(β=-0.243，p<0.001)，表明回归系数显著，说明外部可雇佣性在培训与离职倾向之间起部分中介作用。根据检验程序，中介效应为0.102（a×b），中介效应占总效应的比例为72.3%，研究结果认为外部可雇佣性在培训与离职倾向之间起部分中介的作用，且中介效应占比较大。

表5-33　外部可雇佣性的中介效应回归分析

变量	离职倾向	外部可雇佣性	离职倾向
	模型6-1	模型6-2	模型6-3
年龄	-0.150*(-2.182)	-0.074(-1.143)	-0.132*(-1.970)
教育程度	0.107*(2.072)	0.138**(2.829)	0.075(1.459)
工作年限	0.029(0.435)	0.038(0.609)	0.02(0.307)
职位级别	-0.204***(-3.703)	0.1(1.927)	-0.228**(-4.213)
培训	-0.141**(-2.787)[c]	0.431***(9.045)[a]	-0.243***(-4.446)[c′]
外部可雇佣性			0.237***(4.436)[b]
F值(p值)	10.097(0.000)	20.409(0.000)	11.987(0.000)
R^2	0.123	0.220	0.166
ΔR^2			0.043

注：a. 预测变量：控制变量，外部可雇佣性；b. 因变量：离职倾向。

四　中介作用的间接效应检验

当前对于中介效应的研究中，研究者通常在逐步检验法的基础上，进一步引入其他类型的中介效应检验方法（如，检验中介作用“间接效

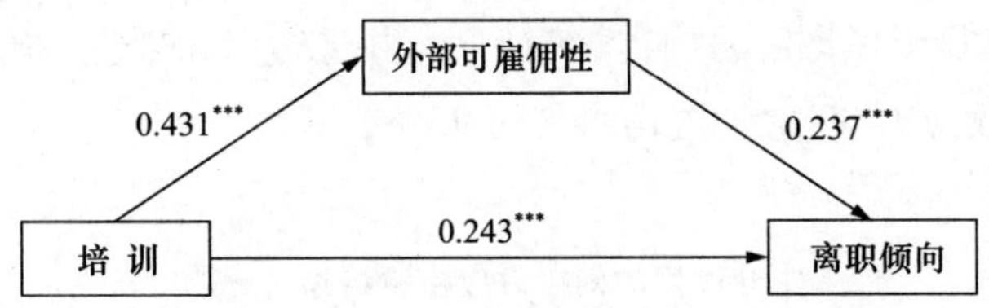

图 5－9　培训、外部可雇佣性与离职倾向之间的作用机理模型

应”的 sobel 检验法和 bootstrap 法），这是因为 Baron 和 Kenny 的逐步检验法的统计检验力比较低，或者可能导致统计检验中出现比较高的第二类错误（特别是样本小时）（MacKinnon，Lockwood et al.，2002；Preacher & Hays，2004）。因此，本书进一步采取 Bootstrap 法（Preacher & Hayes，2008；Shrout & Bolger，2002）验证可雇佣性的中介效应。Bootstrap 法检验间接效应，是独立于逐步检验法的另外一种对中介效应进行评价的统计方法（MacKinnon et al.，2002；Preacher & Hayes，2004）。相对于逐步检验法，这种方法可以直接衡量中介效应且具有可靠的统计检验力（MacKinnon et al.，2002；Preacher & Hayes，2004）。假设 a 是自变量（X）对中介变量（M）的直接效应，b 是控制自变量（X）对因变量（Y）的影响后，中介变量（M）对因变量（Y）的直接效应。a 和 b 的乘积（a×b）就是自变量通过中介变量对因变量的间接效应（Preacher & Hayes，2004）。Bootstrap 法的原假设是 a×b 等于零。如果 a×b 不等于零，则中介效应存在。Bootstrap 法通过区间估计对中介效应进行检验，它对中介效应显著性判断的标准是置信区间是否包括“0”。当置信区间不包括“0”就拒绝原假设，说明中介效应显著。如果置信区间包括“0”，则不能拒绝原假设，中介效应不显著。

（一）可雇佣性在培训与组织承诺之间中介作用的间接效应检验

在本书中，仍然以年龄、受教育年限、职位级别、工作年限为控制变量，培训为自变量，可雇佣性为中介变量，组织承诺为因变量进行中介效应检验。在检验时，Bootstrap 法需将原来所有样本视为总体，然后从总体中多次抽样，抽样方式为放回抽样，通常大于或等于

1000 次，以此计算相应的样本统计量，并进行中介效应检验。本书定义抽样次数为 1000 次，置信水平为 95%。

表 5－34　　中介作用的间接效应检验结果（一）

中介变量	置信区间		中介效应值
	低值	高值	（Data）
可雇佣性	0.0289	0.1717	0.1003
内部可雇佣性	0.0406	0.1759	0.1074
外部可雇佣性	－0.0312	0.0392	0.0061

Bootstrap 分析结果表明：（a）在培训与组织承诺之间，可雇佣性的中介效应显著［0.0289，0.1717］（置信区间不包括“0”），（b）内部可雇佣性的中介效应也显著［0.0406，0.1759］（置信区间不包括“0”），（c）外部可雇佣性的中介效应不显著［0.482，1.759］（置信区间包括“0”），该结果再一次验证了中介效应的检验结果。

（二）可雇佣性在培训与离职倾向之间中介作用的间接效应检验

采用上述同样的思路，检验可雇佣性在培训与离职倾向之间中介作用间接效应的显著性。检验结果如表 5－35 所示。

表 5－35　　中介作用的间接效应检验结果（二）

中介变量	置信区间		中介效应值
	低值	高值	（Data）
可雇佣性	0.0208	0.1837	0.1192
内部可雇佣性	0.0194	0.1685	0.2105
外部可雇佣性	0.0216	0.1721	0.1837

Bootstrap 分析结果表明：（a）在培训与离职倾向之间，可雇佣性的中介效应显著［0.0208，0.1837］（置信区间不包括“0”），（b）内部可雇佣性的中介效应也显著［0.0194，0.1685］（置信区间不包括“0”），（c）外部可雇佣性的中介效应也显著［0.0216，0.1721］

(置信区间不包括“0”),该结果再一次验证了中介效应的检验结果。

五 结果讨论

通过以上中介效应检验发现,可雇佣性在培训与离职倾向之间起部分中介效应,进一步分维度检验显示,内部可雇佣性在培训与离职倾向之间起完全中介作用,外部可雇佣性在培训与离职倾向之间起部分中介作用;从影响方向上看,内部可雇佣性对离职倾向是负向影响,外部可雇佣性对离职倾向是正向影响。March 和 Simon(1958)首次提出,个人的能力和流动意愿共同影响员工的离职倾向。可雇佣性是员工能力的重要体现,在特定的时段是相对稳定的,内部可雇佣性是决定员工去留的一个核心因素,员工产生离职倾向时首先考虑的是在组织内部面临的发展机会,明晰内部劳动力市场的价值,当他们对组织内的各种因素满意程度较高时,主要是组织价值观、升迁、薪酬福利、工作状态、学习培训机会、人际关系等,完全能够降低员工的离职倾向;而外部可雇佣性起部分中介的作用,依据对外部可雇佣性的界定,其主要内容包括员工技能的通用性及外部劳动力市场机会,外部劳动力市场机会在员工离职选择中是考虑的主要因素之一,相比较内部劳动力市场,外部劳动力市场的不确定性更高,获取成本高,也取决于其他雇主是否重视或需要这些技能(Acemoglu & Pischke,1998,1999)。除此之外,其他的组织内部因素可能将影响员工离职,因此,外部可雇佣性起部分中介作用而非完全中介作用。本结论对人力资源管理的启示是,通过培训重视员工内部可雇佣性的培养,以降低离职倾向、减少离职行为的发生。

在无边界职业生涯时代,组织应该为员工提供维持与发展他们可雇佣性的环境,但同时顾虑的是,员工利用组织所提供的资源提升他们的可雇佣性以后可能会转换到其他条件更好的组织,那么组织的投资将付之东流。对于这一疑虑,早期人力资源管理文献中,如 Schultz(1961)、Becker(1962)提出在可雇佣性上的投资可能难以获得充足的回报,尤其是一般性、市场化的技能投资。但 Gaspersz 和 Ott(1996)提出“可雇佣性悖论(employability paradox)”,分析这一现象后认为,组织投资于员工可雇佣性的发展是倾向于增加他们在组织内潜在的流动性和发展其为多面手，这种流动增强了员工组织内的弹性，多技能的员工更受组织的欢迎，适应组织灵活性的需要，当面临组织变革时，使组织能更快地反应和调整。因此，增强员工可雇佣性符合组织柔性化的发展趋势。Edmonstone 和 Havergal（1993）提出组织的生存取决于员工的技能和经验的程度。帮助员工发展就业能力对内能改善生产力、维持员工士气与企业发展，当面临组织变革时，员工的抵制态度将成为一种潜在的威胁（Deloitte & Touche，2001）。组织的可雇佣性提升策略能够有意识地减少这种抵制情绪。此外，这一做法树立了组织有责任感的雇主品牌，吸引了外部潜在员工。因此，提升可雇佣性策略，对组织而言，是一种更为持续的、潜在的收益。

六　进一步的讨论

通过主效应、中介效应分析，发现培训既可能直接作用于行为倾向，也可能通过可雇佣性对行为倾向产生间接作用。在不考虑其他因素影响的情况下，本书将“培训”、“可雇佣性”、“组织承诺”、“离职倾向”四个变量同时采用结构方程模型的路径分析，拟进一步比较培训对员工行为倾向的影响效应，以粗略地判断“通过培训增强员工技能就增加员工离职的可能性”这一现实困境是否成立。分析结果如下图所示：

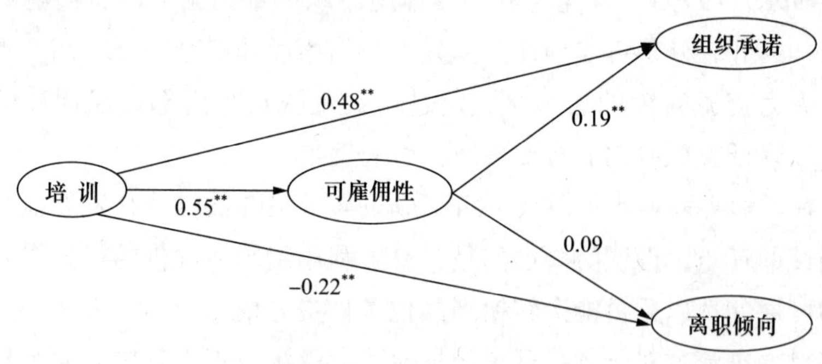

图 5-10　可雇佣性的中介效应比较

通过上述结构方程模型估计结果，显示该模型整体拟合情况良好，基本达到各项拟合指标。然后，可以分别计算培训对组织承诺和离职倾向的总体影响效应。培训对组织承诺影响的总效应为直接效应与间接效应之和，其中，直接效应为0.48，间接效应 =0.55 ×0.19 = 0.104，因此，总效应为0.58；培训对离职倾向的总效应为 -0.22，说明培训会降低离职倾向。从整体上分析，培训促进了员工的组织承诺。

表5 -36　　　　　　　　模型的基本估计结果

路径	结构方程估计			
	路径系数	p 值	C. R	S. E.
培训→可雇佣性	0.551	***	12.639	0.012
可雇佣性→组织承诺	0.186	***	3.712	0.069
可雇佣性→离职倾向	0.09	0.125	0.989	0.105
培训→组织承诺	0.476	***	9.494	0.018
培训→离职倾向	-0.216	***	-3.514	0.028
拟合优度指标：$\chi^2/df = 2.443$，RMSEA = 0.076，GFI = 0.938，IFI = 0.858，CFI = 0.856，NFI = 0.886				

现实中某些组织在管理中陷入这样的困境：企业采取各种培训措施提升员工技能、满足员工可雇佣性需求，但是员工的承诺强度仍然很低，离职率较高，甚至是“裸辞”现象非常严重，尤其是知识员工、核心员工的离职，给组织带来严重损失，“雇主希望留下的是优秀员工，而优秀员工恰恰是最容易流失的”，这就形成了一个让许多雇主困惑的矛盾，即是否应该培训员工？许多雇主认为提高了员工的技能就等于增加了员工流失的可能性。本部分通过实证分析，认为，从整体效应看，组织的培训政策有利于增强组织承诺和留职意愿，负向影响离职倾向。本书这一实证研究结论消除了大多数雇主的疑惑，受训员工给组织培训制度以积极的行为响应，这将增强组织人力资本投资及回报的信心，从企业和员工共赢的角度来看，积极的培训机制更加有利于留住现有员工，构建良好的雇主品牌，吸引潜在员工。

第五节 期望符合度的调节效应检验

一 有调节的中介模型简介

中介变量和调节变量是社会科学研究中的重要概念，是挖掘复杂的因果关系需引入的重要变量（张莉、Wan Fang 等，2011）。引入调节变量的目的是识别自变量对因变量的边界条件，可以清晰地展现自变量与因变量之间在何种情况下、存在怎样的关系。中介变量是受自变量影响、并通过其影响因变量的变量，研究中引入中介变量的目的在于揭示自变量对因变量影响的过程和作用机制，揭开自变量与因变量之间关系的黑箱。在已有的变量间因果关系研究中，中介变量和调节变量已经受到研究者的重视，但目前的研究需进一步挖掘自变量和因变量之间更为精确的因果关系，引入兼顾中介变量和调节变量的混合模型，提出有中介的调节（mediated moderator）模型和有调节的中介（moderated mediator）模型，甚至两者兼有的混合模型。有中介的调节是指自变量对因变量的调节效应通过中介变量产生影响（温忠麟等，2006）。相比简单的中介变量，有中介的调节多了一层关系，即自变量并非单独通过中介变量对因变量起作用，调节变量对自变量通过中介变量对因变量的作用过程起调节作用。有中介的调节与有调节的中介之间的差别在于有中介的调节起主导作用的是调节作用，即对调节作用的原因和机制进行解释。有调节的中介指的是自变量对因变量的中介效应受调节的影响。具体而言，有调节的中介效应体现为自变量对中介变量的影响程度取决于调节变量，或者体现为中介变量对因变量的影响程度取决于调节变量，或二者兼有。即，有调节的中介效应是自变量对因变量的中介作用由于调节变量的水平不同而有差异（Edwards & Lambert，2007），主要用于解释如何发生以及在什么情况下发生（Frone，1992）。这一思路用于考察中介作用发生的权变机制，更加深入地揭示自变量到因变量整个影响机制的作用过程。对此，Muller 等给出了相应的检验步骤，以此建立回归方程（Muller &

Judd，2005）。步骤如下：

$$Y = b_{10} + b_{11}X + b_{12}M_0 + b_{13}XM_0 + \varepsilon_1$$

$$M_e = b_{20} + b_{21}X + b_{22}M_0 + b_{23}XM_0 + \varepsilon_2$$

$$Y = b_{30} + b_{31}X + b_{32}M_0 + b_{33}XM_0 + b_{34}M_e + b_{35}M_eM_0 + \varepsilon_3$$

其中，M_0 是调节变量，b_{10}、b_{20}、b_{30}是回归方程的常数项，b_{11}、b_{31}分别是自变量对因变量的影响系数，b_{21}是自变量对中介变量的影响系数，b_{12}、b_{32}分别是调节变量对因变量的影响系数，b_{22}是调节变量对中介变量的影响系数，b_{13}、b_{33}分别是自变量与调节变量的交互作用对因变量的影响系数，b_{23}是自变量与调节变量的交互作用对中介变量的影响系数，b_{34}是中介变量对因变量的影响系数，b_{35}是中介变量与调节变量的交互作用对因变量的影响系数，ε_1、ε_2、ε_3 是回归方程的误差项。

在有调节的中介作用检验中，首先，中介作用的总效应应显著（即 b_{11}显著，$p<0.05$）且自变量与调节变量的交互作用对因变量影响不显著（即 b_{13}不显著）。其次，分别讨论以下三种情况的有调节的中介作用：

第一种，自变量与调节变量的交互作用影响中介变量显著（即 b_{23}、b_{34}显著），也就是自变量与中介变量的关系受调节变量的影响。

第二种，自变量与中介变量的交互作用影响因变量显著（即 b_{21}、b_{35}显著），中介变量与因变量之间的关系受调节变量的影响。

第三种，自变量与调节变量的交互作用以及调节变量与中介变量的交互作用同时影响因变量显著（即 b_{23}、b_{34}、b_{21}、b_{35}均显著），自变量与中介变量的关系以及中介变量与因变量之间的关系均受调节变量的影响。

根据本书设计，主要讨论第二种有调节的中介情况，即中介变量与因变量的关系受调节变量的影响。本书中，讨论可雇佣性与组织承诺之间、可雇佣性与离职倾向之间是否受期望符合度的影响。本书中，Y 代表组织承诺，X 代表培训，M_0 表示期望符合度，M_e 表示可雇佣性。

二　期望符合度在可雇佣性与组织承诺关系中的调节作用检验

为验证假设 H8：“期望符合度调节可雇佣性在培训和组织承诺间的中介作用”，按照 Muller 等（2005）检验有调节的中介模型的方法，分三步分别做变量之间的回归，检验特定回归系数是否显著。检验结果汇总如表 5－37。在检验中介作用的调节效应之前，对中介变量、调节变量以及预测变量进行均值中心化处理（变量减去各自的均值）（辛自强等，2007），以避免多重共线性的影响，然后计算自变量与调节变量、中介变量与调节变量的交互作用项。

表 5－37　期望符合度在可雇佣性与组织承诺之间的调节中介效应检验结果

预测变量	方程 1		方程 2		方程 3	
	组织承诺		可雇佣性		组织承诺	
	b	T	b	T	b	T
自变量:培训	0.518**(b_{11})	11.303	0.393**(b_{21})	9.195	0.464**(b_{31})	9.145
调节变量:期望符合度	0.157**(b_{12})	3.408	0.398**(b_{22})	9.264	0.102*(b_{32})	1.996
自变量×调节变量:培训×期望符合度	-0.022(b_{13})	-0.509	0.017(b_{23})	0.432	-0.026(b_{33})	-0.483
中介变量:可雇佣性					0.139**(b_{34})	2.479
中介变量×调节变量:可雇佣性×期望符合度					0.103*(b_{35})	2.059
F 值(p 值)	46.792(0.000)		64.642(0.000)		41.762(0.000)	
R^2	0.316		0.369		0.366	
ΔR^2					0.05	

注：a. 表中的 b 值为标准化的回归系数；b. * 表示 $p<0.1$，** 表示 $p<0.05$；c. 以上分析时变量均已做中心化处理；d. 因变量：组织承诺。

分析步骤及结果如下：在第一步的回归分析中，自变量对因变量的总效应为0.518（$p<0.05$，b_{11}显著），且自变量与调节变量的交互作用为-0.022（$p>0.05$，b_{13}不显著），这说明期望符合度在培训与组织承诺之间不存在调节效应，满足了有调节的中介效应检验的前提条件；在第二步以中介变量为因变量、自变量及自变量与调节变量的交互作用的回归分析中，自变量的标准化回归系数为0.393（$p<0.05$，b_{21}显著），满足步骤二的检验条件；第三步，以组织承诺为因变量，自变量、中介变量及各自与调节变量的交互作用进入模型，其中，重点考察中介变量与调节变量交互作用的回归系数，据表5-35所示，中介变量与调节变量交互作用的标准化回归系数为0.103（$p<0.05$），对应的T值为2.059，说明对组织承诺的预测作用显著，这说明期望符合度对可雇佣性与组织承诺的关系存在调节作用。因此，假设H8："期望符合度调节可雇佣性在培训和组织承诺间的中介作用"得到证实。即：当期望符合度高时，通过培训提升可雇佣性，将增强员工的组织承诺；当期望符合度低时，通过培训提升可雇佣性后，将降低员工的组织承诺。

为检验期望符合度在可雇佣性中介作用中的调节效应的间接效应的显著性，本书采用Preacher等（2007）的方法，检验结果见表5-38所示。将各变量进行中心化处理后，首先检验期望符合度的调节效应，在以组织承诺为因变量，以培训、可雇佣性、期望符合度以及可雇佣性与期望符合度乘积为自变量的模型回归结果中，可雇佣性与期望符合度乘积的回归系数显著不为0（$\beta=0.103$，$p=0.021$），这表明培训通过可雇佣性对组织承诺的间接影响受期望符合度的调节。同时，可雇佣性与期望符合度乘积项的系数显著，这一结果再次表明本书同源方差现象造成的影响有限，结论具有可靠性，与前文使用Harman单因素检验同源方差现象的结论一致。其次，以中心化的期望符合度为基准，考察期望符合度的不同水平下间接效应是否显著。本阶段采用Bootstrap法，并设定再抽样次数为1000，得到处于期望符合度的基准水平及高于、低于基准一个标准差时培训对组织承诺影响间接效应的影响系数及各自的Bootstrap 95%置信区间上限及下限。从期望符合度=0.9614（Mean+1SD）的95%置信区间上限及下限｛0.037，0.169｝未包含0，可以认为，该间接效应显著不为0（Preacher等，2007），且间接效应为正（Boot Indirect Effect = 0.331）。采取同样的方法可以判断，当期望符合度为基准水平时的间接效应为正且显著，但处于Mean - 1SD水平时，间接效应不显著。

表5-38　　期望符合度在可雇佣性与组织承诺之间的调节效应检验结果

变量	中介变量（可雇佣性）			
	β	SE	T	P
常数	-2.414	0.182	-13.269	0
培训	0.64	0.048	13.341	0
变量	结果变量（组织承诺）			
	β	SE	T	P
常数	1.845	0.237	7.777	0
培训	0.366	0.063	5.814	0
可雇佣性	0.107	0.073	1.465	0.144
期望符合度	0.077	0.035	2.225	0.027
可雇佣性×期望符合度	0.102	0.048	2.125	0.021
期望符合度 = Mean ± 1SD	间接效应（期望符合度 = M ± 1SD）			
	Boot	Boot SE	Boot置信区间	
	间接效应		下限	上限
-1SD（-0.9614）	0.017	0.061	-0.022	0.205
M（0.000）	0.169	0.046	0.016	0.159
1SD（0.9614）	0.331	0.053	0.037	0.169

为清晰地说明期望符合度的调节作用，本书以期望符合度均值加减一个标准差将期望符合度分组（由于期望符合度已做中心化处理，故其均值为0），平均数加一个标准差为期望符合度高组，平均数减一个标准差为期望符合度低组，绘制了在不同期望符合度水平下，可雇佣性与组织承诺之间的关系（见图5-11）。比较图5-11中三条直线的斜率，可以看出，期望符合度高时可雇佣性对组织承诺的正向

影响程度大于平均水平、期望符合度低时的程度。此外，在同一可雇佣能力水平上，期望符合度高的员工组织承诺度高于另外两组期望水平的组织承诺度。这说明期望符合度显著调节可雇佣性与组织承诺之间的关系。假设 H8 得到支持。

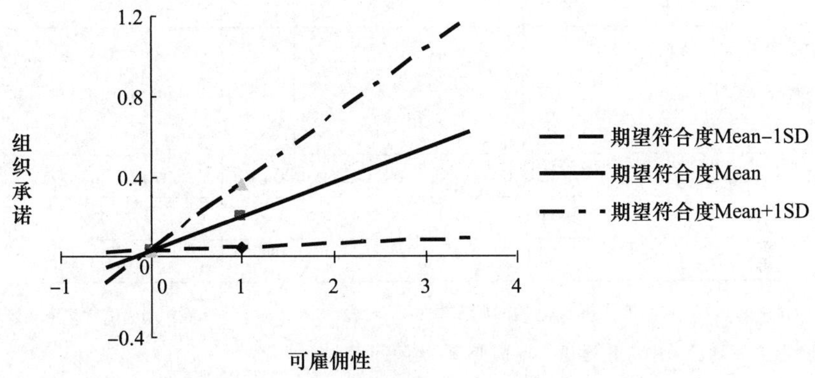

图 5-11　期望符合度在可雇佣性对组织承诺预测作用中的调节作用

三　期望符合度在可雇佣性与离职倾向关系中的调节作用检验

为检验假设 H9："期望符合度调节可雇佣性在培训和离职倾向间的中介作用"，采取以上类似的步骤分析，检验结果如表 5-39 所示。

表 5-39　期望符合度在可雇佣性与离职倾向之间的调节中介效应检验结果

预测变量	方程 1		方程 2		方程 3	
	离职倾向		可雇佣性		离职倾向	
	b	T	b	T	b	T
自变量：培训	-0.158** (b_{11})	-2.842	0.393** (b_{21})	9.195	-0.203** (b_{31})	-3.289
调节变量：期望符合度	-0.1* (b_{12})	-1.796	0.398** (b_{22})	9.264	-0.143** (b_{32})	-2.308
自变量×调节变量：培训×期望符合度	-0.021 (b_{13})	-0.408	0.017 (b_{23})	0.432	-0.092 (b_{33})	-1.403

续表

预测变量	方程 1		方程 2		方程 3	
	离职倾向		可雇佣性		离职倾向	
	b	T	b	T	b	T
中介变量：可雇佣性					0.103（b_{34}）	1.516
中介变量×调节变量：可雇佣性×期望符合度					0.111*（b_{35}）	1.705
F 值（p 值）	6.226（0.000）		64.642（0.000）		4.775（0.000）	
R^2	0.049		0.369		0.072	
ΔR^2					0.023	

注：a. 表中的 b 值为标准化的回归系数；b. * 表示 $p<0.1$；** 表示 $p<0.05$；c. 以上分析时变量均已做中心化处理；d. 因变量：组织承诺。

在第一步的回归分析中，自变量对因变量的总效应为 -0.158（$p<0.05$，b_{11} 显著），且自变量与调节变量的交互作用为 -0.021（$p>0.05$，b_{13} 不显著），这说明期望符合度在培训与离职倾向之间不存在调节效应，满足了有调节的中介检验的前提条件；在第二步的分析中，以中介变量可雇佣性为因变量，以培训、期望符合度及其交互作用为自变量的回归分析中，以自变量培训的标准化回归系数为 0.393（$p<0.05$，b_{21} 显著），即可雇佣性的中介效应成立，满足步骤二的检验条件；第三步，以离职倾向为因变量，自变量培训、中介变量可雇佣性及各自与调节变量的交互作用进入模型，其中，重点考察中介变量与调节变量交互作用的回归系数，回归结果表明，中介变量与调节变量交互项的标准化回归系数为 0.111（$p<0.1$），对离职倾向的预测作用显著，这说明期望符合度对可雇佣性与离职倾向的关系存在调节作用。前面的结果分析已经验证，可雇佣性在培训与离职倾向之间的中介效应，而此处的分析进一步表明期望符合度在中介变量可雇佣性和离职倾向之间存在调节作用。假设 H9：“期望符合度调节可雇佣性在培训和离职倾向间的中介作用”，得到证实。即：当期望符合度

高时，通过培训提升可雇佣性后，将降低员工离职倾向；当期望符合度低时，通过培训提升可雇佣性后，将增强员工的离职倾向。

为检验期望符合度在可雇佣性中介作用中的调节效应的间接效应的显著性，本书采用 Preacher 等（2007）的方法，检验结果见表 5－40 所示。将各变量进行中心化处理后，首先检验期望符合度的调节效应，在以离职倾向为因变量，以培训、可雇佣性、期望符合度以及可雇佣性与期望符合度乘积为自变量的模型回归结果中，可雇佣性与期望符合度乘积的回归系数显著不为 0（$\beta = 0.138$，$p = 0.029$），这表明培训通过可雇佣性对离职倾向的间接影响受期望符合度的调节。同时，可雇佣性与期望符合度乘积项的系数显著，这一结果再次表明本同源方差现象造成的影响有限，结论具有可靠性，与前文使用 Harman 单因素检验同源方差现象的结论一致。其次，以中心化的期望符合度为基准，考察期望符合度的不同水平下间接效应是否显著。本阶段采用 Bootstrap 法，并设定再抽样次数为 1000，得到处于期望符合度的基准水平及高于、低于基准一个标准差时培训对离职倾向影响间接效应的影响系数及各自的 Bootstrap 95% 置信区间上限及下限。从期望符合度 = 0.9614（Mean + 1SD）的 95% 置信区间上限及下限{0.076, 0.201}未包含 0，可以认为，该间接效应显著不为 0（Preacher 等，2007），且间接效应为负（Boot Indirect Effect = －0.128）。采取同样的方法可以判断，当期望符合度为基准水平时的间接效应为负且显著，但处于 Mean－1SD 水平时，间接效应不显著。

为清晰地说明期望符合度的调节作用，本书以期望符合度均值加减一个标准差将期望符合度分组（由于期望符合度已做中心化处理，故其均值为 0），平均数加一个标准差为期望符合度高组，平均数减一个标准差为期望符合度低组，绘制了在不同期望符合度水平下，可雇佣性与离职倾向之间的关系（见图 5－12）。比较图 5－12 中三条直线的斜率，可以看出，期望符合度高时可雇佣性对离职倾向的负向影响程度大于平均水平、期望符合度低时的程度。此外，在同一可雇佣能力水平上，期望符合度高的员工离职倾向低于另外两组期望水平的离职倾向。这说明期望符合度显著调节可雇佣性与离职倾向之间的关系。假设 H9 得到支持。

表 5 - 40　期望符合度在可雇佣性与离职倾向之间的调节效应检验结果

变量	中介变量（可雇佣性）			
	β	SE	T	p
常数	-2.414	0.182	-13.269	0
培训	0.64	0.048	13.341	0
变量	结果变量（离职倾向）			
	β	SE	T	p
常数	2.971	0.4384	6.777	0.000
培训	-0.136	0.1155	-2.785	0.014
可雇佣性	0.119	0.1147	1.587	0.195
期望符合度	-0.279	0.2731	-2.0248	0.061
可雇佣性 × 期望符合度	0.138	0.073	2.5149	0.029
期望符合度 = Mean ± 1SD	间接效应（期望符合度 = M ± 1SD）			
	Boot 间接效应	Boot SE	Boot 置信区间 下限	Boot 置信区间 上限
-1SD（-0.9614）	0.02	0.086	-0.006	0.147
M（0.000）	-0.104	0.075	0.053	0.164
1SD（0.9614）	-0.328	0.096	0.076	0.201

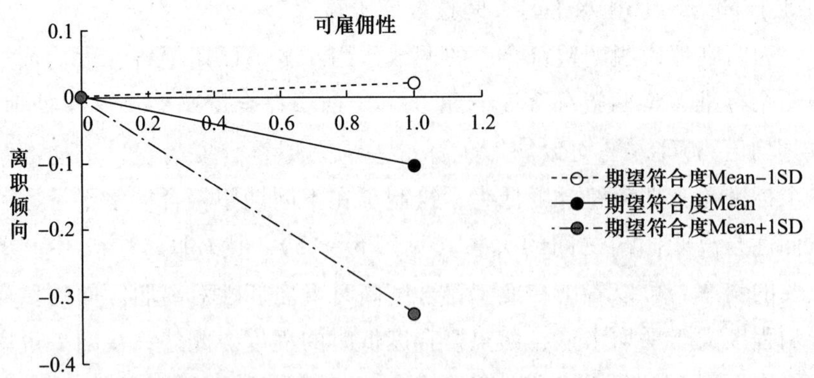

图 5 - 12　期望符合度在可雇佣性对离职倾向预测中的调节作用

四　结果讨论

通过对以上有调节的中介模型中调节效应的检验发现，员工的期望符合度调节可雇佣性在培训与组织承诺间的中介作用，同时调节可雇佣性在培训与离职倾向间的中介作用。换句话说，当预期实现的可能性较低时，与员工的可雇佣性共同作用，促使员工离职；当预期实现的可能性较大时，与员工的可雇佣性共同作用，可以增强组织承诺。这说明加强对员工期望的管理，可以降低员工的离职率。

期望对组织承诺的形成有重要作用。以知识员工为例，期望在组织承诺的形成过程中，大致的心理过程如下：知识员工由于内部及外部的可雇佣性较高，从事富有挑战性的工作，工作过程及成果的隐性化程度高，不易被模仿，易获得外部信息，他们会自觉地将组织内部的报酬水平、培训发展机会等组织支持水平与外部劳动力市场的其他企业进行比较。一方面，从外部劳动力市场了解他们自身知识技能的市场行情，另一方面，预测他们在内部劳动力市场的重要性程度。通过综合内外劳动力市场的行情及组织支持水平，再与主观的心理预期水平进行对比，以得出期望符合程度，影响组织承诺度。这一心理过程可以用图 5 - 13 来表示：

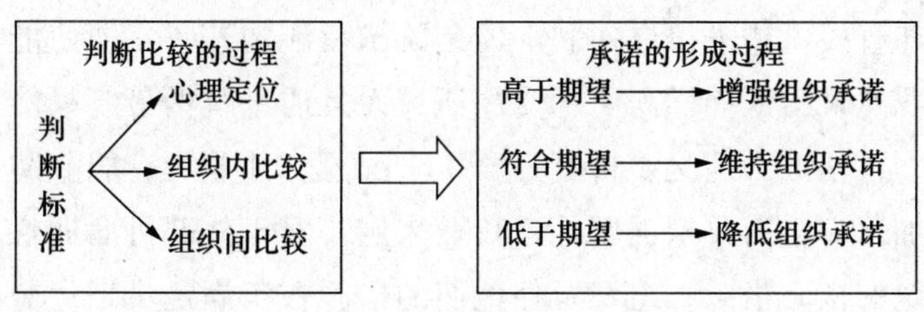

图 5 - 13　知识员工的组织承诺形成模型

在访谈中，我们总结和归纳了员工期待从工作中获得的收益包括以下十二个方面：①诱人的薪水和良好的福利；②工作地点方便、工作环境舒适；③人际关系良好，组织内少有钩心斗角、背后放箭的现象；④组织业绩稳步增长，能为员工带来稳定的、有保障的未来；⑤可以灵活地安排自己的工作时间和工作进度，有一定的工作自主权，不必每个动作都征询上级的意见；⑥工作轻松完成，加班熬夜不能成为工作常态，不能影响生活质量；⑦工作中能得心应手，发挥个人特长；⑧所从事的职业能够获得较高的社会地位；⑨工作中可以获得良好的培训机会，学到更多的技能；⑩从事的工作符合个人的兴趣；⑪工作有意义，能够为社会做出很大贡献；⑫在工作团队中能发挥举足轻重的作用。这些期望具有普遍性，很难在一个组织内全部实现。但在员工不同的年龄段及职业生涯时期，其重要性排序是不同的，把握并满足员工的优势及主导期望，不仅能够减少员工的离职率，还能降低企业的培训、招聘成本。根据戴维·希洛塔（David Sirota）的著作《热情高涨的员工：怎样通过满足员工期望以使企业获得利润》，作者2004年通过对28家公司92万名员工进行调查发现，其中，14家公司的员工士气高涨，其股价平均上涨16%，远高于行业的平均水平6%，6家“士气不振”的公司股价平均增长3%，而行业平均水平为16%，因此，管理好员工的期望，通过影响员工对待组织的态度行为及个体的工作绩效，最终会使企业获利。

但是，在无边界职业生涯时代，雇佣关系不可能绝对稳定，员工期望具有刚性且是多方面的，这些要求很少能通过一家组织全部得以实现。很多跳槽者认为，尤其是年轻员工，与其同“老东家”死磕苦熬，不如直接跳槽来得更便利。但是跳槽就能加薪吗？即使能够获得加薪，职业跳槽人同样需要承受高压，而且通过跳槽最终只能获得中层职位，再往上升还是要拼真刀真枪。况且，并非所有职业跳槽后都能获得加薪，这需要根据职位、行业来定。对于外部可雇佣性高、尤其是组织的核心员工，组织留住他们的措施在于满足员工优势及主导期望。Benson（2004）的研究发现，员工通过培训、学习教育获得文凭、资格证书，这将增加员工离职的可能性，但并不意味着员工一定会离职，这还取决于组织对员工取得文凭的“响应”，即认可与重视，这一响应表达的是对员工期望的重视，同时也表示员工优先考虑组织内部的各种机会，如果低于期望，则离职倾向将转化为离职行动。

根据本书结论，可雇佣性及期望符合度的交互作用，即可雇佣性的提升及实现机制共同作用才能增强组织承诺。要留住核心员工，组织不仅要关注员工可雇佣性的开发和提升机制，还要根据员工的主导期望，关注员工可雇佣性的释放及实现机制，创造条件，让他们在组织内实现职业成长，满足他们保持持续可雇佣性的需要。

第六节 研究假设检验结果汇总

本书旨在探讨培训对员工能力、态度的影响这一作用机理，进一步厘清培训、可雇佣性、组织承诺、离职倾向这四个变量之间的逻辑关系。通过小样本测试及大样本数据收集，共收集有效问卷 367 份，运用独立样本 T 检验、方差分析、相关分析、因子分析、回归分析和结构方程建模等统计方法，对本概念模型和研究假设进行检验，检验结果汇总如表 5 - 41 所示。

表 5 - 41 研究假设检验结果汇总

假设序号	假设内容	是否得到支持
H1	培训对组织承诺存在正向影响	支持
H1a	培训意愿正向影响组织承诺	不支持
H1b	培训机会正向影响组织承诺	支持
H1c	培训收益正向影响组织承诺	支持
H1d	主管支持正向影响组织承诺	支持
H2	培训对可雇佣性存在正向影响	支持
H2a	培训正向影响内部可雇佣性	支持
H2b	培训正向影响外部可雇佣性	支持
H3	可雇佣性对组织承诺存在显著影响	支持
H3a	内部可雇佣性正向影响组织承诺	支持
H3b	外部可雇佣性负向影响组织承诺	不支持
H4	可雇佣性在培训与组织承诺之间起中介作用	支持（部分中介）
H4a	内部可雇佣性在培训与组织承诺之间起中介作用	支持（部分中介）
H4b	外部可雇佣性在培训与组织承诺之间起中介作用	不支持
H5	员工培训对离职倾向存在负向影响	支持

续表

假设序号	假设内容	是否得到支持
H5a	培训意愿负向影响离职倾向	不支持
H5b	培训机会负向影响离职倾向	不支持
H5c	培训收益负向影响离职倾向	支持
H5d	主管支持负向影响离职倾向	支持
H6	可雇佣性对离职倾向存在显著影响	不支持
H6a	内部可雇佣性负向影响离职倾向	支持
H6b	外部可雇佣性正向影响离职倾向	支持
H7	可雇佣性在培训与离职倾向之间起中介作用	支持（部分中介）
H7a	内部可雇佣性在培训与离职倾向之间起中介作用	支持（完全中介）
H7b	外部可雇佣性在培训与离职倾向之间起中介作用	支持（部分中介）
H8	期望符合度调节可雇佣性在培训和组织承诺间的中介作用	支持
H9	期望符合度调节可雇佣性在培训和离职倾向间的中介作用	支持

第六章　研究结论、管理启示与展望

本章根据第五章的“数据分析与假设检验”分析结果，简要阐述本书的相关结论，探究理论模型及研究假设所揭示的实践意义，指出本书的不足之处并对后续研究需深入探讨的问题进行简短说明。

第一节　研究结论与讨论

本书在社会交换理论、期望效用理论基础上提出有中介的调节模型，比较深入地描绘了培训与员工留/离职之间的关系及其作用机制。在无边界职业生涯时代，培训是员工做出留/离职选择的重要参考因素（“是否有作用”），初步阐明了培训对影响员工选择的作用机制（“怎样起作用”），还进一步揭示了员工做出不同选择的重要原因（“何时起作用”），这无疑丰富了培训与组织承诺的研究内容，并推动后续的相关研究。本书综合培训、可雇佣性、组织承诺与离职倾向等相关构念构建模型，通过理论和实证研究对提出的研究假设进行深入的检验和分析，得出以下结论：

（1）本书从主观感知角度验证了可雇佣性和培训量表在中国的适用性。研究发现，可雇佣性是两维的结构，包括内部可雇佣性、外部可雇佣性；培训是一个五维结构，包括培训机会、培训意愿、个人收益、职业收益、主管支持；经过信度和效度检验，这两个量表在我国同样适用，为今后相关研究提供一个有效的测量工具。

关于可雇佣性的内外维度划分，一直以来得到学者的认可。如，Groot 和 Maassen（2000）将劳动者就业能力分为内部和外部两种就业能力；Andries 等（2004）将可雇佣劳动者分为两类：一类是内部就业，另一类是外部就业；Rothwell 和 Arnold（2007）从自我感知的角度开发可雇佣性的量表，并检验内外两个维度的信度和效度；曾垂凯（2011）以我国企业员工为样本进行适用性检验，研究结果达到相关的信度和效度指标。本书将这一量表用于分析我国员工再次得到很好的验证。

关于从主观感知角度测量培训，已有研究中，Noe 和 Wilk（1993）、Barron 等（1997）、Bartlett（2001）、Thareon 和 Conroy（1994）均认可和支持这一测量方式；在 Ahmad 和 Bakar（2003）、Bartlett（2001）、Bartlett 和 Kang（2004）、Sabuncuoglu（2007）的研究中均采用感知的方式测量培训。在培训的构成维度上，Bartlett（2001）总结以往分散在若干文献中的若干方面：培训机会（Tharenou & Conroy，1994）、培训支持（Noe & Wilk，1993）、培训动机（Fleishman & Mumford，1989）、培训收益（Nordhaug，1989），Bulut 和 Culha（2010）对培训的上述四个结构维度的信度和效度进行验证。

本书将这一测量方式及量表引入国内，经过严格的问卷回译程序、信度和效度检验，通过探索性和验证性因子分析、聚合效度和收敛效度检验，检验其在中国的适用性。研究发现，整体的结构维度与国外研究基本一致，即包括培训机会、培训意愿、培训收益及主管支持等维度，但本书将“培训收益”维度区进一步分为两类：个人收益和职业收益。尽管国外研究将这两个维度作为培训收益的子维度，但在以我国员工为样本的研究中，进一步突出了这两个子维度的地位。培训收益的细分是由 Nordhaug（1989）提出、得到 Washington 等（2003）的认可，Noe 和 Wilk（1993）开发了培训收益的测量量表，将其分为：与个人发展相关的（Personnel - related Benefit）、与职业相关的（Career - related Benefit）、与工作相关的（Job - related Benefit）三方面收益。本书通过因子分析、主成分提取法，提取培训收益的个人收益和职业收益两维度，并将其与培训的其他三个维度并列，突出其重要性。职业收益是指培训对个人将来的工作技能发展的有益性，个人收益反映的是培训带来的直接或间接激发员工内在工作动机的心理的、政治的、社会的收益。Emadi 和 Marquardt（2007）研究培训收益与组织承诺的关系时，明确区分培训收益的三维度。本书认为，作为理性的参与人，我国员工能区分培训的这两类收益，这可能与严峻的就业形势有关，培训参与者非常看重培训的得失，参与培训不仅需预测在组织内发展可能的收益，还权衡对职业发展带来的可能收益，是否与自身的职业发展目标一致，对职业成功是否有帮助，对工作转换是否有益，等等。这是本书的一个创新发现。

（2）本书检验人口学统计变量对相关变量及维度的影响程度。本书检验人口学统计变量对各变量及维度的独立样本 T 检验和方差分析，研究发现，性别、婚姻状况对各变量及维度的影响不显著，年龄、受教育程度、工作年限和职位级别对各变量及维度的影响有显著差异。处于 30—35 岁的员工离职倾向最强烈、组织承诺最低；从受教育程度看，不同学历的员工培训机会、主管支持、组织承诺等方面有显著差异；从工作年限来看，在本单位有 10 年以上工作年限的员工感情承诺显著高于其他员工；从职位级别来看，各职务层次的员工在各研究变量及维度上均存在显著差异。

（3）培训是组织承诺和离职倾向的重要前因变量。从主效应分析，培训对组织承诺具有正向影响，对离职倾向具有负向影响；进一步分维度研究发现，培训机会、主管支持、个人收益和职业收益与组织承诺显著正相关，个人收益、主管支持与离职倾向显著负相关，职业收益与离职倾向显著正相关，培训意愿、培训机会对离职倾向的影响不显著。

主效应的研究结果显示，培训显著影响雇员的留职态度，这一研究与 Meyer 和 Smith（2001）、Bartlett（2001）的研究结论一致。从培训各维度的分效应看，除培训意愿外，培训机会、培训收益及主管支持均正向显著影响员工的组织承诺。这说明，培训作为人力资本投资的主要形式，组织不能片面关注投入的成本，而更应关注培训带来的有形和无形的价值：提高员工的技能、工作胜任力、组织认同感、工作绩效，促进员工对组织的归属感和对工作的高投入，增强组织承诺。进一步对培训进行分维度讨论：①就培训意愿而言，Aube 等

（2007）、Bartlett（2001）、Bartlett 和 Kang（2004）、Boon 和 Arumugam（2006）、Lam 和 Zhang（2003）、Bulut 和 Culha（2010）等的研究发现培训意愿与组织承诺正相关，Facteau 等（1995）明确表示，那些组织承诺度高的员工在培训中获益更多。本书与这一结论略有出入：培训意愿正向影响组织承诺，但不显著。这说明，目前培训仍然是以组织需要为中心设计的，员工参与培训设计的程度较低。②就培训收益而言，Birdi 等（1997）、Bartlett（2001）、Ahmad 和 Bakar（2003）、Bartlett 和 Kang（2004）、Al－Emadi 和 Marquardt（2007）、Sabuncuoglu（2007）等的研究都已证实培训收益与组织承诺的正相关关系，其实践意义在于管理者应设法通过内在和外在奖励满足员工的期望，激励员工将所学知识转化到工作实践（Orpen，1999）。③就培训机会而言，Bartlett（2001）以五家医院护士为样本分析发现，培训机会与组织承诺的相关系数较高；但在本书中，主管支持的标准化回归系数最大，培训机会次之，这可能是因为我国员工培训机会多样化，除组织举办的培训外，自身会利用课余时间充电学习，自主参加各种学历教育、资质培训，当组织提供的培训与员工的职业发展目标比较一致时，可能会增强组织的认同感。在培训中如何做到既不影响工作又能获得预期的收益，其中最为关键的因素在于主管的支持与理解，因此更愿意留在组织。④就主管支持与组织承诺的正向关系，Birdi 等（1997）、Bartlett（2001）、Ahmad 和 Bakar（2003）、Bartlett 和 Kang（2004）、Sabuncuoglu（2007）在类似研究中支持这一观点；本书以中国员工为样本，也支持这一结论。

从培训与离职倾向的主效应看，本书认为通过培训能降低员工的离职倾向，这一研究结论与 Colarelli 和 Montei（1996）、McConnell（1999）、Kalleberg 和 Rognes（2000）等一致。从培训各维度的分效应看，除培训意愿、培训机会与离职倾向的关系不显著，培训收益及培训支持与离职倾向之间显著负相关。说明通过参与培训，使员工感知到被尊重、受重视、支持职业生涯发展，根据社会交换理论和互惠原则，这一投资可以增强员工的组织支持感，进一步减少员工离职倾向。职业收益与离职倾向显著正相关，说明由于培训技能的通用性而产生的外部效应，为员工跳槽积累资本。

（4）培训是可雇佣性的重要前因变量，对内部可雇佣性和外部可雇佣性具有显著的正向预测作用，这验证了培训的外部效应。采用层级回归分析，培训解释可雇佣性 26.8% 的变异，进一步分维度分析，培训解释内部可雇佣性 20% 的变异，解释外部可雇佣性 17.7% 的变异。

已有的关于培训与可雇佣性的研究主要局限于定性的研究与推导，缺乏实证的支持。根据人力资本投资理论（Becker，1964；1993），知识、技能和经验是可雇佣性的主要构成部分，经验越丰富、技能越娴熟、学历越高，就越有可能获得更好的就业机会，员工的生产效率越高。据美国培训与开发委员会（ASTD）估计，美国的公司 2008 年投资 1341 亿美元用于雇员学习与开发活动。因此，对员工进行人力资本投资是有价值和有意义的，已有文献中，Rajan（1997）提出组织的雇佣政策、人力资源开发政策、战略性培训、职业生涯规划等相关组织因素对可雇佣性的开发和提升有很大的影响；Forrier 和 Sels（2003）提出可雇佣性的提升是在不断变化的组织环境下实现供给和需求匹配的指标之一，对员工技能进行多方面的储备，使其在必要时能够转换到其他类型的工作；Grip 和 Sanders（2004）提出广泛采用的提升员工可雇佣性的措施包括：①培训，②让员工在自我管理团队中独立开展工作，③轮岗，④从事有挑战性的工作。Deloitte 和 Touche（2001）研究指出教育和培训对个体可雇佣能力提升有直接影响；Sullivan（1999）、Van Dam（2003）均强调无边界职业生涯管理中技能培训，尤其是可迁移的、市场化技能培训视为组织提升可雇佣性的人力资源管理政策。

综上所述，本书对这一结论给出实证支持，即培训对提升可雇佣性是有显著正向作用。由于人力资本投资，尤其是一般技能投资具有很强的外部经济性，技能的专业化、特殊化程度降低，因此，培训具有双刃剑的效果，即增强员工的内部可雇佣性的同时也提升外部可雇佣性，本书也证实了现阶段培训对可雇佣性的双重效应：培训对内部可雇佣性和外部可雇佣性均有显著的正向影响，解释内部可雇佣性

20%的变异、解释外部可雇佣性17.7%的变异。这体现了可雇佣性的本质：使雇员掌握市场化的技能，当他们失去职位保障以后在劳动力市场上仍然能被其他雇主雇佣。从变异的解释力度来看，培训对可雇佣性起部分解释作用，大部分的变异还需结合个体自身的特质差异进行解释。研究结论对培训的有效性给予有力的证实，这增强了组织投资于培训、员工参与培训的动力，提高了组织培训开发的效率。

（5）可雇佣性在培训与组织承诺之间起中介桥梁作用，中介效应占总效应的20.2%。其中，内部可雇佣性在培训与组织承诺之间起部分中介作用，中介效应占总效应的22.5%；外部可雇佣性在两者之间的中介效应不显著。这意味着培训既能直接作用于组织承诺，也通过可雇佣性对员工组织产生间接影响。

大量的研究发现，组织的开发活动影响员工态度（Birdi et al.，1997；Galunic & Anderson，2000；Bartlett，2001；Tansky & Cohen，2001），组织承诺是人力资源开发的结果变量之一（Feldman，1989；Tannenbaum et al.，1991；Birdi et al.，1997；Noe et al.，1997）。在培训与组织承诺之间存在显著的正向关系的基础上，本书引入“可雇佣性”解释两者关系的作用机理，研究结果表明，可雇佣性起部分中介的作用。与已有的研究相比，以往有关可雇佣性的中介研究比较少，主要将可雇佣性作为调节变量，如Benson（2006）将在职培训、学费报销等培训实践作为提升可雇佣性的具体政策，探讨与员工留职、离职的影响作用；Nick和Alexander（2007）将“人力资源开发实践”作为员工能力与工作绩效之间的调节作用；Silla（2009）研究可雇佣性在工作不安全感与幸福感之间的调节效应；冯冬冬等（2010）研究可雇佣性在工作不安全感与员工工作绩效、身心紧张之间的调节变量。本书在回顾可雇佣性的前因、结果变量的基础上，根据心理学基本的“刺激→认知→反应”模型，以社会认知理论及人境互动理论作为引入中介变量的理论基础，将“可雇佣性”引入培训→组织承诺的关系中，以探索组织的培训与员工态度产出之间的内在作用机理，为组织干预、影响员工态度提供实证依据。这一结论是本书的主要创新之一，凸显了培养员工内部可雇佣性对保持雇佣关系稳定性的重要作用，一方面反映了培训对员工带来现实和潜在的收益、有形和无形的收益；另一方面，这种收益进一步传导至员工的态度，影响员工的去留职行为。从内部可雇佣性的内容分析，关注组织内发展机会、发展前景、人际关系网、受尊重感、长期被雇佣的可能性，这些内容既是员工参与培训带来的潜在收益，也将影响员工在组织内的人力资本价值，这一作用机制反映了员工从参与培训到增强组织承诺之间的心理作用机制。从解释力度来看，可雇佣性起部分中介的作用，这说明除此之外，个体的灵活性、适应性、流动意愿、学习意愿（Forrier & Sels，2003；Kluytmans & Ott，1999；McQuaid & Lindsay，2005）也将影响员工的留职意愿。

（6）可雇佣性在培训与离职倾向之间起中介桥梁作用，这种中介效应占总效应的比例为42.5%。其中，内部可雇佣性在培训与离职倾向之间起完全中介作用，外部可雇佣性在培训与离职倾向之间起部分中介作用，中介效应占总效应的72.3%。这说明，培训完全通过内部可雇佣性对离职倾向产生负向影响，同时，培训既能直接作用于离职倾向，也通过外部可雇佣性对离职倾向产生正向影响。

对这一结果，可以从以下几个方面加以解释：

首先，根据“刺激→认知→反应”模型，当存在一定的条件时就会导致相应的个体行为，但必须经由感知、领悟和推理等一系列认知过程的中介传导作用（汪甦和汪安圣，1992；贝斯特，2000），其中，认知被视为有机体（常指人类）对感觉信息（刺激）的组织和解释过程，有机体通过认知获得刺激的意义，并反作用于后续的行为反应。这一理论解释将可雇佣性引入培训与员工态度之间关系的合理性。员工通过判断组织的培训政策是否有利于提升可雇佣性，从而做出留职或离职的决定。不同的刺激可能引发相同的认知体验，引申出类似的行为反应；同样的刺激可以引发不同的认知体验，产生不同的行为反应。培训通过可雇佣性可能产生不同的认知体验，导致员工不同的行为倾向。Benson（2006）指出，组织承诺和离职倾向是组织采取可雇佣性政策的可能结果，并决定这些政策的长期可行性，这表明可雇佣性提升带来了双重结果。

其次，根据社会交换理论和互惠原则、理性经济人的自利原则：经济活动主体的行为动机和出发点是追求个体的自我利益，追求自身效用最大化，在面临两种以上选择时，将选择对自己更有利的方案；理性原则意味着在特定的约束条件下追求自身效用的最大化。在本书中，受外部机会和自身可雇佣性的限制，在面临组织承诺和离职选择时，为实现人力资本的优化配置，从发展机会、职业成长、薪酬福利、稳定就业等方面综合考虑，必然做出对自我最为有利的选择。而且，离职对员工意味着带来各种可能的现实收益，增强他们的离职动机和倾向，据诸建芳等（1995）的估算，人力资本流动对收入有积极影响，每增加一次工作变换，可以使年收入增加 1.9%，从其对收入影响的绝对额看，可以增加年收入 43.4 元；另据《上海青年报》（2012 年 2 月 12 日）报道，在公关、广告等人员流动大的行业，活跃着“职业跳槽人”，他们每次跳槽都能获得升职加薪，虽然能力未必有所提升，但仅仅因为跳了槽，月薪最少也能增加 2000 元。

再次，从影响效应来看，内部可雇佣性起完全中介作用，外部可雇佣性起部分中介效应，且占总效应的比例较大。这一结论印证了：①Bevan（1987）的观点，相比外部的吸引力，企业内部的因素（包括企业变革、组织特性、薪酬水平、培训及发展的机会、工作性质、人际关系）更能影响员工的流动；②Hendry 和 Jenkins（1997）的观点，大部分雇主倾向于为雇员提供“内部可雇佣性”，以维持和留住员工，这是因为，对于员工来说，内部劳动力市场是明晰确定的，人们通常会寻求稳定的工作环境，使个人生活有更大的安全感。对外部劳动力市场的信息搜寻、鉴别成本高。员工雇佣选择时，首先考虑组织内资源实现能力，当现有组织难以满足员工需要时，才不得不考虑外部劳动力市场的机会，同时，根据工作嵌入理论，员工在组织工作的时间越长，其社会联系纽带越强，离职意味着员工投资于现有组织“联系、匹配、牺牲”的损失，因此，培训通过内部可雇佣性负向影响离职倾向；但通过外部可雇佣性正向影响离职倾向，说明除员工的技能、感知机会外，其他因素，如个人因素、家庭相关因素也可能解释培训与离职之间的中介作用。

（7）比较分析培训影响组织承诺、培训影响离职倾向的总效应。通过前述的主效应及中介效应分析，发现培训对组织承诺、培训对离职倾向既有直接效应，也通过可雇佣性产生间接效应，通过比较两者总效应发现，培训对组织承诺影响的绝对值远大于培训对离职倾向影响的绝对值，这说明总体而言，培训有利于增强员工的组织承诺、强化留职意愿。

根据 Fishbein 和 Ajzen（1975）的观点，态度影响人的行为方式。"组织承诺"是员工留职意愿表达（Steers，1977；Buchanan，1974；Kawakubo，1987）；"离职倾向"是实际离职行为的替代变量（Shore & Martin，1989；Price & Mueller，1981）。组织承诺和离职倾向代表员工两类不同的态度。本书通过实证研究对"培训→可雇佣性→组织承诺 VS. 离职倾向"这一路径的比较分析，发现：①从可雇佣性的整体效应来看，可雇佣性→组织承诺的路径系数（$\beta=0.48$）大于可雇佣性→离职倾向的路径系数（$\beta=-0.22$），这说明，现阶段，大多数员工培训以后，对组织承诺的强度高于离职倾向，培训是有利于保持雇佣关系稳定性，组织人力资本投资的风险较小；②从培训对内部可雇佣性、外部可雇佣性的影响系数看，前者 $\beta_1=0.458$，后者 $\beta_2=0.431$，两者差距较小，这说明，培训具有显著的内部效应和外部效应，现阶段组织培训的内容具有市场化和通用性特点，有助于员工的职业成长和工作流动，这正符合无边界职业生涯时代的特点，即职业发展的设计不能局限于特定企业，应着眼于行业内的职业成长，重视人力资本价值增值，实现终身可雇佣性的积累；③从比较效应的绝对值来看，培训通过内部可雇佣性对组织承诺的正向影响大于对离职倾向的负向影响（$0.45>0.2$）。这说明，相比较外部机会，组织内部因素更能影响员工的流动，这一观点与 Bevan（1987）的结论一致，说明培育员工内部劳动力市场发展机会、构筑员工职业成长平台、满足员工的主导期望，是降低高流动率的解决之道。这些结论可以解释为，①与中国传统的"求稳"、不确定性规避、"将就"、安于现状、保守、知足常乐等思想有关，不愿意轻易调动，尤其面临严峻的就业形势时，认为能够维持现状、守住"饭碗"、"得过且过"已属不易；

②从外部劳动力市场来看，西方发达的劳动力市场、开放的经济体制为员工离职创造了良好的条件，员工对自己工作的自主程度高，可以预测自己的经济报酬，只要有机会就会选择跳槽；但我国员工受各方面条件限制，许多福利待遇难以用货币衡量，对自身工作的控制度低，不到万不得已不会轻易跳槽；③从培训的结果来看，根据 Noe 和 Wilk（1993）、Maurer 和 Tarulli（1994）、Warr 和 Birid（1998）的研究，那些参与自愿开发活动的员工是年纪较轻、职业目标导向更强、自我效能感较高和学习意愿强的群体。这些因素使得他们在获得学位以后更加倾向于离职。④这一结论可能与本书选取的员工特点、所归属的企业类型有关，是在没有分行业、企业类型的情况下得出的结论，说明我国组织的无边界化程度还不高，因为各类组织的无边界化程度是不同的。在本书中，从企业性质来看，来自国有企业的员工占 27.9%，政府机关及事业单位的占 40.5%，民营企业的占 15.8%，外资企业的仅占 1.9%；从员工以往转换工作的次数分析，0 次的占 40.9%，1—2 次的占 39.8%，3—5 次的占 15.5%。在政府、学校、医院、国有企业的无边界化程度很低，在电子行业、金融业、保险业、广告业的无边界化趋势较快。国有企业、政府机关及事业单位一直以来以工作稳定、待遇好、升迁机会多、工作条件好为主要特征，在这样的组织中发挥作用的主要是内部劳动力市场，一级和二级劳动力市场分割仍然存在，员工的流动意愿自然很低。本书样本中，来自无边界化程度较低的样本占 68% 左右，近 41% 的样本没有离职经历，据此得出的研究结论是具有说服力的。

（8）期望符合度在可雇佣性与组织承诺、可雇佣性与离职倾向的中介效应中起调节作用。本书发现，当员工的期望符合度较高时，通过培训提升可雇佣性能正向增强员工的组织承诺度；当员工的期望符合度较低时，通过培训提升可雇佣性反而会增强员工的离职倾向。进一步分维度研究显示，期望符合度在培训、内部可雇佣性与离职倾向之间的中介效应中起调节作用，这为无边界职业生涯时代解释员工离职行为提供了理论基础。

本书结论是在前述可雇佣性的中介效应成立的前提下，针对可雇佣性可能导致的组织承诺和离职倾向两种结果，可进一步明晰在何种情况下，可雇佣性导致组织承诺增强；在何种情况下，可雇佣性导致离职倾向增强。根据期望价值理论和理性经济人假设，引入“期望符合度”做调节变量，以调节中介变量与结果变量之间的关系。

行为科学理论认为，行为与期望有关。其中，期望的操作性定义是期望符合度。Porter 和 Steers（1973）将“期望符合度”界定为员工对工作的预期（理想状态）与实际情况之间的差异，当实际经历与期望一致时称为“期望满足”（met expectation），期望匹配（张勉，2003），反之，则称为“期望未满足”（unmet expectation），期望落差（乐国安等，2008）。现实与期望的一致性越高，则期望符合度越高；现实与期望之间的一致性越低，则期望符合度越低。这一定义得到后来学者的采纳，并将其用于研究员工对组织的态度及工作行为。本书的目的是评估员工所期待的结果将来实现的可能性，不是关注已经形成的结果与最初期望之间的差距，因此，没有采用“期望落差”的提法；此外，之所以没有命名为“期望匹配度”，根据张勉等（2003）的界定，包括整体感知匹配度和组合匹配度，内容比较全面，测量上采用直接测量法、差异分数法和主效应法，而本书主要采用访谈的方式，了解受访者当前的期望内容及期望判断，选择离职主要关心的因素，侧重于对某种结果达成的判断，因此，采用“期望符合度”这一提法。

期望常用于解释员工的主动离职行为。积极的期望能预测员工积极的工作态度；期望未满足（Unmet Expectation）将增加员工离职的可能性。Wanous 元分析“未实现的期望与员工离职”之间是显著正相关，平均相关系数为 0.19。Buckley（1998）也认为期望是决定离职行为的重要因素之一。Meyer 等（1998）认为期望可以作为调节变量，调节工作供给和个体工作结果之间的关系。本书中，将工作供给视为员工可雇佣能力的供给，工作结果看做员工对组织的态度，将“期望”引入，对两者之间的关系进行调节。

从期望符合度的影响结果看，其在培训、可雇佣性与组织承诺之间起调节中介效应，在培训、可雇佣性与离职倾向之间起调节中介效应，这说明期望符合度可以预防组织承诺度降低，类似于双因素理论中的保健因素，但同时更能显著地降低离职，这类似于双因素理论中的激励因素。本书中“期望符合度”的调节作用，可以用：①Fishbein 的行为—意图模型来解释，个人对某种行为的态度是由这种行为对他的价值以及实现的可能性决定的；②Harris（2008）引入资源保持理论解释员工的离职倾向及离职行为，当他们感觉到面临资源损失的威胁以及对资源投资无法获得预期回报时，就会产生紧张和压力，进而产生各种消极的后果，如离职。这表明，在实践中需重视员工期望的管理，因为员工在组织中不仅会关注自身可能获得的潜在收益，而且会权衡获得的概率，只有两者共同的交互作用较大时，才能促进员工留职。当员工的预期未实现（unmet expectation）时，将对员工的工作态度和行为产生“现实冲击”，导致低水平的工作满意度和组织承诺，增加离职可能性。

根据刘小平和王重鸣（2002）对中西方背景下组织承诺的形成机制进行比较分析，认为我国员工在进行留职和离职选择时，其逻辑在于，首先考虑的是如果继续留在组织可以得到什么，而不是考虑离开组织后会损失什么，即继续留在组织是否带来预期的收益。这主要包括两方面的内容：一是目前的地位和福利待遇；二是今后的晋升机会和福利待遇。其中，对第二点的估计是核心，如果在组织内没有发展前景，目前的福利待遇再好，员工也不会安心工作；反之，如果员工比较看好今后的发展前景，尽管目前的待遇不太好，也会努力干下去。因此，我国员工会从留职的角度看待雇佣关系。进一步，根据已有的文献和访谈结果分析，目前我国员工的“预期符合度”主要来自对以下几个方面实现可能性的判断：①收入增加的可能性。Becker（1965）、Lynch（1991）、Krueger 和 Rouse（1998）、Loewenstein 和 Spletzer（1999）等研究认为，那些具有更新技能的员工更有可能离职，除非他们的工资将增加，尤其是，为降低特殊人力资本的投资风险，须在培训结束之后为员工提供高于市场平均工资率的工资水平，这种实际工资与市场工资水平差距越大，离职的可能性就越小。但应注意的是，高报酬的激励具有刚性特征，是防止雇员流失的必要条件，但不是充分条件。②晋升的可能性。晋升对现有员工而言，是一种重要的激励员工、稳定员工队伍的重要方式，使雇员从长远角度看待自己在组织内的职业生涯发展。从人力资本的视角看，晋升意味着组织认同员工价值增值，为他们创造新的技能施展空间，并委以重要责任、授予更大的权责，使得他们的技能与工作要求之间更好地匹配，降低了其他组织的吸引力（Liu，1984）。③人职匹配理论认为，员工是否留在组织的部分原因是工作是否与技能相匹配以及技能的回报（Bishop，1997；Liu，1984）。雇员投资大量的时间和精力于培训、继续教育，目的是提高目前岗位的胜任力或转换到符合自身性格、职业兴趣、职业目标的理想岗位，是员工期待的重要内容之一。④组织内职业成长的可能性。Arthur 和 Rousseau（1996）以人力资源管理人员为研究对象，发现员工的职业发展首先关注组织内部的机会，而不是无边界组织的其他机会，这一内容包括对职业成长平台、团队、氛围、支持的综合评估。在访谈中，更多的受访者表示，他们是否离职取决于组织是否提供进一步学习和发展的机会，而不是他们是否具备可以跳槽的人力资本。因此，我国企业应从以上某一方面或组合方面激励员工，使其感知到留在组织“有奔头”，减少员工“骑驴找马”、“人在曹营心在汉”的行为倾向。

第二节　本书对管理实践的启示

本书根据概念模型，通过实证分析探讨培训、可雇佣性、组织承诺和离职倾向等变量之间的内在关系，得出了一些有意义的结论：培训对组织承诺、离职倾向都产生显著的影响，内部可雇佣性在培训与组织承诺、离职倾向之间起中介作用，外部可雇佣性在培训与离职倾向之间起中介作用，期望符合度在可雇佣性与组织承诺、可雇佣性与离职倾向之间起调节作用，不同的人口特征对各变量存在一定的差异。这些研究结论对无边界职业生涯时代雇佣关系管理实践提供了理论依据，本着“改善、优化雇佣关系管理实践，提高雇佣关系质量”

的目的，提出以下几点管理建议：

一 雇佣双方：形成相互投资的理念，提升员工的组织承诺

在无边界职业生涯时代，员工面临更多的就业机会，具有很大主动性，不再受限于某一特定组织，员工跨组织甚至跨职业转换的意愿对其组织承诺产生很大的负面影响，导致人才的大量流失。目前，许多企业已经意识到雇佣关系变革的现实。Altman 和 Post（2001）对《财富》500 强的 25 个公司的高管访谈以后发现，高管已经意识到传统雇佣契约的消亡，需要建立一种基于可雇佣性和雇佣双方共同投资的新契约，而不是着眼于工作保障和家长式的公司管理体制。从本书样本的年龄、受教育程度、换工作次数的描述性统计分析结果也可以看出，调查群体的职业生涯规划已经超越单一组织内部劳动力市场的范畴，在一个组织内部就业的情况基本不复存在、在组织内部工作岗位变动的情况将十分普遍。

与传统的职业生涯相比，无边界职业生涯具有以下特点：传统的组织边界（表现为森严的等级制度和晋升规则）被打破；员工跨越不同的组织边界进行流动；需要获得雇主以外的认同和市场化技能；职业生涯网络通过外部网络或信息维持（Arthur & Rousseau，1996）。在这样的时代背景下，组织与员工之间的心理契约发生了变化，员工由组织忠诚换取长期或终身雇佣保障转变为以工作绩效换取持续的可雇佣性提升，这导致员工忠诚度降低和就业价值观变化。员工参与组织的目的是期待获得可转移的知识、技能；从事有意义的、能带来人力资本增值的工作，获得工作中学习或培训的机会；发展多种人际关系网络，丰富社会资本（郭志文等，2006）。在新的心理契约背景下，员工对职业发展的期望以及他们认为能够从雇主那里得到怎样的职业发展方面的心理契约承诺未得到实现，员工可能会因此在企业外部寻找发展机会。

组织与员工之间的心理契约不协调造成员工组织承诺下降，为稳定员工队伍，鼓励员工与企业建立长期关系，雇佣双方从交易型转向关系型的雇佣关系，其核心是雇佣双方建立相互投资的理念。相互投资的雇佣关系是 Tsui 等（1997）提出的四种雇佣关系模式之一。这

一模式的特点是组织与员工之间建立长期的交换关系，双方均为对方的长期利益进行投资，这种交换不仅仅是经济交换，更具有社会和情感性质的交易，交易以内在报酬为主，雇主通过长期激励交换员工的有利于组织长期利益的贡献，即形成长期目标导向的雇佣关系模式。这种雇佣关系适合于员工工作任务复杂或工作环境不确定程度高等原因造成员工贡献不易被清晰界定或工作结果很难准确测量的情况（Tsui et al.，2002）。组织的做法是投资和支持员工期望的达成，为员工提供多样化的职业发展通道，积极为员工提供培训和学习机会。员工能否获得丰富的教育和培训机会对员工流动产生重要影响，也是企业发展最重要的战略内容。

（一）组织在相互投资型雇佣关系中的投资内容

①转变雇佣理念。这已经引起国外实践者重视，在国内各种所有制类型的企业中，相互投资的雇佣模式在外资企业和民营企业中占50%左右，在传统的国有企业中占37.3%（张一驰，2004），这说明，我国的雇佣关系也正逐渐适应这一变化。伴随着雇佣哲学的转变，雇佣模式、契约关系、价值观等随之发生深刻变化，组织以更加开放、动态、灵活的眼光审视变化的必然性及提高适应变化的能力，组织由原来的管理者、控制者转变为支持者、人力资本开发者，协助员工进行职业生涯管理以帮助员工实现职业生涯成功，同时实现组织的战略。

②投资于组织氛围建设，减轻员工工作压力，建立团结互助的组织或部门。和谐的人际关系氛围有助于减少因人际摩擦造成的“内耗”，创造宽松、愉快、默契的氛围，有益于员工身心健康、激发灵感和创造性思维，维持最佳的工作状态，从而提高工作效率。良好的组织关系和工作氛围使员工愿意选择继续留在组织，产生组织安全感，有效地提高组织承诺。

③投资于员工的培训学习。健全组织的培训制度、加大组织对培训支持力度、采取有效的培训技术和方法、建立合理的培训激励机制、鼓励员工自主学习，重视培训对组织绩效、员工态度带来的潜在影响和收益。有意识地鼓励和培养员工更加积极地参与自身职业生涯

管理。

④投资于柔性化的管理模式。根据前述的相互投资雇佣关系的前提，在知识经济时代，知识员工、尤其是高科技企业员工的工作任务较为复杂、工作环境的不确定程度高或工作结果难以准确测量，刚性的、固化的管理模式难以激发员工的创造力，尤其是研发类、营销类等从事价值创造的员工，以结果而非以过程为导向，应采取柔性化的管理模式。在工作时间、地点、进度等方面给予员工充分的自主权；实施工作分享，由2名或多名员工分担一份工作，使在岗的员工可以根据自己的意愿选择轮岗，或者职业培训或者休闲娱乐，可以使员工和组织在工作、学习、休闲安排上更加灵活，实现人力资源的优化配置。

（二）员工在相互投资的雇佣关系中的投资内容

①适应组织雇佣模式的变革。在无边界职业生涯时代，以往有保障的、安全的雇佣承诺正在不断受到冲击，组织的雇佣模式更具灵活性，这在IT、广告、销售行业表现得非常明显，对于追求稳定、可雇佣性较低的员工是一个极大的挑战；在组织内部，员工不仅仅为某一特定的部门服务，而且以团队、临时性小组的形式参与多个项目组，工作角色多元化、技能多样化，甚至出现身兼数职的情况，单一的角色、技能难以适应组织内发展的需要。

②保持持续学习的热情，对自身可雇佣性负责。教育和培训是提升可雇佣性的直接方式，不断积累、终身学习是无边界职业生涯时代自我发展的必然要求，充分利用组织内部的学习机会和职业发展机会，使自己的知识、技能、技术紧跟行业发展，增强职业洞察力，发展组织内的人际关系网络和外部的社会资本，为晋升、跨组织流动做准备。

③以积极的态度满足组织的管理期望。在无边界职业生涯时代，许多员工把组织视为锻炼自我、积累经验的一个跳板，更多地考虑“我能从组织中得到什么”，尽可能地减少投入，与组织之间以经济交换为主，对组织的社会和情感交换的内容比较少，这是消极被动、缺乏责任的表现，造成大量的短期行为，组织认同度低。而组织对员工

的人力资本投资是以稳定的雇佣关系为前提。因此，员工期待在组织内获得长期的人力资本投资和重点培训，需为组织带来价值增值、达成管理期望，以主动的态度投入工作、寻找工作的乐趣，将工作视为自我实现的机会而不是谋生的手段，以积极的心态参与工作，将有利于认同工作与组织，从而主动地从情感和社会交换方面投资于组织。

二　员工层面：重视个人可雇佣性的持续培养，提升人力资本和社会资本

（一）避免离职的短视行为

在无边界职业生涯时代，员工为追求高收入、高职位，频繁地跳槽已成为一种普遍现象，这种短视行为对员工职业生涯的成长是十分不利的。因为，只有连续不间断地在同一领域工作，才能积累有效的工作经验；只有连续在同一组织长期工作，才能获得组织持续的投资。员工尤其是年轻员工在面临跳槽选择时，关注组织内的职业发展资源，利用组织的资源实现自己可雇佣性的提升，不应仅以报酬换取积累知识和经验的机会，频繁的跳槽会迷失职业发展方向，给用人单位造成缺乏稳重、急功近利的感觉。在职业流动中，个人也要付出较高的直接成本和机会成本，随着职位的上升，员工在组织内的沉淀成本增加，离职的转换成本将进一步提高，做出跳槽的决定应更加谨慎。员工应着眼于提升可雇佣性为自己制定长期的职业生涯规划，以降低或减少工作转换成本。员工开发自己的职业生涯要结合组织的战略发展方向、组织政策、资源，尽量使自己的职业期望与组织战略方向保持一致。

（二）增强职业洞察力和职业危机意识

职业洞察力是员工对自身职业定位和职业发展的清晰认识，包括对自己的职业兴趣、职业目标、适应能力、优势和不足的认知，社会环境、组织结构的变化以及新技术的使用对自己职业发展影响的感知能力。员工将面临更多的职业生涯危机，个人的自我职业生涯管理能力变得非常重要。大部分调查样本似乎对这种变化已非常了解，积极主动地管理自我职业生涯。通过不断拓展可雇佣能力的宽度和深度，以应对可能面临的知识老化、技术陈旧、专业过时等危机，保持持续

的学习热情和学习态度，避免失业。

（三）提升人力资本，培育社会资本

根据 Fugate 等（2004），可雇佣性由职业生涯认同、个体适应能力以及社会资本、人力资本构成。因此，持续地积累人力资本和社会资本是从内部和外部两个方面增强个体可雇佣性的方式。从狭义上讲，人力资本是个人所拥有的教育和技能水平，如教育背景、知识结构、工作经验和情商水平等。人力资本的积累是一个长期的过程，是持续投资的结果，通常有两种方式：一种是参加脱产学习，进行正规和非正规的学校教育；另一种是在工作中边干边学，参加在职培训。此外，工作中与领导、同事交流的知识分享也是一种方式。人力资本的积累需要有终身学习的意愿、持续的学习热情，接受新观念、新知识的开放态度。我国传统观念的“艺不压身”、“天生我材必有用”体现了人力资本开发的主动性。

员工不仅要知道“我能做什么”、“什么时候做”，还要清楚“认识谁”。Lin（1999）将社会资本定义为“嵌入于一种社会结构中、可以在有目的的行动中摄取或动员的资源”。个体的行为总是嵌入在组织内结构和社会网络中，在网络中的位置以及关系多少反映了社会资本的强度。在中国这样一个典型的关系社会、人情社会，关系是影响中国社会结构、心理和行为的核心资源，社会资本是个人社会关系网络的主要内容，社会资本对员工职业成长、晋升、获取信息、职业选择机会甚至职业成功的影响不容忽视。在重视个人能力发展的同时，充分意识到社会资本尤其是人际关系网络在个人职业发展方面的重要性。在无边界职业生涯模式下，一方面，个体利用社会资本促进职业发展；另一方面，自主培育和扩展个体的社会关系网络。Burr（2000）提出员工在组织内扩展社会关系网络的具体策略，如，在工作场所中寻求恰当的位置，寻找双重角色，工作轮换，积极参与各种形式的团队、工作小组，争取进入核心人员队伍或核心团队，利用业务关系、教育和技能培训的机会，拓展外部关系网络，有选择地参与同行业的各种交流会议，与同行业的核心专家保持沟通，树立自身的行业声誉、社会赞许，培养自己的职业社会网络。

三　组织层面：创造支持性的组织环境，提升培训的有效性

（一）启动员工可雇佣性计划，提高培训的有效性

培训有利于员工知识和技能的更新和提高，挖掘和培养员工的创造力和创新精神，规范和强化员工的行为规则和责任意识。

①重视员工的培训需求，加大组织对培训的投资力度。长期以来，在人力资源管理中“重使用、轻开发，重产出、轻投入”的现象很严重。单从投入的培训经费这一显性因素来看，企业对员工的投入明显不足，据2007年国务院发展中心企业研究所对“中国企业员工培训现状调查”显示，从总体上看，我国企业在员工培训经费投入占企业销售收入3‰以上的企业仅为8.7%，而占销售收入0.5‰以下的企业占48.2%（中国企业人力资源管理发展报告课题组，2007）。在本次调查中，我们也发现，大多数参与学历教育的学员都是利用工作之余的时间自费学习的。这说明从整体上看，企业存在明显的投资不足。而且，组织的培训往往只考虑到组织自身战略或岗位的需要，忽视员工的培训意愿、培训需求甚至培训收益。本书的实证调查结果也可证实，培训意愿与组织承诺显著不相关，员工在培训计划及实施中处于被动地位，这说明目前的培训仍采用传统的、以组织为中心的培训方式。在无边界职业生涯时代，个体在组织中最关注的是组织能否提供足够的培训和学习机会：如果组织未能满足个人不断学习、提升可雇佣性的机会，个人则会重新选择。美国劳工局（1996）的一项调查说明了培训与员工流失之间的关系：中等水平的员工流失机构为每个员工投资12.5个小时的培训，而员工流失率高的机构为每个员工投资的培训只有7.2个小时。因此，在培训中应发挥组织和员工的双主体作用，将组织的发展与员工个人发展密切结合，为员工的培训提供时间、经费的支持，并将培训以制度化的形式固定，注重培训质量，根据培训效果对参与者进行合理的物质、精神激励，为培训者提供施展培训技能的条件和环境，帮助员工将培训的结果转化到工作中。

②把握员工在不同职业发展阶段培训需求及重点。为提高培训的有效性和员工的培训满意度，企业应根据员工的职业发展阶段、成长

需求，提供有差异性的培训开发重点。在员工不同的职业发展阶段，员工的职业成长需求不同，因此职业开发内容及重点也有差异。在职业发展初期，主要进行组织战略、岗位要求和组织文化方面的培训；处于职业成长期的员工，重点提供专业领域的新知识、新技能、新模式、新工艺等方面的培训；处于职业发展成熟期的员工，如果组织战略发生调整，需要转换到新的岗位，或晋升到更高的职位，则需要进行相关内容的培训，增强贡献值；对于衰退期的员工，组织可以利用的价值下降，组织对此的培训主要是鼓励他们发挥余热、做好退休准备、心理调整、新生活选择等。因而，对不同群体的员工进行细化的培训设计，因人而异地确定培训内容。

③关注培训中的雇主责任。由于可雇佣性外部效应，并不是所有的企业都愿意承担提高员工可雇佣性的责任（Vries et al.，2001）。但迫于组织发展的需要，为吸引、留住人才，又不得不培训员工。作为雇主而言，其责任在于，在培训之前，通过多种方式了解员工的培训意愿、培训需求，制定合理的培训计划，尽可能使组织培训与员工个体发展需求相匹配、选择合理的培训资源；培训过程中，跟踪评价员工的培训进展、及时给予培训反馈、给予必要的培训支持；培训结束之后，及时考核培训的结果与现状之间的差距，总结培训经验及不足，为下一次的培训做准备。本书的结果显示，目前员工的“培训意愿”对组织承诺、“培训意愿”和“培训机会”对离职倾向的影响不显著，这说明目前培训的相关内容是以组织安排、员工被动接受为主，员工接受培训的内容、培训的时间根据组织发展的需要确定，组织较少考虑员工的培训意愿及需求，因此，员工对培训的评价比较低。在本书的深度访谈中，百胜餐饮（成都）有限公司招聘主管谈到的培训方式及做法值得借鉴，下面一段访谈摘录对此进行详细说明：

> 百胜的企业文化是“以人的能力为先，员工是企业最大的财富，培养优秀人才是百胜成功的基石”。在培训员工方面，采取主管负责制的做法。每年年初，主管与员工进行沟通，帮助员工确定能力发展的目标，包括“招募、沟通、洞察力”等，然后确

定员工需要参与的学习课程、需要同事给予帮助指导的地方，制定学习计划。半年后，对参与培训的员工进行360°评估，将员工能力现状与年初计划目标进行对照，修订下半年学习计划。年末再进行员工自评与主管评估，加薪、晋升与员工能力提升挂钩，而不是与业绩挂钩，员工能力提升是主管工作的重要内容，也将作为主管年度考核的项目之一，将员工能力与主管绩效捆绑，使得培训更加有效。

④在组织内开发多向职业发展通道

随着劳动者的平均受教育年限延长和工作预期上升，雇员的工作动机越来越追求工作的意义。企业可以提升工作的意义来吸引员工。在组织内为员工建立内部职业发展通道，从横向上融合和模糊专业限制，鼓励员工提升综合业务素质，允许员工根据自身条件在相近岗位及业务领域内稳步快速地发展；从纵向上弱化行政职务级别，为各岗位优秀人才的职业提升创造条件，打破管理岗与业务岗的界限，避免资源过度集中在某类职位发展通道，造成员工过分关注某一类职业的纵向发展，形成“千军万马过独木桥”的局面，促进资源的平衡分配，将员工的注意力从纵向晋升转向横向多元发展，通过工作轮换、职务丰富化、工作丰富化等措施，促进资源在部门、岗位之间分配。此外，为与员工职业通道管理相适应，建立一套有竞争性的、以岗位等级为基础、与员工实际技能水平相适应的浮动性宽幅薪酬体系，以解决当员工技能和工作经验超出岗位要求、在短期内得不到与其能力相适应的工作岗位或职务升迁机会、导致工作积极性下降的问题。

（二）建立人力资本投资风险防范机制

投资伴随着成本、收益与风险。为降低人力资本投资风险，培训之前应评估投资对象、投资的内容、投资的规模和投资时间的长短。组织在确定培训对象、培训内容时，应进行分类、分层选拔与管理，培训结束后，对员工进行追踪管理，关注员工的优势主导期望，以降低员工离职倾向。为防止出现“为他人做嫁衣”之痛，组织应采取必要的措施来防范人力资本投资风险，主要体现在：

①通过恰当的方式选拔受训人员。组织选派员工参加培训的目的是为满足组织发展的需要，保持员工与工作的匹配。选拔培训人员时，一方面要考虑员工的培训意愿、培训需求、学习能力，培训可能达到的目标；另一方面，针对一些外部培训，尤其是脱产学位培训、出国留学等，培训以后将获得的学历文凭远超过工作岗位、工作单位的需要，面临跳槽或被其他单位以高薪待遇挖走的情况，尤其是参与时间长、费用高的高层次管理开发项目，这一群体的外部可雇佣性更高，必须评估他们在接受培训以后回组织服务的可能性，这种可能性与员工对组织的忠诚度、组织承诺有关，应考核、选拔承诺度较高的员工参与培训①。在选拔受训人员时，主要考核员工自然性承诺度的高低，运用心理契约的相关量表进行测量，把握员工对组织的依存程度，在培训中以强制性承诺约束员工流失倾向。除去常规的、一般性的培训，企业特定的培训机会及培训资源应倾向于那些自然承诺度高、与企业匹配良好的员工。一个外显的指标是劳动合同的类型和任职期，企业有意识地为签订合同期限更长、任职期更长的员工提供人力资本投资机会，可以降低人力资本投资的风险。对需要支付学费的培训项目，应采取事后报销学费的做法，在员工完成培训后，雇佣双方就培训费用的分担比例进行协商；如果员工愿意接受企业的资助，则企业同时以延长服务期限为条件要求员工续约，续约的期限可以视为企业培训投资的回报期。在一定程度上可以减少培训的投资风险，理性约束员工行为，促进雇佣关系事实上的稳定。

②关注不同培训形式的人力资本投资风险。培训形式、培训内容的不同，对员工的组织承诺和离职倾向的影响是有差异的。当员工通过再教育获得学历和学位文凭时，是受劳动力市场和雇主认可的一般人力资本，目前，我国高校经久不衰的成人教育、专业学位教育、硕

---

① 承诺包括强制性承诺和自然性承诺。强制性承诺是通过签订培训协议，以合同的形式明晰员工培训结束后须为组织服务一定的年限及违约需要支付的违约成本，以书面、正式的形式要求员工对企业做出强制性承诺，这种承诺操作容易但激励效果不明显，大部分企业在形式上已经采取类似的约束机制；自然承诺是通过员工与组织之间建立互惠的心理契约，增加员工的组织归属感，以情感留人，这种承诺操作不易但激励效果明显。

士研究生、博士研究生教育说明了对于再教育的巨大需求。但这一结果对组织承诺和离职倾向的影响是不确定的，翁杰（2006）研究发现，企业资助员工再教育与离职倾向之间显著负相关，但员工自费再教育与离职倾向正相关，说明那些员工工作流动倾向更高，这意味着他们对当前的培训制度、雇佣关系不满意，并为将来的工作转换做准备。但组织内部培训或一些常规性培训，是针对岗位需要的操作层面的培训，针对性强，覆盖面窄，具有很强的实践意义，能够“现学现用”，更符合培训者的需求，而且内部培训对员工市场价值增值作用不显著，在目前重视文凭的劳动力市场，决定员工市场价值的主要是专业技术职称和学历，单就这一实践本身对离职的影响较小。因此，企业需建立全面、公平、正规的培训制度能够抑制员工离职，这也是员工与组织共同发展的保证。

③重视内部劳动力市场对可雇佣性的培育及实现机制。根据本书结论，内部可雇佣性在增强员工留职意愿中起中介作用。内部劳动力市场是内部可雇佣性的开发及实现的土壤。在已有研究中，员工感知到的内部发展机会、个人价值观、预期是引导他们做出迁移决策的最重要因素（谢晋宇，2003）。为获得需要的人力资本，企业有两种雇佣决策可供选择：一是通过劳动力市场直接购买；二是对人力资本进行投资。虽然一般人力资本可以从劳动力市场直接购买，但由于昂贵的准雇佣成本，企业更倾向于以在职员工通过培训、干中学的方式获得，因此，内部培训是企业的普遍选择。企业还应创造条件在内部实现可雇佣性，以体现自我价值。一般而言，辞职的员工大多为了追求更大的净收益，如，期望在新的工作或职位上获得更高的收入，寻找更有挑战性的工作、寻找更有利于自身职业发展的企业或职业、寻找一个适合自身需要的具有良好工作氛围的企业或重视自身价值的企业。这些期望都体现员工自身价值，根据期望内容，企业从横向和纵向两个方面着手：横向上，创造机会将培训内容转化到工作实践中，使员工从事与培训内容相关的岗位或项目、有机会转换到期望的理想工作岗位，鼓励员工工作创新，创造安全的工作氛围；拓展员工横向发展的空间，通过工作丰富化、轮岗形式扩展业务范围，减少因上升

空间受限或工作枯燥导致的工作倦怠感，提高员工对工作的认同感和工作动力，还可以大量吸引优秀的外部人才。纵向上，针对企业的核心员工，从职位晋升、薪酬福利、组织内发展机会等方面增强其某一方面或某几方面期望实现的可能性，传统的内部激励模式对挽留员工仍然有效。

（三）实施支持性人力资源管理政策

研究结果表明，组织积极实施职业生涯管理与员工寻求组织内发展有重要联系。组织良好的职业管理对员工留任有显著的益处。因此，组织采取支持员工发展的管理实践，将影响员工的态度及行为倾向。支持性人力资源管理实践（Supportive Human Resource Practices）是 Allen（2003）提出的一类“向雇员投资并认可雇员贡献”的实践活动。有关这类实践的具体内容，学者们提出了不同的见解，但关注员工的职业成长机会或培训这一内容得到众多学者的一致认可，成为支持性人力资源管理实践的核心内容。根据 Noe 和 Wilk（1993）的研究，组织的培训政策、氛围、上级及同事的支持对员工参与培训的影响较强，组织的培训政策和规定最能促进员工参与培训。因此，构建以可雇佣性开发及实现为核心的支持性人力资源管理实践是适应无边界职业生涯时代的管理政策选择。

根据战略人力资源管理的基本思想，单个的人力资源实践在不同组织之间是可以模仿的，但作为整体的人力资源管理系统是难以复制和模仿的，这也是组织的核心竞争优势之一。从系统论的整体与局部关系的观点可知，除了重视员工培训及成长机会之外，还需要相关配套的实践如薪酬福利、职业生涯规划、员工参与和关怀计划等。这些实践反映了组织认可员工的贡献、投资于员工人力资本，员工感受到这些人力资源管理实践对自我发展的支持性效用。只有将这些相互关联的人力资源实践同时付诸实践，才能发挥支持性人力资源管理实践的整体效用。

根据本书的研究结论，主管的支持将是一个重要方面，他们表现出对员工成长的支持对员工工作态度的影响是直接且显著的，这种支持表现在，就员工的培训需求和职业生涯期望进行相互沟通，与员工共同创造培训及职业生涯发展机会，帮助他们在组织内实现更长远的目标，这对于稳定员工、降低流失率是有好处的。在支持性的环境中，管理者与同事对于员工更多地表现出宽容与尊重。当员工感受到组织对他们的重视，将变得更有自信，敢于表达自己的真实想法，即使犯了错误也不必担心可能影响到自身利益。能在这样的组织环境中，从错误与经验的累积中持续地学习，员工的潜能才能获得提升。

（四）培育员工无边界职业生涯时代的适应能力

无边界职业生涯对员工的心理、期望、行为造成极大冲击，对组织的雇佣关系稳定性、人力资本投资收益带来极大的不确定性。为减少这类冲击和不确定性，需在组织内培育支持无边界职业生涯的组织文化，帮助员工更加有效地适应这一变化。组织文化建设能够推进员工对新的价值观和经营理念由认知到认同。这一基本理念应倡导建立以能力发展为价值导向的用人机制、以学习开发为主的可雇佣性培育机制和创造内部劳动力市场的可雇佣性实现机制，激励员工“在稳定中求发展”而非形成“养老文化”的积习，以主动、灵活的态度管理员工的职业生涯。组织应运用各种方式将员工职业生涯管理的积极作用融入到组织文化中，这样，一方面使员工真切地感受到组织是一个具有责任感的组织，关心自己的职业生涯发展，重视员工的价值，消除或缓解由于工作不安全感带来的消极情绪；另一方面，降低新的职业生涯管理模式的执行难度。对于大多数追求稳定、处于无边界化程度比较低的组织中的员工来说，执行以能力为核心的雇佣管理模式时，将遇到很大的阻力。这需要在组织文化建设中，通过各种形式的宣传和引导、潜移默化的影响，比如，在组织核心价值观中需体现个人和组织协同发展的理念，对员工进行职业满意度调查，积极关注员工的职业发展，指导和帮助员工规划职业生涯，关注员工工作家庭平衡问题等。加之员工对来自外部劳动力市场变化的感知，将逐步适应这一发展趋势。

四　政府的定位及作用

在已有研究中，有关政府与劳动力市场的研究较为丰富，但主要关注的是从计划经济体制转变到市场经济体制过程中，劳动力市场从无到有，从培育到发展再到逐步完善的过程。政府先后出台了规范劳动力市场秩序的相关法律，关注的群体是国企下岗职工、农民工、大学生等，对企业在职员工的管理主要是从企业机构设置上构建和完善企业工会制度，尤其是劳动密集型企业，通过工会代表员工进行谈判、保障劳动者权益。但在新型雇佣关系背景下，劳动力市场的作用更加明显，雇佣双方的关注目标、利益诉求发生了极大的变化，通过市场来满足双方需求、实现利益极大化的动力机制更为明显。但市场不是万能的，劳动力市场也存在诸多失灵的领域，需要通过政府加以弥补和完善。政府的雇佣政策目标是建立与转型期雇佣关系相适应的雇佣制度，对雇佣失衡进行纠偏，对雇佣关系进行立法。

首先，强化政府对内部劳动力市场的监管。在市场主导的雇佣关系下，雇佣双方的随意性增强，稳定性的缺失对雇主和雇员极为不利，增大了双方的雇佣成本及搜寻成本，降低了雇佣效率。仅依靠市场机制的调节作用是很难实现雇佣双方目标的，因此，这不可避免地存在“市场失灵”，这种“市场失灵”必须通过政府的政策引导和雇佣监管来解决。例如，在利润导向下，雇主尽可能缩减自身对雇员的责任和义务，尤其是员工可雇佣性的培养及开发方面，由于可雇佣性的培养及开发是需要投入大量成本以及面临人力资本投资风险，且从培养开发到使用具有时滞效应，并非所有的雇主都愿意主动承担提升可雇佣性的责任。因此，需要政府通过政策制度层面界定企业在员工可雇佣性提升方面应承担的责任和义务。例如，对企业在员工培训投资方面加以适当的责任界定，对培训时间、内容、经费、参与人数比例等给予明确的规定，从制度上保障员工技能开发。政府对于已经指定的类似规章制度，需要加强监督管理，约束雇佣双方的责任义务，规范企业内部劳动力市场的秩序。

其次，明确政府在宏观劳动力市场的特殊责任。由于存在市场失灵，政府的某些责任在劳动力市场是无法替代和缺失的，尤其在新型雇佣关系背景下，政府面临角色和职能的转变和重新定位，需要政府在以下几个方面承担责任：一是建立职业教育和培训体系。单个的企业缺乏长期培训员工一般技能的动力，劳动力市场对此的需求及更新不断变化，需要不断投资和学习，但对于劳动力市场的弱势群体，虽有就业的需求和意愿，但缺乏就业的能力和参与培训的物质条件，如，不愿花费经费和时间，对培训什么缺乏明确的定位，对市场化技能的发展态势没有明确的认识，而由政府主导的职业教育体系为企业员工技能的市场化开发提供支撑。由政府出资或补贴培训，解决经费投入不足的难题，政府对紧缺的市场化技能进行预测、规划，引导、组织培训，解决培训目标不明和内容错位的弊端，使得培训的惠及面和效果更为显著。从失业人员的培训需求出发，有针对性地、分门别类地制定培训内容，进一步提高技能培训的效果。二是采取有力措施，推动企业集聚和人才集聚。政府应有规划、有计划地建立不同类型企业集聚的园区，例如，建立高科技企业集聚园、电子工业园、纺织工业园等，因为企业的集聚意味着人才的集聚，尤其是专业人才，这对于创新思想的迸发及实现、技术创新平台的构建、企业招聘的便利、员工再就业机会增多，使企业可以在员工流失率较高的同时在市场上寻找到合适的替代人才，员工也能就近就业，减少跨区域流动的成本。这一企业的集聚也为政府组织开展大规模的关键技能培训和技能转换培训、协调企业之间的技术交流活动提供可能，提高该地区的整体竞争力。因此，基于以上原因，政府通过政策引导及行政手段加速企业集聚是有现实意义的。三是政府通过间接平衡雇佣双方的谈判力以促进雇佣稳定。雇佣关系的稳定是效率效应、公平效应和参与权配置的平衡。如果配置不当，将会出现效率损失、公正缺失和参与权弱化的雇佣失衡状态（张宝贵，2011）。政府的干预主要是平衡雇佣双方的参与权，扶持谈判力较弱的雇员，提升雇员在收益分配中的话语权。这种方式是通过建立和健全法律和制度体系，约束双方的行为，例如，有关最低工资立法、就业促进法、劳动合同法、建立健全企业工会组织和集体谈判制度，通过行政干预使得雇员与雇主的谈判力达到适度平衡，实现雇佣双方的均衡。但政府的政策不宜限制过于严格，如，2005 年震惊全国的东航飞行员辞职事件，主要原因在于民航总局等部门下发的《关于规范飞行人员流动管理　保证民航飞行队伍稳定的意见》、民航华东管理局出台的《民航华东地区飞行人员流动管理办法》文件，以行政手段限制飞行员流动，加剧了雇佣双方的失衡，从而激发飞行员与航空公司的劳资矛盾，行政干预的目的适得其反。

第三节 不足之处

首先，在培训的微观测量方面，不同行业、企业、类型的员工，无边界化程度是有差异的，本书以无边界职业生涯为背景，尝试在我国采用主观测量的方式，但是在问卷发放时，由于人力、财力、时间、社会资源等条件的限制，无法使问卷在一个组织内调查完成，难以控制组织因素的影响，也没有选取无边界化程度较高的行业进行调查，也没法就传统模式与无边界模式进行对比研究，这是本书的一大遗憾。此外，关于培训的维度划分上，与国外已有的研究结论存在一定的差异，这说明国内外的培训实践存在文化背景上的差异，而且，由于受到时间和精力的限制，本次研究未能针对中国文化背景下的员工培训感知开发量表，这是本书的一个不足之处。

其次，在共同方法偏差方面，共同方法偏差的问题在行为科学和心理学研究中普遍存在。本书尽管采用了匿名的方式减少共同方差，以统计检验的方式判断同源方差的严重程度，但由于资源条件的限制，本书的数据来源于被调查者自我报告的方式，问卷中所涉及的题项都出自员工自己对自己的评价，难免有失偏颇，客观性欠缺，使得共同方法偏差不可避免，今后的研究可以考虑由不同的主体针对问卷中的问题分别作答，例如，在本书中，有关培训意愿、培训机会、培训支持、组织承诺、离职倾向的题项可由员工自己回答，可雇佣性、期望符合度部分的问题则由员工的直接上级加以评价，这样可以提高数据的客观性与真实性。此外，本书的有效样本大部分来自笔者所在的四川、重庆、贵州进行抽样的，未能在全国进行随机抽样，这可能影响样本的代表性，在一定程度上影响研究结论的推广。

再次，在研究设计方面，本书的理论模型为因果模型，应探究变量之间的因果关系。但本书获得的数据是横截面数据，所得结论本质上反映的是变量之间的相关关系，未能全面地反映员工参与培训到员工行为选择的纵向动态特征。严谨的因果关系应采用纵向研究得出，限于时间、精力、经费等条件，难以在攻读博士学位期间完成。

第四节　研究展望

（一）做相关变量的追踪研究

在研究设计方面，如果条件允许，建议今后的研究采用实验（或准实验）或追踪研究的方法，或者个案跟踪研究的方法，进行长期的连续观察，进一步深入分析挖掘可雇佣性的开发及实现的动态发展过程，明确相关变量之间的因果联系，为实践操作提供更加准确的结论支持。此外，在选择研究样本时，有针对性地选择传统模式、无边界职业生涯管理模式，或两种所有制企业，如国有企业和外资企业，或两类员工，如知识员工和非知识员工，以便于比较分析，寻找差异，以确定研究结论的推广边界。

（二）开发适合我国特点的培训量表

在量表开发方面，今后的研究应在现有国内外研究基础上，对培训量表进一步本土化，使其更加全面、准确地反映我国企业员工培训的真实感知，通过深度访谈、实地观察、内容分析等方法，整理出能反映中国文化情境下的测量条款、维度，补充、改进现有的培训感知量表。在测量上，力图将客观培训实践与主观培训感知结合起来，更加全面地衡量培训的有效性。

（三）进一步结合中国文化，解释中国员工在无边界职业生涯时代的行为

中国人自古以来有求稳、以不变应万变的心态，对组织、上级忠诚的理念，以往统分统配的铁饭碗被打破，由于工作的不安全带来的心理上的危机，这些文化是否与无边界职业生涯的雇佣哲学相悖？是

否影响无边界职业生涯的适应？当面临留职与离职选择时，文化理念与理性选择是否存在认知不协调？做出选择的主导心理是什么？管理者如何从文化心理更深层次的本质特征去分析和探讨无边界职业生涯时代员工的行为？将是十分有意义的话题。

附 录

访谈提纲

访谈目的：

1. 分别讨论模型中几个变量之间的可能联系，目的：检验及修正模型，尤其是检验中介变量和调节变量。

2. 目前企业培训的具体形式及员工的评价，目的：对培训的结构维度进行初步的探索。

3. 请访谈对象阅读及检查调查问卷题项，目的：对意义模糊、有歧义的问卷条目及时做出调整和修改。

访谈对象：企业白领（知识员工），如从事技术、研发工作的员工，部门主管等

预计访谈人数：10—20 人

访谈的形式：面谈，一对一；时间：30—40 分钟

访谈的主要问题

1. 个人基本情况：性别、年龄、学历，在该公司工作的年限、岗位，曾服务过的单位个数。

2. 进入本单位以后，你接受了哪些方面的员工开发（培训、轮岗、借调、进修、攻读学位等）实践？这些实践是组织安排的还是自己安排的？

3. 你认为这些措施对你个人的发展有效吗？你期待单位采取哪些实践？

4. 这些技能可以用于组织内的其他岗位吗？比如……

5. 这些技能可以用于其他组织吗？这对你转换工作有用吗？

6. 你认为这些能力的提升主要来自哪里？

7. 谈谈主管对你个人发展的支持帮助情况。

8. 你是否考虑换一个部门或者单位？

9. 如果你想换部门或者换单位，你主要考虑哪些因素？或问：在什么情况下你会选择离开本部门或本单位？

10. 在什么情况下你会选择长时间地留在本组织工作？或问：你选择留在本单位的主要原因是什么？

调查问卷

培训对员工与组织关系影响的调查问卷

尊敬的先生/女士：您好！

首先感谢您在百忙之中参与我们的问卷调查。本次调查的目的在于了解员工的培训感知对员工—组织之间关系的影响。本问卷采取匿名的方式，烦请您根据您的实际情况给我们提供宝贵的研究资料。本问卷的数据分析结果仅用于学术研究，不涉及其他用途，我们保证将对您的回答严格保密。

请您仔细阅读下列题目，选择符合您实际情况的答案，在方框内填写相应数字及打“√”或用数字“1”表示，选择题项均为单选，答案无对错之分。非常感谢您的合作！

第一部分　个人基本信息

性别	(1) 男　(2) 女
婚姻状况	(1) 未婚　(2) 已婚

续表

年龄	（1）25 岁及以下　（2）26—30 岁　（3）31—35 岁 （4）36—40 岁　（5）41—45 岁　（6）46—50 岁 （7）51 岁及以上
教育程度	（1）初中及以下　（2）高中及中专　（3）大专 （4）本科　（5）硕士　（6）博士
在现单位工作年限	（1）1 年及以下　（2）1—3 年　（3）4—6 年 （4）7—10 年　（5）10 年以上
职位级别	（1）普通员工　（2）基层管理人员　（3）中层管理人员 （4）高层管理人员
您转换过工作单位的次数	（1）0 次（参加工作就在本单位）　（2）1—2 次　（3）3—5 次 （4）6—10 次　（5）11 次以上
单位性质	（1）国有企业　（2）民营企业　（3）中外合资企业 （4）外商独资企业　（5）科研院校　（6）政府机关 （7）事业单位　（8）其他＿＿＿＿＿＿（请填写）
签订合同	（1）您与目前单位签订的劳动合同期限为：＿＿＿＿年。 （2）合同期满后，您是否愿意继续与单位签订劳动合同。＿＿＿ 1. 愿意　2. 不一定　3. 不愿意

第二部分　个人参与培训基本情况调查

1. 进入本单位以后，您参与过培训吗？

（1）是　　（2）否

2. 请回想一下，您在 2010 年 9 月—2011 年 10 月期间参加的再教育和培训活动、时间、费用多少、费用承担和证书情况。

培训的形式	教育和培训持续的时间（月）	费用（元）	费用由谁承担：1. 单位 或：2. 自己 或：3. 共同承担及比例	能否获得正式证书	证书对更换工作有用吗？（用数字做答：1. 非常有用　2. 有很大作用　3. 有一定用处　4. 有一点作用　5. 几乎没用）

续表

培训的形式	教育和培训持续的时间（月）	费用（元）	费用由谁承担：1. 单位 或：2. 自己 或：3. 共同承担及比例	能否获得正式证书	证书对更换工作有用吗？（用数字做答：1. 非常有用 2. 有很大作用 3. 有一定用处 4. 有一点作用 5. 几乎没用）
再教育包括：					
研究生					
自学考试					
（成人）函授					
企业内部培训					
职业培训包括：					
高校短期培训					
职业学校培训					
培训中心培训					
咨询公司的培训					
其他培训形式（请注明）					

第三部分：员工的培训感知及态度调查

本部分是针对上述您参与过的或正在参与的培训进行调研，请您回忆一下您最近参与的一次培训或让您印象深刻的一次培训，然后根据您的真实感受进行填答，每题为单选。

选项	完全同意	基本同意	不确定	基本不同意	完全不同意
1. 我愿意利用各种学习和发展的机会。					
2. 在业余时间我愿意参加与工作相关的课程的学习。					
3. 目前我有参与相关的知识或技能培训的需要。					
4. 我非常热衷于学习新知识。					
5. 尽管我知道没有晋升和加薪的希望，但也愿意参与各类学习和发展活动。					

续表

选项	完全同意	基本同意	不确定	基本不同意	完全不同意
6. 本单位对员工可以接受的培训总量和类型有明确的规定。					
7. 我清楚未来一年单位能够为我提供培训的类型及总量。					
8. 单位为我提供各种培训的机会。					
9. 我认为：参加培训有助于个人发展。					
10. 我认为：参加培训有助于改进工作绩效。					
11. 我认为：参加培训有助于加强与其他同事的交往。					
12. 我认为：参加培训有助于了解与工作相关的新理念、方法。					
13. 我认为：参加培训会增加晋升的机会。					
14. 我认为：参加培训会获得加薪的机会。					
15. 参加培训会使我有更多的机会转岗、跳槽。					
16. 参加培训会使我对从事的职业有更深的认识。					
17. 主管（或直接领导）在培训中能为我提供有效的反馈意见。					
18. 主管（或直接领导）能为我参加培训提供足够的时间。					
19. 主管（或直接领导）鼓励我参加各种与职业发展有关的培训。					
20. 主管（或直接领导）认为培训下属是他（她）的工作职责。					
21. 我会毫无顾虑地告诉主管（或直接领导）我需要参加的培训。					
22. 希望主管给我安排能运用培训知识或技能的工作任务。					

	非常大	很大	有一点	很小	几乎为0
1. 在本单位，我目前加薪的可能性……					
2. 我在本单位（或部门）内有进一步晋升的可能性……					
3. 我到本单位更为满意的岗位或部门工作的可能性……					
4. 在本单位，我能实现自己职业目标的可能性……					

	完全同意	基本同意	不确定	基本不同意	完全不同意
1. 我在目前的单位（部门）有很好的发展前景，因为单位（部门）很重视我。					
2. 即使本单位裁员，我相信自己也能留下来。					
3. 我在单位的人际关系网有利于我的发展。					
4. 我很清楚在本单位面临的各种机会，即使这些机会与我目前的工作不同。					
5. 我在单位很受同事的尊重。					
6. 我从目前工作中获得的技能能够用于单位之外的其他工作。					
7. 我能够获得重新培训，使自己在别处更容易被雇用。					
8. 我对单位外的各种工作机会有清楚的了解，即使这些机会与我目前的工作有很大差异。					
9. 那些与我有相同知识、技能水平、相似工作经验的人，是很受其他单位欢迎的。					
10. 我能在其他地方找到一份与我的技能、经验相关的工作。					

	完全 同意	基本 同意	不确定	基本 不同意	完全 不同意
1. 我很乐意长时间在本单位工作，直到退休。					
2. 我把本单位的事情当成自己的事情来考虑。					
3. 我在情感上并不特别依附于目前的单位。					
4. 在目前的单位（公司）工作对我来说非常有意义。					
5. 我对目前的单位（公司）没有很强烈的归属感（R）。					
6. 我喜欢与单位外的其他人谈论我所在的组织。					
7. 如果我决定离开本单位（公司），我的生活有很多方面都将被扰乱。					
8. 如果在近期离开本单位（公司），我的损失不会很大。					
9. 留在目前的单位（公司）继续工作不仅是我的一种愿望，更是我的一种需要。					
10. 如果没有在本单位（公司）投入、付出那么多，我会考虑去别处工作。					
11. 我留在本单位（公司）的一个主要原因是：离开意味着要付出较大的损失，在其他公司我可能无法获得类似的福利待遇。					
12. 我留在本单位（公司），主要因为难以找到其他合适的工作机会。					
13. 如果现在离开单位，我会觉得愧疚于单位和领导。					
14. 我不会离职，因为我认为自己对单位同事负有责任。					
15. 我认为自己没有义务必须留在本单位。					
16. 本单位值得我对它忠诚。					
17. 本单位对我不错，我理应报答。					
18. 即使对自己有利，我现在也不会离职，因为我认为这样做不好。					

	完全符合	基本符合	不确定	不太符合	完全不符合
1. 在不久的将来，我可能会辞职并加入其他单位（公司）。					
2. 我经常有辞职的想法。					
3. 我不打算长期待在这个单位（公司）。					
4. 对我来说，在这个单位（公司）没有发展前途。					

问卷到此结束，非常感谢您的辛苦填答！

参考文献

[1] Acemoglu, D. & Pischke, J. S. (1998), Why do firms train? Theory and evidence. *Quarterly Journal of Economics*, 113 (1): 79 - 119.

[2] Allen, N. Meyer, J. (1996), Affective, continuance, and normative commitment to the organization: an examination of construct validity. *Journal of Vocational Behavior*, 49: 252 - 276.

[3] Anakwe, U. P., Hall, J. C., Schor, S. M. (2000), Knowledge - related skills and effective career management. *International Journal of Manpower*, 21 (7): 566 - 579.

[4] Anders Frederiksen (2008), Gender differences in job separation rates and employment stability: New evidence from employer - employee data. *Labor Economics*, 15: 915 - 937.

[5] Anderson, N., Schalk, R. (1998), The psychological contract in retrospect and prospect. *Journal of Organization Behavior*, 19: 637 - 647.

[6] Andrew Mayo (2000), The role of employee development in the growth of intellectual capital. *Personnel Review*, 29 (4): 521 - 533.

[7] Andrew Rothwell, Ian Herbert, Frances Rothwell (2008), Self - perceived employability: Construction and initial validation of a scale for university students. *Journal of Vocation Behavior*, 73: 1 - 12.

[8] Angle, H., Perry, J. (1981), An empirical assessment of organizational commitment and organizational effectives. *Administrative Science Quarterly*, 26 (1): 1 - 14.

[9] Arthur M., B., Defillippi R. J. (1994), The boundaryless career:

a competency – based perspective. *Journal of Organization Behavior*, 15 (4): 307 –324.

[10] Arthur M. B. , Rousseau D. M. (1996), *The boundaryless career as a new employment principle*. New York: Oxford University Press.

[11] Arthur, M. B. , Khapova S. , Widerom, C. P. M. (2005), Career success in a boundaryless career world. *Journal of Organizational Behavior*, 26: 177 –202.

[12] Arthur, M. B. (1994) . The boundaryless career: A new perspective for organizational inquiry. *Journal of Organizational Behavior*, 15: 295 –306.

[13] Arthur, M. B. , Inkson, K. , Pringle, J. K. (1999), *The new career: Individual action and economic change*. London, UK: Stage.

[14] Ashford, S. J. , Lee, C. , Bobko, P. (1989), Content, causes and consequences of job insecurity: A theory – based measure and substantive test. *Academy of Management Journal*, 32: 803 –829.

[15] Auer. P. , Cazes. S. (2000), The resilience of long – term employment relationship: evidence from the industrialized countries. *International Labor Review*, 139 (4): 379 –409.

[16] Bagshaw, M. (1996), Creating employability: how can training and development square the circle between individual and corporate interest? *Industrial and Commercial Training*, 28 (1): 16 –18.

[17] Bagshaw, M. (1997), Employability – creating a contract of mutual investment. *Industrial and Commercial Training*, 29 (6): 187 –189.

[18] Bandura, A. (1977), *Social Learning theory*. Englewoo Cliffs, N. J. Prentic – Hall.

[19] Bandura, A. (1986), *Social foundations of thought and action*. Englewood Cliffs, NJ: Prentic – Hall.

[20] Bandura, A. , (1997), *Self – efficacy: The exercise of control*. Freeman, New York.

[21] Baron R. M. , Kenny D. A. (1986), The moderator – mediator variable distinction in social psychological research: conceptual, strategic, and statistical considerations. *Journal of Personality and Social Psychology*, 51 (6): 1173 – 1182.

[22] Bartlett, K. (2001), The relationship between training and organizational commitment: A study in the health care field. *Human Resource Development Quarterly*: 335 – 353.

[23] Baruch Y. , Peiperl M. (2000), Career management practices: an empirical survey and implications. *Human Resource Management*, 39 (4): 347 – 366.

[24] Baruch, Y. (1998), The rise and fall of organizational commitment. *Human Systems Management*, 17 (2): 135 – 143.

[25] Baruch, Y. (2001), Employability: a substitute for loyalty? *Human Resource Development International*, 4: 543 – 566.

[26] Beatrice I. J. M. Van der Heijden, Annet H. de Lange, Evangelia Demerouti, Claudia M. Van der Heijde (2009), Age effects on the employability – career success relationship. *Journal of Vocational Behavior*, 74: 156 – 164.

[27] Beatrice van der Heijden, Jo Boon. Marcel van der Klink, Ely Meijs (2009), Employability enhancement through formal and informal learning: an empirical study among Dutch non – academic university staff members. *International Journal of Training and Development*, 13 (1): 19 – 31.

[28] Beatriz Sora, Amparo Caballer (2010), The consequence of job insecurity for employee: The moderator role of job dependence. *International Labor Review*, 149 (1): 59 – 72.

[29] Becker, G. S. (1964), *Human capital: A theoretical and empirical analysis, with special reference to education. Columbia University, Columbia University Press.* New York.

[30] Becker, G. S. (1975), *Human capital: A theoretical and empirical*

analysis, with special reference to education (2nd ed.). New York: Columbia University Press.

[31] Benson G. S. (2006), Employee development, commitment and intention to turnover: a test of employability policies in action. *Human Resource Management Journal*, 16 (2): 173 – 192.

[32] Benson, G. S. (2003), Examining employability: effects of employee development on commitment and intention to turnover. *Academy of Management Best Applied Paper*, Career Division, Academy of Management, Briarcliff Manor, NY.

[33] Benson, G. S., Finegold D., Mohrman, S. A. (2004), You paid for the skills, now keep them: tuition – reimbursement and voluntary turnover. *Academy of Management Journal*, 47 (3): 315 – 331.

[34] Berntson E. Naswall K. Sverke M. (2008), Investigating the relationship between employability and self – efficacy: A cross – lagged analysis. *European Journal of Work and Organizational Psychology*, 17 (4): 413 – 425.

[35] Berntson, E., Mrklund, S. (2007), *The relationship between employability and subsequent health.* Work & Press, 21 (3): 279 – 292.

[36] Berntson, E., Sverke, M., Marklund, S. (2006), Predicting perceived employability: Human capital or labor market opportunities? *Economic and Industrial Democracy*, 27: 223 – 244.

[37] Berntson, E., Sverke, M., N? swall, K., Hellgren, J. (2006), *The relationship between self – efficacy and employability.* Poster presented at the 7th conference of the European Academy of Occupational Health Psychology, 8 – 10, Dublin, Ireland.

[38] Berntson, E. Bernhard – Oettel, C., De Cuyper, N. (2007), The moderating role of employability in the relationship between organizational changes and job insecurity. Paper presented at the 13th

European Congress of Work and Organizational Psychology, 9 - 12 May, Stockholm.

[39] Bird, A. (1994), Career as repositories of knowledge: a new perspective on boundaryless careers. *Journal of Organizational Behavior*, 15: 325 - 344.

[40] Birdi K., Allan C., Warr P. (1997), Correlates and perceived outcomes of four types of employee development activity. *Journal of Applied Psychology*, 82 (6): 845 - 857.

[41] Birgit Schyns, Nicole Torka (2007), Turnover intention and preparedness for change exploring leader - member exchange and occupational self - efficacy as antecedents of two employability predictors. *Career Development International*, 12 (7): 660 - 679.

[42] Bishop, J. (1997), What we know about employer - provided training: A review of the literature. *Research in Labor Economics*, 16: 19 - 87.

[43] Blau, G., Boal, K. (1987), Conceptualizing how job involvement and organizational commitment affect turnover and absenteeism. *Academy of Management Review*, 12 (2): 288 - 300.

[44] Brown, P., Hesketh, A. Williams, S. (2003), Employability in a knowledge - driven economy. *Journal of Education and Work*, 16 (2): 107 - 126.

[45] Bruce R. Elling (1998), Employment and Employability: Foundation of the new social contract. *Human Resource Management*, 37 (2): 173 - 175.

[46] Cagri Bulut, Osman Culha (2010), The effects of organizational training on organizational commitment. *International Journal of Training and Development*, 14 (4): 309 - 322.

[47] Cappelli, P. (2004), Why do employers pay for college? *Journal of Econometrics*, 121 (1): 213 - 241.

[48] Carbery, R. Garavan, T. (2005), Organizational restructuring

and downsizing: issues related to learning, training and employability of survivors. *Journal of European Industrial Training*, 29 (6): 488 - 508.

[49] Craig, E., Kimberly, J. Bouchikhi, H. (2002), Can loyalty be leased? *Harvard Business Review*, 80: 3.

[50] Cronbach, L. J. (1951), Coefficient alpha and the internal structure of tests. *Psychometrika*, 16 (3): 297 - 334.

[51] Cuyper N. D. Berntson C. B. (2008), Employability and employees' well - being mediation by job insecurity. *Applied Psychology: an International Review*, 57 (3): 488 - 509.

[52] Dam V. K. (2004), Antecedents and consequences of employability orientation. *European Journal of Work and Organizational Psychology*, 13 (1): 29 - 51.

[53] Daniels J., Andrea M., Gaughen J. S. (1998), Testing the validity and reliability of the perceived employability scale among a culturally diverse. *Journal of Employment Counseling*, 35 (3): 114 - 124.

[54] David G. Allen, Lynn M. Shore, Rodger W. Griffeth (2003), The role of perceived organizational support and supportive human resource practices in the turnover process. *Journal of Management*, 29 (1): 99 - 118.

[55] Davis, T. R., Luthans, F. (1980), A social learning approach to organizational behavior. *Academy of Management Review*, 5: 281 - 290.

[56] De Cuyper, N., De Witte, H. (2006), The impact of job insecurity and contract type on attitudes, well - being and behavior reports: A psychological contract perspective. *Journal of Occupational Psychology*, 79: 395 - 409.

[57] De Cuyper, N., De Witte, H. (2007), Job insecurity among temporary versus permanent workers: effects on job satisfaction, or-

ganizational commitment, life satisfaction and self - rated performance. *Work & Stress*, 21 (1): 1 - 20.

[58] De Grip. A., Van Loo. J.. Sanders. J. (2004), The industry employability index: Taking account of supply and demand characteristics. *International Labor Review*, 143: 211 - 233.

[59] De Vries, S., Gründemann, R., Van Vuuren, T. (2001), Employability policy in Dutch organizations. *The International Journal of Human Resource Management*, 12 (7): 1193 - 1202.

[60] De Witte, H. (1999), Job insecurity and psychological well - being: review of the literature and exploration of some unresolved issues. European *Journal of Work and Organization Psychology*, 8 (2): 155 - 177.

[61] Dess, G. G., Shaw, J. D. (2001), Voluntary turnover, social capital, and organizational performance. *Academy of Management Review*, 26: 446 - 456.

[62] Eby L. T., Dobbins G. H. (1997), Collectivistic orientation in teams: an individual and group - level analysis. *Journal of Organization Behavior*, 18: 275 - 295.

[63] Eby, L., Butts, M. Lockwood, A. (2003), Predictors of success in the era of the boundaryless career. *Journal of Organization Behavior*, 24 (6): 689 - 708.

[64] Edwards J. R, Lambert L. S. (2007), Methods for integrating moderation and mediation: ager analytical framework using moderated path analysis. *Psychological Methods*, 12: 1 - 22.

[65] Eisenberger, R., Huntington, R., Hutchinson, S., Sowa, D. (1986), Perceived organizational support. *Journal of Applied Psychology*, 71: 500 - 507.

[66] Ellig B. R. (1998), Employment and employability: foundation of the new social contract. *Human Resource Management*, 37 (2): 173 - 175.

[67] Erlich, J. C. (1994), Creating an employer – employee relationship for the future. *Human Resource Management*, 33 (3): 491 –501.

[68] Estienne, M. (1997), An organizational culture compatible with employability. *Commercial and Industrial Training*, 29 (6): 194 –199.

[69] Finn Dan. (2000), From full employment to employability: a new deal for Britain' s unemployed? *Journal of Manpower*, 21 (5): 384 –399.

[70] Forrier, A. Sels, L. (2003), Temporary employment and employability: Training opportunities and efforts of temporary and permanent employees in Belgium. *Work, Employment and Society*, 17 (4): 641 –666.

[71] Forrier, A. Sels, L. (2003), The concept employability: A complex mosaic. International *Journal of Human Resources Development and Management*, 3 (2): 102 –124.

[72] Forstenlechner I., Selim H. M., Baruch Y., et al. (2014), Career exploration and perceived employability within an emerging economy context. *Human Resource Management*, 53 (1): 45 –66.

[73] Frazis, H., Herz. Horrigan, M. (1995), Employer – provided training: results from a new survey. *Monthly Labor Review*, 118 (5): 3 –17.

[74] Fugate M, Kinicki A. J. (2008), A dispositional approach to employability: development of a measure and test of implications for employee reactions to organizational change. *Journal of Occupational and Organizational Psychology*, 81: 503 –527.

[75] Fugate M., Kinicki A. J., Ashforth B. E. (2004), Employability: a psycho – social construct, its dimensions, and applications. *Journal of Vocational Behavior*, 65: 14 –38.

[76] Fugate, M. & Kinicki, B. E. (2004), Employability: A psycho –

social construct, its dimensions, and applications. *Journal of Vocational Behavior*, 2004, 65 (1): 14 -38.

[77] Gaertner, K. Nollen, S. (1989), Career experience, perceptions of employment practices and psychological commitment to the organization. *Human Relations*, 42 (11): 975 -991.

[78] Gallie, D., White, M., Cheng, Y., Tomlinson, M. (1998), Restructuring the employment relationship. Oxford: Clarendon Press.

[79] Galunic, D. Anderson, E. (2000), From security to mobility: generalized investments in human capital and agent commitment. *Organization Science*, 11 (1): 1 -20.

[80] Garavan, T. N. (1999), Employability: the emerging new deal. *Journal of European Industrial Training*, 23 (1): 1 -5.

[81] George S. Benson, David Finegold, Susan Albers Mohrman (2004), You paid for the skills, now keep them: tuition reimbursement and voluntary turnover. *Academy of Management Journal*, 47 (3): 315 -331.

[82] Green A. E. Turok I. (2000), Employability, adaptability and flexibility: changing labor market prospects. *Regional Studies*, 34 (7): 599 -600.

[83] Griffeth, R., Hom, P. Gaertner, K. (2000), A meta - analysis of antecedents and correlates of employee turnover update, moderator tests, and research implications for the next millennium. *Journal of Management*, 26 (3): 463 -488.

[84] Groot, W. Maassen - Van der Brink, H. (2000), Education, training and employability. *Applied Economics*, 32: 573 -581.

[85] Guest, D. (2004), The psychology of the employment relationship: an analysis based on the psychological contract. *Applied Psychology: An International Review*, 53 (4): 541 -555.

[86] Hall, D., Mirvis, P. (1995), The new career contract: developing the whole person at midlife and beyond. *Journal of Vocational*

Behavior, 47: 269 - 289.

[87] Hallier J., Butts S. (1999), Employers' discovery of training: self - development, employability and the rhetoric of partnership. *Employee Relations*, 21 (1): 80 - 94.

[88] Hallier, J., James, P. (1997), Management enforced job change and employee perceptions of psychological contract. *Employee Relations*, 19 (3): 222 - 247.

[89] Harvey, L. (2001), Defining and measuring employability. *Quality in Higher Education*, 7: 97 - 109.

[90] Hassan I., Ballout (2007), Career success, the effects of human capital person - environment fit and organizational support. *Journal of Managerial Psychology*, 22 (8): 741 - 765.

[91] Heather R. Pierce, Todd J. Maurer (2009), Linking employee development activity, social exchange and organizational citizenship behavior. *International Journal of Training and Development*, 13 (1): 139 - 147.

[92] Heijed V. D., Heijden V. D. (2006), A competence - based and multidimensional operationalization and measurement of employability. *Human Resource Management*, 45 (3): 449 - 476.

[93] Hillage, J. & Pollard, E. (1998), Employability: developing a framework for policy analysis, research report, *Institute for Employment Studies*, DfEE, Brighton.

[94] Hiltrop, J. M. (1995), The changing psychological contract: the human resource challenge of the 1990s. *European Management Journal*, 13 (3): 286 - 294.

[95] Howard J. K. (2001), Invited reaction: the relationship between training and organizational commitment—a study in the health care field. *Human Resource Development Quarterly*, 12 (4): 353 - 361.

[96] Hueelid, M. & Day, N. (1991), Organizational commitment,

job involvement, and turnover: a substantive and methodological analysis. *Journal of Applied Psychology*, 74 (3): 381 -391.

[97] Iles, P., Forster, A, & Tinline, G. (1996), The changing relationships between work commitment, personal flexibility, and employability: an evaluation of a field experiment in executive development. *Journal of Managerial Psychology*, 11 (8): 18 -34.

[98] Irving, P. G. & Meyer J. P. (1994), Reexamination of the met - expectation hypothesis: a longitudinal analysis. *Journal of Applied Psychology*, 79 (6): 937 -949.

[99] Jack K. Ito, & Celeste M. B. (2005), Does supporting employees' career adaptability lead to commitment, turnover or both? *Human Resource Management*, 44 (1): 5 -19.

[100] Jerry Hallier & Stewart Butts (1999), Employers' discovery of training: self - development, employability and the rhetoric of partnership. *Employee Relations*, 21 (1): 80 -94.

[101] John D. & Theresa M. (2005), The individual learner, employability and the workplace. *Journal of European Industrial Training*, 29 (6): 436 -446.

[102] Judd C. M. & Kenny D. A. (1981), Process analysis: Estimating mediation in treatment evaluations. *Evaluation Review*, 5 (5): 602 -619.

[103] Judith W. T. & Cohen D. J. (2001), The relationship between organizational support, employee development, and organizational commitment: an empirical study. *Human Resource Quarterly*, 12 (3): 285 -300.

[104] Kaiser, H. F. (1960), The application of electronic computer to factor analysis. *Educational and Psychological Measurement*, 20: 141 -151.

[105] Kenneth R. Bartlett (2001), The relationship between training and organizational commitment: a study in the health care field. *Human*

Resource Development Quarterly, 12 (4): 335 - 351.

[106] Klein, H. (2001), Invited reactions: the relationship between training and organizational commitment—a study in the health care field. *Human Resource Development Quarterly*, 12 (4): 353 - 362.

[107] Kluytmans, F. & Ott, M. (1999), Management of employability in the Netherlands. *European Journal of Work and Organizational Psychology*, 8 (2): 261 - 272.

[108] Krueger, A. & Rouse, C. (1998), The effects of workplace education on earnings, turnover, and job performance. *Journal of Labor Economics*, 16 (1): 61 - 94.

[109] Lee C. H. & Bruvold N. T. (2003), Creating value for employee: investment in employee development. *International Journal of Human Resource Management*, 14 (6): 981 - 1000.

[110] Lefresne, F. (1999), Employability in the heart of the European employment strategy. *European Review of Labor and Research*, 5: 460 - 480.

[111] Loewenstein, M. & Spletzer, J. (1999), General and specific training: evidence and implications. *Journal of Human Resources*, 34 (4): 710 - 733.

[112] London, M. (1983), Toward a theory of career motivation. *Academy of Management Review*, 8: 620 - 630.

[113] London, M. (1993), Relationships between career motivation, empowerment and support for career development. *Journal of Occupational and Organizational Psychology*, 66: 55 - 69.

[114] Lu C, Sun J, Du D. (2016), The relationships between employability, emotional exhaustion, and turnover intention the moderation of perceived career opportunity. *Journal of Career Development*, 43 (1): 37 - 51.

[115] Lynch, L. (1991), The role of off - the - job vs. on - the - job training for the mobility of women workers. *American Economics Re-*

view, 81 (2): 299 – 312.

[116] Margaret P. & Kathy P. (2005), The relationship between pre – employment expectation, experience, and length of stay in public accounting. *Journal of Leadership and Organizational Studies*, 12 (1): 82 – 102.

[117] Maria L. K., Scott E. S., Sandy J. W. & Robert C. L. (2011), Antecedents and outcomes of organizational support for development: the critical role of career opportunities. *Journal of Applied Psychology*, 96 (3): 485 – 500.

[118] Marilyn Clark (2008), Understanding and managing employability in changing career contexts. *Journal of European Industrial Training*, 32 (4): 258 – 284.

[119] Marilyn Clarke & Margaret Patrickson (2008), The new covenant of employability. *Employee Relations*, 30 (2): 121 – 141.

[120] Marilyn Clarke (2007), Where to from here? Evaluating employability during career transition. *Journal of Management & Organization*, 13 (3): 196 – 211.

[121] Mark A. & Huselid (1995), The impact of human resource management practices on turnover, productivity, and corporate financial performance. *Academy of Management Journal*, 38 (3): 635 – 672.

[122] Mark A. L. & James R. S. (1999), General and specific training: evidence and implications. *Journal of Human Resources*, 34 (4): 710 – 733.

[123] Mathieu, J. & Zajac, D. (1990), A review and meta – analysis of the antecedents, correlates, and consequences of organizational commitment. *Psychological Bulletin*, 108 (2): 171 – 194.

[124] Maurer T. & Tarulli B. (1994), Investigation of perceived environment, perceived outcomes, and person variables in relationship to voluntary development activities by employees. *Journal of Applied*

Psychology, 79 (1): 3 - 14.

[125] Maurer, T. (2001), Career - relevant learning and development, worker age, and beliefs about self - efficacy for development. *Journal of Management*, 27: 123 - 140.

[126] McDowell A. & Fletcher C. (2004), Employee development: an organizational justice perspective. *Personnel Review*, 33 (1): 8 - 29.

[127] McQuade E. & Maguire T. (2005), Individual and their employability. *Journal of European Industrial Training*, 29 (6): 447 - 456.

[128] McQuaid, R. W. & Lindsay, C. (2005), The concept of employability. *Urban Studies*, 42 (2): 197 - 219.

[129] Meyer, J. & Smith, C. (2000), HRM practices and organizational commitment: test of a mediation model. *Canadian Journal of Administrative Sciences*, 17 (4): 319 - 331.

[130] Mincer, J. (1988) Job training, wage growth, and labor turnover. *NBER Working Paper* 2690.

[131] Mirvis, P. H. & Hall, D. T. (1994), Psychological success and the boundary less career. *Journal of Organizational Behavior*, 15: 365 - 380.

[132] Mitchell, T.. Holton, B., Lee, T., Sablynski, C. Erez, M. (2001), Why people stay: using job embeddedness to predict voluntary turnover. *Academy of Management Journal*, 44 (6): 1102 - 1122.

[133] Mobley W. H. (1982), *Employee turnover: causes, consequences and control.* Reading: Addison - Wesley.

[134] Mobley, W., Griffeth, R., Hand, H. & Meglino, B. (1979), Review and conceptual analysis of the employee turnover process. *Psychological Bulletin*, 86: 493 - 522.

[135] Mohammed A. S. & Michael J. M. (2007), Relationship between

employees' beliefs regarding training benefits and employees' organizational commitment in a petroleum company in the State of Qatar. *International Journal of Training and Development*, 11 (1): 49 - 69.

[136] Mowday, R., Steers, R. & Porter, L. (1979), The measurement of organizational commitment. *Journal of Vocational Behavior*, 1224 - 1247.

[137] Muller D., Judd C. M., Yzerbyt V. Y. (2005), When moderation is mediated and mediation is moderated. *Journal of Personality and Social Psychology*, 89 (6): 852 - 863.

[138] Nick B. & Alexander S. (2007), The moderating role of human capital management practices on employee capabilities. *Journal of Knowledge Management*, 11 (3): 31 - 51.

[139] Nico W. V., Agnes E. V. & Martijin C. W. (1999), Towards a better understanding of the link between participation in decision - making and organizational citizenship behavior: a multilevel analysis. *Journal of Occupational and Organizational Psychology*, 72: 377 - 392.

[140] Noe R. & Wilk S. (1993), Investigation of the factors that influence employees' participation in development activities. *Journal of Applied Psychology*, 78 (2): 291 - 302.

[141] Noe R. & Wilk, S. (1993), Investigation of the factors that influence employees' participation in development activities. *Journal of Applied Psychology*, 78 (2): 291 - 302.

[142] Noe R., & Bachhuber, J. A. (1990), Correlates of career motivation. *Journal of Vocational Behavior*, 37: 340 - 356.

[143] Noe R., Wilk S., Mullen E., & Wanek, J. (1997), *Employee development: Issues in construct definition and investigation of antecedents.* In J. Ford (Ed.), Improving training effectiveness in work organizations: 153 - 189. Mahwah, NJ: Lawrence Erlbaum

Associates.

[144] Noe, R. (1996), Is career management related to employee development and performance? *Journal of Organizational Behavior*, 17: 119 - 133.

[145] Nordhaug, O. (1989), Reward functions of personnel training. *Human Relations*, 42 (5): 373 - 388.

[146] O'Reilly, C. & Chatman, J. (1986), Organizational commitment and psychological on prosocial behavior. *Journal of Applied Psychology*, 71 (3): 492 - 499.

[147] Pearson, J. M. & Crosby, T. B. (2002), An empirical investigation into the relationship between culture and computer efficacy as moderated by age and gender. *Journal of Computer Information Systems*, 43 (2): 58 - 70.

[148] Pedhazur, E. J. & Schmelkin, L. P. (1991), *Measurement, design, and analysis: an integrated approach.* New Jersey: Lawrence Erlbaum Associate Inc.

[149] Peter W., Catriona A. & Kamal B. (1999), Predicting three levels of training outcome. *Journal of Occupational and Organizational Psychology*, 72: 351 - 375.

[150] Podsakoff, P. M., Mackenzie, S. B., Lee, J. Y., & Podsakoff, N. P. (2003), Common method bias in behavioral research: A critical review of the literature and recommended remedies. *Journal of Applied Psychology*, 88 (5): 879 - 903.

[151] Preacher, K. J., Rucker D. D., & Hayes A. F. (2007), Addressing moderated mediation hypothesis: theory, methods, and prescriptions. *Multivariable Behavior Research*, 42 (1): 185 - 227.

[152] Randall, D. (1990), The consequences of organizational commitment: methodological investigation. *Journal of Organizational Behavior*, 11 (5): 361 - 379.

[153] Ronald W. M. , & Colin L. (2005), The concept of employability. *Urban Studies*, 42 (2): 197 -219.

[154] Rothwell A. J. (2007), Self - perceived employability: development and validation of a scale. *Personnel Review*, 36 (1): 23 -41.

[155] Rousseau, D. M. (1995), *Psychological contract in organizations: understanding written and unwritten agreements.* Thousand Oaks, CA: Sage Publications.

[156] Rousseau, D. M. (1997), Changing the deal while keeping the people. *Academy of Management Executive*, 10 (1): 50 -60.

[157] Sanders, J. & De Grip, A. (2004), Training, task flexibility and the employability of low - skill workers. *International Journal of Manpower*, 25 (1): 73 -89.

[158] Seibert, S. E. , Crant, J. M. , & Kraimer, M. L. (1999), Proactive personality and career success. *Journal of Applied Psychology*, 84: 416 -427.

[159] Shaft, T. M. (2006), The role of cognitive fit in the relationship between software comprehension and modification. *MIS Quarterly*, 30 (1): 29 -55.

[160] Sheldon, P. , & Thornwaite, L. (2005), Employability skills and vocational education and training policy in Australia: an analysis of employer association agendas. *Asia Pacific Journal of Human Resources*, 43: 404 -425.

[161] Shore, L. M. & Barksdale, K. (1998), Examining degree of balance and level of obligation in the employment relationship: a social exchange approach. *Journal of Organizational Behavior*, 19 (SI): 731 -744.

[162] Shore, L. M. , & Wayne, S. J. (1993), Commitment and employee behavior: comparison of affective commitment and continuance commitment with perceived organizational support. *Journal of*

Applied Psychology, 78: 774 - 780.

[163] Sobel M. E. (1982), Asymptotic confidence intervals for indirect effects in structural equation models. In: Leinhardt (Ed.) *Sociological methodology*, Washington, DC: American Sociological Association, 290 - 312.

[164] Somers, M. (1995), Organizational commitment, turnover and absenteeism: an examination of direct and interaction effects. *Journal of Organizational Behavior*, 16 (1): 49 - 58.

[165] Steers R. M., & Mowday R. T. (1981), Employee turnover and post - decision accommodation process. In L. L. Cummings & Staw (Eds.). *Research in Organizational Behavior.* Greenwich, Conn: JAI Press, 3: 235 - 281.

[166] Sullivan, S., Carden, W. & Martin, D. (1998), Careers in the next millennium: directions for future research. *Human Resource Management Review*, 8 (2): 165 - 185.

[167] Sullivan, S. E. & Arthur, M. B. (2006), The evolution of the boundaryless career concept: examining physical and psychology mobility. *Journal of Vocational Behavior*, 69: 19 - 29.

[168] Sverke, M. & Hellgren, J. (2002), The nature of job insecurity: understanding employment uncertainty on the brink of a new millennium. *Applied Psychology: an International Review*, 51 (1): 23 - 42.

[169] Tannenbaum, S., Mathieu, J. S. & Cannon - Bowers. J. (1991), Meeting trainees' expectations: the influence of training fulfillment on the development of commitment, self - efficacy and motivation. *Journal of Applied Psychology*, 76 (6): 759 - 769.

[170] Tansky, J. & Cohen, D. (2001), The relationship between organizational support, employee development, and organizational commitment: an empirical study. *Human Resource Development Quarterly*, 12 (3): 285 - 300.

[171] Tharenou, P. (1997), Determinants of participation in training and development in C. Cooper and D. Rousseau (Eds). *Trends in Organizational Behavior*. New York: Wiley.

[172] Tharenou, P., Latimer, S., & Conroy, D. (1994), How to make it to the top? an examination of influences on women and men managerial advancement. *Academy of Management Journal*, 32: 402-423.

[173] Todd J. M., Heather R. P., Lynn M. S. (2002), Perceived beneficiary of employee development activity: a three-dimensional social exchange model. *Academy of Management Review*, 27 (3): 432-444.

[174] Todd J. M. & Michael L. (2008), Who will be committed to an organization that provides support for employee development? *Journal of Management Development*, 27 (3): 328-347.

[175] Todd J. M., Beverly A., & Tarulli (1994), Investigation of perceived environment, perceived, and person variables in relationship to voluntary development by employees. *Journal of Applied Psychology*, 79 (1): 3-14.

[176] Tsui A. S., Pearce J. L. & Porter L. W. (1997), Alternative approaches to employee-organization relationship: Does investment in employees pay off? *Academy of Management Journal*, 40 (5): 1089-1121.

[177] Tsui, A. S. & Wu, B. (2005), The new employment relationship versus the mutual investment approach: implications for human resource management. *Human Resource Management*, 44: 115-21.

[178] Van Buren H. (2003), Boundaryless careers and employability obligations. *Business Ethics Quarterly*, 13 (2): 131-149.

[179] Van Dam K. (2004), Antecedents and consequences of the employability orientation. *European Journal of Work and Organizational Psychology*, 13 (1): 29-51.

[180] Van der Heijde C. M. , Van der Heijden B. I. J. M. (2005), The development and psychometric evaluation of a multi – dimensional measurement instrument of employability and the impact of aging. *International Congress Series*, 1280: 142 – 147.

[181] Van der Heijde C. M. , & Van der Heijden B. I. J. M. (2006), A competence – based and multidimensional operationlization and measurement of employability. *Human Resource Management*, 45 (3): 449 – 476.

[182] Van der Heijden B. (2002), Prerequisites to guarantee life – long employability. *Personnel Review*, 31 (1): 44 – 61.

[183] Van der Heijden, B. I. J. M. , De Lange, A. H. , Demerouti, E. , & Van der Heijde, C. M. (2009), Employability and career success across the life – span. Age effects on the employability – career success relationship. *Journal of Vocational Behavior*, (74): 156 – 164.

[184] Van der Schoot, E. & Streumer, J. N. (2003), The impact of the curriculum on the employability of nursing and healthcare graduates. *International Journal of Human Resource Development and Management*, 3 (4): 297 – 307.

[185] van Harten J. , Knies E. , Leisink P. Employer's investments in hospital workers' employability and employment opportunities. *Personnel Review*, 2016, 45 (1).

[186] Vroom V. (1964), *Work and motivation.* New York: Wiley.

[187] Warr P. & Birdi K. (1998), Employee age and voluntary development activity. *International Journal of Training and Development*, 2: 190 – 204.

[188] 彼得·卡佩利：《员工管理新变革》，朱飞等译，商务印书馆 2006 年版。

[189] 陈升：《企业 IT 应用决策及绩效研究》，重庆大学，博士学位论文，2005 年。

[190] 陈同扬：《不同组织文化中支持性人力资源管理实践对组织承诺的影响》，《科学学与科学技术管理》2005 年第 10 期。

[191] 陈晓萍、徐淑英、樊景立：《组织与管理研究的实证方法》，北京大学出版社 2008 年版。

[192] 陈志霞、陈传红：《组织支持感及支持性人力资源管理对员工工作绩效的影响》，《数理统计与管理》2010 年第 9 期。

[193] 程金林、石金涛：《人力资源管理实践和企业绩效关系的中介机制研究综述》，《管理工程学报》2007 年第 12 期。

[194] 唐春勇：《大五个性和工作态度对关联绩效影响的实证研究》，西南交通大学，博士学位论文，2000 年。

[195] 方洪波：《雇佣关系期望及其双向互动的内在机理》，《改革》2010 年第 6 期。

[196] 菲利普·李维斯、阿德里安·桑希尔、马克·桑得斯：《雇员关系：解析雇佣关系》，东北财经大学出版社 2005 年版。

[197] 高艳、乔志宏、张建英：《基于适应性的就业能力研究及启示》，《山西大学学报（哲学社会科学版）》2010 年第 5 期。

[198] 郭文臣、迟文倩等：《可雇佣能力研究：价值与趋势》，《管理学报》2010 年第 5 期。

[199] 郭志刚：《基于就业能力的无边界职业生涯平衡》，《经济管理》2009 年第 19 期。

[200] 郭志刚：《无边界组织下雇佣关系研究》，西南财经大学，博士学位论文，2007 年。

[201] 郭志文、宋俊虹：《就业能力研究：回顾与展望》，《湖北大学学报（哲学社会科学版）》2007 年第 11 期。

[202] 郭志文等：《无边界职业生涯时代的就业能力：一种新的心理契约》，《心理科学》2006 年第 2 期。

[203] 何发平：《基于可雇佣性的人力资本管理研究》，《甘肃社会科学》2008 年第 4 期。

[204] 何发平：《立足可雇佣性　培育员工忠诚度——一个心理契约的视角》，《中国人力资源开发》2009 年第 4 期。

[205] 胡卫鹏、时勘：《组织承诺研究的进展与展望》，《心理科学进展》2004 年第 1 期。

[206] 黄海艳、陈松：《无边界职业生涯时代的就业能力》，《华东经济管理》2010 年第 1 期。

[207] 乐国安、姚琦、马华维：《入职期望与员工离职的关系——期望落差假设在中国情景下的验证》，《南开管理评论》2008 年第 11 期。

[208] 李洁：《国外企业雇员可雇佣性研究新进展》，《当代财经》2006 年第 5 期。

[209] 李勤：《IT 企业研发员工培训开发问题研究》，首都经济贸易大学，硕士学位论文，2008 年。

[210] 李鑫、孙清华：《员工留职意愿的影响——基于 151 家企业问卷调查的实证研究》，《科学学与科学技术管理》2010 年第 3 期。

[211] 李原：《企业员工的心理契约——概念、理论及实证研究》，复旦大学出版社 2006 年版。

[212] 梁巧转、黄旭锋：《高科技行业员工就业初期高离职率的经济学解释》，《预测》2003 年第 4 期。

[213] 凌文辁、张治灿、方俐洛：《中国员工组织承诺的结构模型研究》，《管理科学学报》2000 年第 6 期。

[214] 刘加艳、时勘：《人力资源管理实践对员工组织承诺的影响》，《人类工效学》2005 年第 6 期。

[215] 刘军、刘小禹、任兵：《员工离职：雇佣关系框架下的追踪研究》，《管理世界》2007 年第 12 期。

[216] 刘军：《管理研究方法、原理与应用》，中国人民大学出版社 2008 年版。

[217] 刘绮霞：《现代日本雇佣形态的转型及其启示》，《国外社会科学》2007 年第 5 期。

[218] 刘小平、王重鸣：《组织承诺影响因素的模拟实验研究》，《中国管理科学》2002 年第 6 期。

[219] 刘小平、王重鸣:《中西方文化背景下的组织承诺及其形成》,《外国经济与管理》2002 年第 1 期。
[220] 刘小平:《国外可就业能力的理论及其实践》,《生产力研究》2005 年第 1 期。
[221] 刘小平:《组织承诺影响因素比较研究》,《管理科学》2003 年第 8 期。
[222] 刘小平:《组织承诺综合形成模型的验证研究》,《科研管理》2005 年第 1 期。
[223] 陆铭宏、杨东涛:《公司人力资源管理实践和员工感情承诺的相关性分享》,《华东经济管理》2005 年第 2 期。
[224] 洛丝特:《人力资源管理》,中国人民大学出版社 1999 年版。
[225] 马尔霍特拉:《市场营销研究:应用导向》,涂平等译,电子工业出版社 2002 年版。
[226] 宁赟:《组织承诺横向结构与纵向结构研究进展》,《中南财经政法大学研究生学报》2010 年第 4 期。
[227] 戚振江、朱纪平:《HRM 与绩效关系研究:组织承诺中介效用及与绩效的层次效应分享》,《人力资源管理》2011 年第 2 期。
[228] 戚振江、朱纪平:《组织承诺理论及其研究新进展》,《浙江大学学报(人文社会科学版)》2007 年第 11 期。
[229] 沈士仓:《长期雇佣?还是短期雇佣?——以企业人力资本的形成为视点》,《南开学报(哲学社会科学版)》2003 年第 3 期。
[230] 石金涛、王莉:《管理技能的因子分析及其对绩效影响的实证研究》,《管理工程学报》2004 年第 1 期。
[231] 宋国学:《基于可雇佣性的职业选择:理念、框架与趋势》,《中国人力资源开发》2007 年第 6 期。
[232] 宋国学:《基于可雇佣性视角的大学生职业能力结构及其维度研究》,《中国软科学》2008 年第 12 期。
[233] 宋国学:《基于胜任特征的培训模式》,《心理科学进展》2010

年第 18 期。

[234] 宋国学:《可雇佣性胜任能力:职业生涯研究的新视角》,《管理现代化》2008 年第 5 期。

[235] 宋国学:《可雇佣性与胜任能力的关系解析》,《内蒙古财经学院学报》2008 年第 5 期。

[236] 宋国学:《职业选择理论:基于可雇佣性视角的新解析》,《生产力研究》2008 年第 23 期。

[237] 宋正刚:《论期望落差与新生创业者放弃创业之关系——基于 CPSED 项目随机抽样调查分析》,《现代财经》2012 年第 2 期。

[238] 孙晓龙:《支持性人力资源管理实践对员工 ENLV 行为反应影响的实证研究》,山东大学,硕士学位论文,2007 年。

[239] 谭亚莉、万晶晶:《多重视角下的个体可雇佣能力研究现状评介与未来展望》,《外国经济与管理》2010 年第 6 期。

[240] 汪晓媛、苗慧:《从终身雇佣制到工作柔性——日本企业雇佣制度的演进》,《经济管理》2009 年第 4 期。

[241] 王霆、唐代盛:《国外就业能力框架和模型研究发展综述》,《求实》2006 年第 3 期。

[242] 温忠麟、侯杰泰、张雷:《有中介的调节变量和有调节的中介变量》,《心理学报》2006 年第 3 期。

[243] 温忠麟、张雷、侯杰泰、刘红云:《中介效应检验程序及其应用》,《心理学报》2004 年第 5 期。

[244] 翁杰:《基于雇佣关系稳定性的人力资本投资研究》,浙江大学,博士学位论文,2006 年。

[245] 翁杰:《企业的人力资本投资和员工流动》,《中国人口科学》2005 年第 6 期。

[246] 翁清雄:《职业成长对员工承诺与离职的作用机理研究》,华中科技大学,学位论文,2009 年。

[247] 吴继红:《基于社会交换理论的双向视角员工—组织关系研究》,四川大学,学位论文,2006 年。

[248] 吴明隆:《结果方程模型——AMOS 的操作与应用》,重庆大学

出版社 2009 年版。
[249] 伍满桂、吴道友、文晓风:《就业能力、求职强度与就业绩效关系研究》,《技术经济》2007 年第 5 期。
[250] 郗河:《企业社会责任特征对员工组织承诺及组织公民行为作用机制研究》,浙江大学,博士学位论文,2009 年。
[251] 谢晋宇:《雇员流动管理》,南开大学出版社 2001 年版。
[252] 谢晋宇:《可雇佣能力及其开发》,格致出版社 2011 年版。
[253] 谢晋宇:《可雇佣性开发:概念及其意义》,《西部经济管理论坛》2011 年第 3 期。
[254] 谢晓非等译:《社会心理学》,北京大学出版社 2005 年版。
[255] 辛自强、郭素然、池丽萍:《青少年自尊与攻击的关系:中介变量和调节变量的作用》,《心理学报》2007 年第 5 期。
[256] 徐国华、杨东涛:《支持性人力资源管理对员工感情承诺的影响》,《经济科学》2004 年第 6 期。
[257] 徐国华、杨东涛:《制造企业的支持性人力资源实践、柔性战略与公司绩效》,《管理世界》2005 年第 5 期。
[258] 薛薇:《SPSS 统计分析方法及应用》,电子工业出版社 2004 年版。
[259] 姚琦、马华维、乐国安:《期望与绩效的关系:定向的调节作用》,《心理学报》2010 年第 6 期。
[260] 姚琦、马华维、乐国安:《新员工期望与组织社会化早期适应的关系》,《心理与行为研究》2010 年第 1 期。
[261] 姚先国、翁杰:《工资结构、雇佣关系稳定性和企业的人力资本投资》,《石油大学学报(社会科学版)》2005 年第 12 期。
[262] 姚先国、翁杰:《雇佣关系的稳定性和企业的人力资本投资》,《技术经济》2005 年第 12 期。
[263] 喻剑利、曲波:《无边界职业生涯时代的员工忠诚度培养》,《中国人力资源开发》2009 年第 4 期。
[264] 曾垂凯:《自我感知的可雇佣性量表适用性检验》,《中国临床心理学杂志》2011 年第 1 期。

[265] 曾湘泉等:《“双转型”背景下的就业能力提升战略研究》，中国人民大学出版社 2010 年版。

[266] 张弘、曹大友:《雇佣保障对工作满意度的影响——员工可雇佣性的调节作用》,《经济问题探索》2010 年第 11 期。

[267] 张军:《金融危机下的员工忠诚度研究——基于可雇佣性的心理契约视角》,《清江论坛》2010 年第 1 期。

[268] 张勉、张德、于丹:《期望匹配度对个体效能变量的影响实证研究》,《预测》2003 年第 4 期。

[269] 张勉、张德:《国外雇员主动离职模型研究新进展》,《外国经济与管理》2003 年第 9 期。

[270] 张伟、吴国权、杨东:《基于胜任特征的可雇佣性研究》,《重庆科技学院学报（社会科学版)》2008 年第 3 期。

[271] 张燕、王辉、樊景立:《组织支持对人力资源措施和员工绩效的影响》,《管理科学学报》2008 年第 4 期。

[272] 张一驰:《从扩展的激励—贡献模型看我国企业所有制对雇佣关系的影响》,《管理世界》2004 年第 12 期。

[273] 张一驰:《人力资源管理教程》，北京大学出版社 1999 年版。

[274] 赵红丹、彭正龙、梁东:《组织信任、雇佣关系与员工知识分享行为》,《管理科学》2010 年第 12 期。

[275] 郑桂红:《治理知识型员工流失的新视角——提高员工可雇佣性》,《中国市场》2011 年第 1 期。

[276] 朱朴义、胡蓓:《可雇佣性与员工态度行为的关系研究——工作不安全感的中介作用》,《管理评论》2014 年第 11 期。

[277] 朱方伟、武春有:《基于人力资本理论的企业在职培训投资风险分析》,《人力资源管理》2004 年第 6 期。

[278] 朱飞:《现代企业雇佣关系模式的变革、冲突及其管理策略研究》,《当代经济管理》2009 年第 5 期。

后 记

可雇佣性问题是当前雇佣关系领域的热点，国内的相关研究正悄然兴起。探寻员工可雇佣能力对员工工作态度、行为、职业价值观的影响及可雇佣能力的测量指标体系是可雇佣能力研究走向雇佣管理实践的具体体现。当前雇佣管理中的诸多现象均可以用“可雇佣能力”来解释。本书针对“培训员工会提升员工组织承诺度还是导致员工离职”这一管理困境，以培训作为可雇佣能力的前因变量，以组织承诺及离职倾向作为可雇佣能力的结果变量，构建模型，科学论证，对上述问题作出回答，进而提出以“提升可雇佣能力、优化雇佣质量”为核心的多层面雇佣策略，旨在满足无边界职业生涯背景下雇佣管理策略创新与员工自我发展的需要。

可雇佣能力研究是我感兴趣的主要领域，并一直跟踪可雇佣能力研究的最新动态。在此期间，我获得了一些与此主题相关的研究项目，主要有：2011 年获得教育部人文社会科学基金青年项目，2013 年获得贵州省哲学社会科学基金项目，2013 年获得贵州省教育厅人文社会科学基金项目，2012 年获得贵州大学人才引进项目。这些课题的依次获批立项，使得我能够在这一领域持续开展研究。近五年来，围绕可雇佣能力这一主题，从可雇佣能力与雇佣稳定性、可雇佣能力与雇佣质量、新生代员工的可雇佣能力等方面展开研究，取得了一定的研究成果。事实上，作为一名研究人员，更希望通过自身研究以解释某些雇佣现象，挖掘雇佣关系规律，为实现“体面劳动、和谐稳定劳动关系”而尽一份绵薄之力。

本书是在我的博士学位论文基础上修改、完善而形成的，是教育部人文社会科学基金项目“可雇佣能力与雇佣关系稳定性”